周先祖农耕

刘文戈——著

ZHOU XIANZU
NONGGENG

敦煌文艺出版社

图书在版编目（C I P）数据

周先祖农耕 / 刘文戈著.-- 兰州：敦煌文艺出版社，2021.11
ISBN 978-7-5468-2120-7

Ⅰ．①周…　Ⅱ．①刘…　Ⅲ．①周文化(考古学)－研究
Ⅳ．①K871.34

中国版本图书馆 CIP 数据核字(2021)第 249890 号

周先祖农耕

刘文戈　著

责任编辑：尚再宗
装帧设计：马吉庆

敦煌文艺出版社出版、发行
地址：(730030)兰州市城关区读者大道 568 号
邮箱：dunhuangwenyi1958@163.com
0931-2131536（编辑部）
0931-8773112　0931-8773235（发行部）

三河市金兆印刷装订有限公司印刷
开本　710 毫米×1020 毫米　1/16　印张 16.5　插页 1　字数 280 千
2023 年 1 月第 1 版　2023 年 1 月第 1 次印刷

ISBN 978-7-5468-2120-7
定价：65.00 元

对书名的释义

（代序）

　　周先祖，应为周朝建立之前的所有先辈。这个范围过大，人员众多，不是本书所研究的对象。本书仅对周族最早的五辈人，即始祖后稷弃、圣祖不窋、老王鞠、老公公刘及其子庆节作研究，特别是中间三位，是研究的重中之重。因为他们在庆阳是开拓者，生活时间稍长一些，史书上记载的文字相对丰富，在庆阳遗留的古迹与传说多些。当然对他们感兴趣的专家、学者较多，对他们之间的关系、来庆阳的时间、在庆阳的作为等等，作了深入而有成效的研究，产生了丰硕的成果。由于学识不同，所站的角度不同，对史料理解的不同，产生了不同的观点和认识，也难免发生争论。有争论是好事，事越争越明，越接近事实，这是大家所希望看到的结果。但一种观念形成，要改变它是不容易的，所以我三十年前的研究结果，至今仍然坚持，除非有专家拿出令人信服的确凿证据，才会说服我。说这些话是想说明，在此书中，选用了以前所写的文章，这些文章所阐述的内容是：后稷弃与不窋是父与子的关系；不窋是夏朝初年"奔戎狄之间"，即到庆阳的；庆阳城为不窋领导民众所修，应为夏城；"戎狄之间"即庆阳，原称豳地，为庆贺周人迁徙成功，改名为庆地。公刘子出生于庆地，故起名"庆节"。由此观之，庆阳之"庆"，产生于周先祖时代。

研究周先祖在庆阳的历史事实，这是第一位的，是一切研究的基础，首先得搞好。许多专家、学者下功夫作深入探讨与研究，取得了丰硕成果，应充分肯定。但仅停留在历史事实上远远不够，还需要对周先祖在农耕实践中所产生的文化，即形成的周道进行研究。探史溯源，承德践行。切记，我们不是为研究而研究，而是为了传承先祖的优秀文化和他们的德行，应在这方面多下功夫为是。过去研究周文化即周道的专家较少，我不揣冒昧，涉足于此，写了几篇文章，成为这本书的重点，望方家评判。

什么是"道"？从《辞海》中看，解释的内容达七八条，我取用二三条并归为一条，即是：指一民族的集体思想与行事规则。周道，就是周族人所奉行的思想规范和行事方式方法。周族人在圣祖不窋率领下，奔赴庆阳，拓土开疆，教民稼穑，在农耕生产中创造了灿烂文化，铸就了周道。文化与道，一个概念宽广，一个概念狭窄。道应包含在文化范畴内，即周道包含在周文化的范围内。不过文化是新名词，而道古已有之。《史记》曰："周道之兴自此始"，就提到了道；还有老子的《道德经》，就道专门作了论说。本书是讲说周先祖的故事，所以后面用周道较为适宜。

周道的内涵是什么呢？内涵很丰富，但大体可分两个方面。在思想品行方面，是"恪勤""敦笃""忠信"。这是周穆王的大臣祭公谋父对先王不窋的评价。不窋要求后世"奕世载德，不忝前人。"在不窋教导下，后世人一代一代忠实地学习与继承了前人，使不窋的这些优秀思想品德传承下去，成为周道。在行为方面，就是因地制宜，不断创新。始祖后稷弃在农耕生产上提出的"相地之宜，宜谷者稼穑焉"，是中国因地制宜哲学思想的发端。《诗·文王》曰："周虽旧邦，其命维新。"这句话虽简单，但道尽了周族千年发展壮大的真谛，至今仍闪耀着光彩。这就是周道，我们应该大力发扬。

我作为庆阳人,研究周先祖及其文化,责无旁贷。早在 1994 年参与复修周祖陵时,撰写了《关于重修"周祖陵"、创建"周祖陵森林公园"的募捐公告》《重修周祖陵碑记》《祭周祖文》等,开始了周先祖在庆阳历程的研究。先以内部出版物发行了《周祖文化与古庆阳》五千余册,后由甘肃文化出版社正式出版了《庆阳历史文化丛书·姬周旧邦》。此两本书汇集了我前一段的研究成果。目前,前一本书已发行一空;后一本书列在庆阳历史文化丛书中,未单本发行。本地许多热爱周祖文化研究的人和外地来考察周祖与周文化的专家、学者想要我的这方面书籍,无可奉赠,的确是个遗憾。时间久了,萌发了单独出专著的想法。我将后写的文章汇集起来,又选了之前的文章,编为一册,名之为《周先祖农耕》。得到中共庆城县委书记葛宏,庆城县长姚振杰,副县长秦亚军、张乃丹,县财政局翟凌翔局长等大力支持,在此表示衷心的感谢。

周先祖距现时年代久远,且留传下来的文字极少,在写文章中,多次引用;同时,文章写于不同时期,写作的目的又有不同,内容难免有重复之嫌,这也是没办法的事,望读者谅解。

2021 年 5 月 28 日

目 录

Contents

卷一

史书上的记载

《史记》对周先祖的记述摘录与翻译

（一）

[原文]舜入于大麓，烈风雷雨不迷，尧乃知舜之足授天下。尧老，使舜摄行天子政，巡狩。舜得举用事二十年，而尧使摄政。摄政八年而尧崩。三年丧毕，让丹朱，天下归舜。而禹、皋陶、契、后稷、伯夷、夔、龙、垂、益、彭祖自尧时而皆举用，未有分职。于是舜乃至于文祖，谋于四岳，辟四门，明通四方耳目，命十二牧论帝德：行厚德，远佞人，则蛮夷率服。舜谓四岳曰："有能奋庸美尧之事者，使居官相事。"皆曰："伯禹为司空，可美帝功。"舜曰："嗟，然！禹，汝平水土，维是勉哉。"禹拜稽首，让于稷、契与皋陶。舜曰："然，往矣！"舜曰："弃，黎民始饥，汝后稷播时百谷。"舜曰："契，百姓不亲，五品不驯，汝为司徒，而敬敷五教，在宽。"舜曰："皋陶，蛮夷猾夏，寇贼奸宄，汝作士，五刑有服，五服三就；五流有度，五度三居；维明能信。"舜曰："谁能驯予工？"皆曰垂可。于是以垂为共工。舜曰："谁能驯予上下草木鸟兽？"皆曰益可。于是以益为朕虞。益拜稽首，让于诸臣朱虎、熊罴。舜曰："往矣，汝谐。"遂以朱虎、熊罴为佐。舜曰："嗟！四岳，有能典朕三礼？"皆白伯夷可。舜曰："嗟！伯夷，以汝为秩宗，夙夜维

敬,直哉维静。"伯夷让夔、龙。舜曰:"然。以夔为典乐,教稚子,直而温,宽而栗,刚而毋虐,简而毋傲;诗言意,歌长言,声依永,律和声,八音能谐,毋相夺伦,神人以和。"夔曰:"于!予击石拊石,百兽率舞。"舜曰:"龙,朕畏忌谗说殄伪,振惊朕众。命汝为纳言,夙夜出入朕命,惟信。"舜曰:"嗟!女二十有二人,敬哉,惟时相天事。"三岁一考功,三考绌陟,远近众功咸兴。分北三苗。

此二十二人咸成厥功:皋陶为大理,平民各伏得其实;伯夷主礼,上下咸让;垂主工师,百工致功;益主虞,山泽辟;弃主稷,百谷时茂;契主司徒,百姓亲和;龙主宾客,远人至;十二牧行而九州莫敢辟违;唯禹之功为大,披九山,通九泽,决九河,定九州,各以其职来贡,不失厥宜。方五千里,至于荒服。南抚交阯、北发,西戎、析枝、渠廋、氐、羌,北山戎、发、息慎,东长、鸟夷,四海之内咸戴帝舜之功。于是禹乃兴《九招》之乐,致异物,凤凰来翔。天下明德皆自虞帝始。

——《史记·五帝本纪第一》
中华书局 1959 年版 38 页—43 页

译 文:

　　舜进入高山下的深林,遇到暴风雨而不迷失方向,尧由此知道舜足以托付天下。尧年老不能出行视事时,让舜暂时代理天子的政事,巡视天下。舜被举用做了二十年的工作,尧便让他正式代理政事。舜正式代理政事八年后尧去世。服丧三年结束,舜让位给尧的儿子丹朱,天下人却归顺舜。而禹、皋陶、契、后稷、伯夷、夔、龙、垂、彭祖这些人,尧在世时都得到了任用,但没有封邑和给予适当的官职。于是舜来到文祖庙,同四方诸侯首领们商议,大开四门,畅通言路,命令十二个地域的长官评议天子的品德。舜和大家共同认为,广施恩德,疏远谄佞的人,那么偏远的部族都会前来归顺。舜对四方诸侯首领说:"哪一位能奋力做出成绩,发扬光大帝尧的事业,我将任命他官职,辅佐我治理天下!"首领们都说:"伯禹出任司空,可以发扬光大帝尧的功业。"舜对禹说:"嗯,对!禹,你来平定水土,你可要努力做好这件事啊!"禹跪拜叩头,要推让给稷、契和皋陶。舜说:"虽说如此,还是你去吧!"舜说:"弃,百姓开始闹饥荒了,你来掌管农事,负责种植各种谷物。"舜说:"契,老百姓之间不相亲睦,君臣、父子、夫妇、长幼、朋友五者相处,应有的道德得不到信守,你来担任司徒,细心地推行五教,宽厚待人。"舜说:"皋陶,野蛮的边民经常到中原来骚扰,内外贼寇猖獗。现在任命你担任士,凡是触犯了五刑的要执法,五刑分别在市、朝、野三处执行。五种流放之刑各有居处,五种流放地分别在三个范围之外。只有刑法严明才能取信于民。"舜说:"谁能管理好我的各种工匠?"大家都说垂可以胜任。于是任命垂为共工。舜说:"谁能管理好各地的山林原野、草木鸟兽?"大家都说益可以胜任。于是任命益为虞官(主管山林原野的官员)。益跪拜叩头,想推让给大臣朱虎、熊罴。舜说:"还是你去吧,你很适宜这项工作。"同时又派朱虎、熊罴协助益工作。舜说:"喂,各位首领们,谁适合为我主持三大祭典?"大家都说伯夷可以。舜说:"喂,伯夷,任命你担任秩宗,每天从早到晚,都要恭谨,内心要安静、洁白、公正无私。"伯夷要推让给夔、龙。舜说:"好吧,任命夔掌管音乐,教育少年。要正直而温和,宽宏而谨慎,刚强而不暴虐,办事干练而不傲慢失礼。诗是表达思想的,歌能加上诗的音节,声调要依据歌咏,音律要使声调和谐。八种乐器的声音都能和谐,就不会伦理错乱,神灵和世人都将安宁和睦。"夔说:"是啊!我敲打起石制的乐器,各种兽类都随着我的节拍载歌载舞。"舜说:"龙,我最憎恶谗言和暴行,惊扰我的人民,任命你为纳言,不论早晚负责颁发我的政令,坚守信用。"舜说:"啊,你们二十二人,要恭谨啊,每时每刻都要辅佐办好上天交给我的事业。"舜每三年考核一次大家的政绩,考核三次以后,决定升迁或罢免。因此,无论远近,各项事业都兴盛起来。把三苗部族分别隔离起来。

这二十二人都成功地完成了他们的工作。皋陶担任法官,执法公平,实事求是,百姓信服。伯夷掌管礼仪,上上下下都谦恭礼让。垂统领工师,各种工匠都做出了成绩。益管理山泽,山林湖泊都开发利用起来。弃主管农业,各种谷物都生长得茁壮茂盛。契做司徒,百姓亲密和谐。龙主管接待宾客,远方的部族都来归附。十二个地区的长官出巡,九州百姓没有哪一个敢躲避和违抗的。他们当中唯有禹的功绩最大。他开通九座山脉,疏通了九个湖泊,治理了九条江河,划定了九州的疆界,各州都以当地的特产前来进贡,没有不符合规定的。疆域方圆五千里,伸延到了遥远的不毛之地。南方安抚了交阯、北发,西方安抚了戎、析枝、渠廋、氐、羌,北方安抚了山戎、发、息慎,东方安抚了长、鸟夷,四海之内,无不感戴帝舜的功德。于是,禹创作了《九招》乐曲,招来珍奇异物,凤凰飞翔,天下的文明德政都始自虞帝时代。

读 后:

这段文字记述了三方面的内容:一、讲述了舜是如何接替帝尧帝位的。帝尧先让舜代办政事二十年,又让舜摄行天子位八年,尧崩后,守丧三年,舜让位于尧子丹朱,但天下人们情愿归顺舜,舜才就帝位。二、舜就帝位后,因在帝尧时使用的禹、皋陶、契、后稷、伯夷、夔、龙、垂、益、彭祖等贤良并未得到封地和适当的官职,便在文祖庙召开有十二个地域的长官参加的会议,不但让大家畅所欲言,评议天子的品德,而且给以上提到的十人按照他们的特长任命了适当的官职,分配了工作,并且决定每三年考核他们一次,连续考核三次,按照考核的情况来决定他们每个人的升降去留。三、由于每位贤良各得其位,努力工作,都取得了好的政绩,特别是禹的功劳最大。正因为帝舜的英明领导,大家共同努力,天下秉服,文明德政从虞帝时代开始了。

在这段文字记述中,共有四处文字涉及后稷、稷、弃。从上下文字的内容看,这四处分别提到的后稷、稷、弃实指一人,就是弃。后稷是管理农业的职务名,这里以后稷的官名来代替弃名,实指弃。稷,是后稷的简化称呼。是伯禹推让司空官位时向舜推荐了"稷",而帝舜没有接受伯禹的推让,仍然让伯禹任司空,治理水土工作,并针对他的推荐,直接呼弃的名字,任命弃主管农业,要求弃很快解决天下老百姓的吃饭问题。很清楚,伯禹推荐的稷和帝舜任命的弃是同一人。最后提到弃时,弃同其他贤良一样已做出了很大成绩,他主管的农业,百谷生长得很茂盛。由此看出,在帝尧与帝舜时的后稷职务一直由弃担任。这一时期凡是提到后稷、稷,都是指弃,不会是其他人。

(二)

[原文]自黄帝至舜、禹,皆同姓而异其国号,以彰明德。黄帝为有熊,帝颛顼为高阳,帝喾为高辛,帝尧为陶唐,帝舜为有虞。帝禹为夏后而别氏,姓姒氏。契为商,姓子氏。弃为周,姓姬氏。

——《史记·五帝本纪第一》
中华书局 1959 年版 45 页

译 文：

从黄帝到舜、禹，都是同姓，只是国号不同，以此来显示各人的美德。所以黄帝号有熊，帝颛顼号高阳，帝喾号高辛，帝尧号陶唐，帝舜号有虞。帝禹称夏后，用不同的氏来区别，姓姒氏。契是商的祖先，姓子氏。弃是周的祖先，姓姬氏。

读 后：

黄帝与帝颛顼、帝喾、帝尧、帝舜、帝禹等，以及契、弃都是同姓，有着密切的血缘关系，只是国号不同。古人云："氏以别氏族，姓以别婚姻。"南宋郑樵则认为："三代以前，姓氏分为二，男子称氏，妇人称姓。氏所以别贵贱，贵者有氏，贱者有名无氏。"也就是说，氏是区别氏族的标志，而姓是区分血缘的标志。从人类发展史来看，最初的氏族应该是以姓来区分的，随着氏族的不断繁衍和析分，同一姓的氏族越来越多，因此同一姓的氏族之间开始以氏来区分。由于要区分婚姻、贵贱，所以在夏、商、周三代，姓与氏的区分是很严格的。到了战国晚期以后，许多贵族子弟皆成为庶民，原来的"姓"逐渐泯灭，或以国为氏，或以姓为氏，或以氏为氏，姓氏之失自此始矣。

（三）

[原文]尧崩，帝舜问四岳曰："有能成美尧之事者使居官？"皆曰："伯禹为司空，可成美尧之功。"舜曰："嗟，然！"命禹："女平水土，维是勉之。"禹拜稽首，让于契、后稷、皋陶。舜曰："女其往视尔事矣。"

禹为人敏给克勤；其德不违，其仁可亲，其言可信；声为律，身为度，称以出；亹亹(wei，勤勉貌)穆穆，为纲为纪。

禹乃遂与益、后稷奉帝命，命诸侯百姓兴人徒以傅土，行山表木，定高山大川。禹伤先人父鲧功之不成受诛，乃劳身焦思，居外十三年，过家门不敢入。薄衣食，致孝于鬼神。卑宫室，致费于沟淢(xu 通洫，护城壕)。陆行乘车，水行乘船，泥行乘橇(qiao)，山行乘檋(ju，古人登山的用具)。左准绳，右规矩，载四时，以开九州，通九道，陂九泽，度九山。令益予众庶稻，可种卑湿。命后稷予众庶难得之食。食少，调有余相给，以均诸侯。禹乃行，相地宜所有以贡，及山川之便利。

——《史记·夏本纪第二》

中华书局 1959 年版 50—51 页

译　文:

尧去世后，帝舜询问四方诸侯说："哪一位能发扬光大帝尧的事业？我就任命他官职。"大家都说："伯禹担任司空官职，能够发扬光大帝尧的事业。"帝舜说："嗯，对！"他命令禹说："你来平定水土吧，你可要努力做好这件事啊！"禹跪拜叩头，要推让给契、后稷、皋陶。帝舜说："还是你去办理这件事吧！"

禹为人聪明而又勤快，德行好，对人和蔼可亲，能团结人，说出来的话都能兑现。可以说他的言语像音律那样动听，走起路来非常有规矩，人称"禹步"，禹称得上是出类拔萃的人物，勘为百官的表率。他勤勤恳恳，庄严肃穆，既能办一些大事要事，又能遵守法纪。

禹担任司空后，与益和后稷等人听从帝舜的命令，开始平治水土的工作。他命令各方诸侯和百姓分头治理九州的水土。每到一座山，都用木桩子定为标尺，测定高山大川。禹每次想起先父鲧受命治水未得成功被诛，心情非常伤心。为了不重蹈先父的错误，他亲自到现场勘察，深思熟虑有关问题，在外奔波十三年，几次路过家门也顾不上进入。他穿着单薄的衣衫，吃的是粗糙的食物，把省下来的食物用于祭祀鬼神；他住在很简陋的房子里，把节约的钱财用于开挖沟减。为了加快行进的速度，他在陆地上行走时乘着车辆，在水中行走时乘着舟楫，行走到泥淖时又改乘木橇，爬山时穿上带有钉齿的鞋子。他左手拿着准和绳，右手拿着规和矩，按照春夏秋冬四时，开发了九州土地，疏通了九条河流，治理了九大湖泊，测定了九座山峰。他命令益发给民众稻种，在低洼潮湿的土地上种上水稻；命令后稷给那些缺少食物的民众赈济粮食。粮食很少，便采用调剂余缺、互通有无的办法，以使各诸侯统领下的民众都有饭吃。禹在外行进中，根据各地的物产来确定贡赋，并勘察送贡物的道路使其输送畅通。

读　后：

这三段文字中有三处提到了后稷。第一次提到后稷,同于《史记·五帝本纪第一》中文字,是说尧去世后,帝舜征求四岳的意见:"有能成美尧之事者使居官?"大家推荐了禹,而禹谦让于契、后稷、皋陶等三人,但帝舜仍决定由禹来治水平土。因与上段文字相同,那么,文字中提到的后稷就是弃。第二次和第三次提到后稷,是后稷奉帝舜之命,助禹平治水土工作。后稷为了保证平治水土工作顺利进行,根据禹的意见,用粮食赈济生活困难的民众,调剂余缺,互通有无,使治水的各路诸侯管辖下的民众都有粮食吃,保证了治水工程的顺利进行。从上下文看,这里提到的后稷仍然是弃,不会是他人。弃在治理大水的工作中也做出了不可磨灭的贡献。

(四)

[原文]周后稷,名弃。其母有邰氏女,曰姜嫄。姜嫄为帝喾元妃。姜嫄出野,见巨人迹,心忻然说,欲践之,践之而身动如孕者。居期而生子,以为不祥,弃之隘巷,马牛过者皆辟不践;徙置之林中,适会山林多人,迁之;而弃渠中冰上,飞鸟以其翼覆荐之。姜嫄以为神,遂收养长之。初欲弃之,因名曰弃。

弃为儿时,屹如巨人之志。其游戏,好种树麻、菽,麻、菽美。及为成人,遂好耕农,相地之宜,宜谷者稼穑焉,民皆法则之。帝尧闻之,举弃为农师,天下得其利,有功。帝舜曰:"弃,黎民始饥,尔后稷播时百谷。"封弃于邰,号曰后稷,别姓姬氏。后稷之兴,在陶唐、虞、夏之际,皆有令德。

——《史记·周本纪第四》

中华书局 1959 年版 111—112 页

译　文：

周后稷,名叫弃。他的母亲是有邰氏氏族里的人,名字叫姜嫄。姜嫄是帝喾的原配夫人。有一次姜嫄行走在原野上,看见巨人留下一行脚迹,心中产生了愉悦的感觉,想踏着这些脚印行走。当她踏着这些脚印走了几步之后,突然感觉到肚子里有胎儿蠕动。到了十月怀胎期满后生下一子。因为这个儿子怀的有些蹊跷,认为不祥,便派人把儿子丢弃在偏僻而狭窄的小巷子里,马牛从巷子走过,都避让不践踏他;又将他抱放在树林中,正遇上树林里人较多,不便丢弃;就抱着他,丢弃到水渠的冰上。空中各种鸟儿飞来,有的用羽翼覆盖他,有的用羽翼垫铺他,不使他受寒受冻。弃的这些情况传到了姜嫄那里,姜嫄认为儿子有神助,便收养了他。因为当初要想将儿子丢弃,所以姜嫄就为儿子起名为弃。

弃在儿童时期,就立下了如同大人物的志向。他做游戏,喜欢种植麻和豆类作物。他种植的麻和豆类作物,人们品尝后,感觉味道很好。到了他长大成人,更喜好耕田种地。他根据观察到的土地的阴阳和土质的不同,选择适宜种植的谷物,获得丰收,民众们都跟着学习他的这种方法。他的事迹传到了帝尧的耳朵里,帝尧便推举弃为农师,教导天下的百姓施行新的耕作方法,使农作物连年获得丰收,因而建立了功勋。帝尧去世,帝舜继位。帝舜说:"弃这个人不简单,当天下百姓遭遇食物匮乏、人们饿肚子的时候,由他担任后稷农官,教导百姓用新的办法播种百谷,获得丰收,使天下百姓吃饱了肚子。"因为弃的功劳卓著,帝舜将原属于弃的舅家的封地邰,转封给了他,而且将农官后稷的名称也固定给了他,同时,又专赐他为姬氏。后稷作用的充分发扬,历时帝尧、帝舜和帝禹三代,在这三代里,后稷弃都建立了不朽的功德。

———————

读　后:

这段文字是专写弃的。写弃的出生,写弃小时游戏好种麻、菽;写弃长大成人后,试验出一套新的耕作技术获得粮食丰收,引起帝尧的注意,选拔他为农师。他教导民众稼穑,建立了功勋;写帝舜时期,弃主管天下农业,推广新的耕作技术,使黎民百姓免于饥饿,因此,帝舜为他封地、定号、赐姓;写弃在帝尧、帝舜、帝禹时期都建有功勋,对人民有恩德。

(五)

[原文]后稷卒,子不窋立。不窋末年,夏后氏政衰,去稷不务,不窋以失其官

而奔戎狄之间。不窋卒，子鞠立。鞠卒，子公刘立。公刘虽在戎狄之间，复修后稷之业，务耕种，行地宜，自漆、沮度渭，取材用，行者有资，居者有蓄积，民赖其庆。百姓怀之，多徙而保归焉。周道之兴自此始，故诗人歌乐思其德。公刘卒，子庆节立，国于豳。

——《史记·周本纪第四》
中华书局 1959 年版 112 页

译 文：

后稷去世，儿子不窋继承了他的官职和事业，继续管理全国农业生产。在不窋年老时，夏王朝的政务衰败，废稷而不复务农，不窋因此失去了官职。他率领族人迁徙到了戎狄之间。不窋去世，他的儿子鞠继承了周族首领职务。鞠去世，他的儿子公刘继承了周族的首领职务。公刘虽然身处戎狄之间，但能恢复后稷所创立的农耕事业，根据当地气候和土地条件，积极务农耕种，而且多次率人长途跋涉，从漆、沮下游渡过渭水，在渭水的南山取木材等用料。出行的人都带有盘缠，在家居住的人都有积蓄，民众们都依靠庆地这个由不窋新建立的领地而愉快地生活着。各族的人都感怀他的恩惠，有许多人迁徙而来归顺他，周族的兴盛就从这时候开始了。所以诗人作歌以颂扬公刘的恩德。公刘去世，他的儿子庆节继承了周族的首领，迁国于豳地。

读 后：

这段文字叙述了后稷弃去世后，他的儿子不窋继承了他的农官继续管理全国农业生产。但由于夏帝太康"去稷不务"，被后羿赶走后，宫廷大乱，不窋在中原存身不住，便率领周族人徙迁到"戎狄之间"，自成体系。当他传位到孙子公刘时，公刘虽然在戎狄之间，但他发扬光大其祖的农耕业绩，使周族人逐步强大起来。后人一直怀念这一段初兴时期，因此作歌颂扬公刘的恩德。公刘去世，儿子庆节继承了周族的首领，将国都迁往了豳地。文中所说的"戎狄之间"，就是现今的庆阳一带。

（六）

[原文]庆节卒，子皇仆立。皇仆卒，子差弗立。差弗卒，子毁隃(yu,于；又读yao,通遥)立。毁隃卒，子公非立。公非卒，子高圉(yu 语)立。高圉卒，子亚圉立。亚圉卒，子公叔祖类立。公叔祖类卒，子古公亶父立。古公亶父复修后稷、公刘之业，积德行义，国人皆戴之。薰育戎狄攻之，欲得财物，予之。已复攻，欲得地与民。民皆怒，欲战。古公曰："有民立君，将以利之。今戎狄所为攻战，以吾地与民。民之在我，与其在彼，何异？民欲以我故战，杀人父子而君之，予不忍为。"乃与私属遂去豳，度漆、沮，逾梁山，止于岐下。豳人举国扶老携弱，尽复归古公于岐下。乃他旁国，闻古公仁，亦多归之。于是古公乃贬戎狄之俗，而营筑城郭室屋，而邑别居之。作五官有司。民皆歌乐之，颂其德。

古公有长子曰太伯，次曰虞仲。太姜生少子季历，季历娶太任，皆贤妇人。生昌，有圣瑞。古公曰："我世当有兴者，其在昌乎？"长子太伯、虞仲知古公欲立季历以传昌，乃二人亡如荆蛮，文身断发，以让季历。

古公卒，季历立，是为公季。公季修古公遗道，笃于行义，诸侯顺之。

公季卒，子昌立，是为西伯。西伯曰文王，遵后稷、公刘之业，则古公、公季之法，笃仁，敬老，慈少。礼下贤者，日中不暇食以待士，士以此多归之。伯夷、叔齐在孤竹，闻西伯善养老，盍往归之。太颠、闳夭、散宜生、鬻子、辛甲大夫之徒皆往归之。

——《史记·周本纪第四》
中华书局 1959 年版 113—116 页

译 文：

庆节去世，儿子皇仆继位。皇仆去世，儿子差弗继位。差弗去世，儿子毁隃继位。毁隃去世，儿子公非继位。公非去世，儿子高圉继位。高圉去世，儿子亚围继位。亚围去世，儿子公叔祖类继位。公叔祖类去世，儿子古公亶父继位。古公亶父又再次积极采取有效的措施，发扬光大后稷、公刘的农耕事业，积德行义，国内之人都非常爱戴拥护他。戎狄中有一个名叫薰育的部族来进攻，想掠夺他们的财物,古公亶父让族人如数给他们。以后薰育又来侵犯,想侵占这片土地和人民。民众大怒,想抗击来犯者。古公说:"人民拥立国君,是为了他们能过上好日子。今天戎狄来攻伐我,是为了占有我们土地和人民,而人民归顺于我,或者归顺于戎狄,只要他们能过上好日子,这有什么两样呢?民众因为我的原因而同戎狄作战,杀人父子或被人所杀,以此来巩固我的君主之位,我心中实在不忍心这样做。"他会同自己的亲属悄悄地离开了豳国,渡过漆水和沮水,翻越梁山,停在了岐山脚下。生活在豳国的民众得知他去了岐山,便倾国而出,扶老携幼,全部来到岐山下,仍然归顺于他。就连其他国家的人民听闻古公亶父仁慈爱民,也多迁来岐山归顺他。在这片新土地上,古公亶父逐步去除周人在戎狄之间所形成的居住等方面的旧俗,修筑城郭,建设房屋,划分邑落,很好地安置他们。同时又设立司徒、司马、司空、司士、司寇等五种官职和人员,协助他管理民众。民众安居乐业,作歌曰:"后稷之孙,实维太王,居岐之阳,实始翦商。"以此颂扬他的恩德。

古公长子名叫太伯,次子名叫虞仲。古公的夫人太姜又生少子季历。季历娶妻名叫太任。太任如同太姜一样都是贤惠的妇女。太任生子名叫昌,从小就非常贤能。古公说:"在我这一代之后,能使周族人进一步兴盛,会应在昌的身上吗?"长子太伯和次子虞仲听到古公这句话后,知道古公想让季历继承他的首领位置而后能够传位给昌,因此,他们二人悄然向南去了荆蛮之地,在那里文身断发,让人认不出他们来。他二人之所以这样做,是为了让位给季历。

古公去世,季历就继承了他的首领职位,人们称他为公季。公季又继承古公的遗德,厚于行义,各部落的诸侯都服从他的领导。

公季卒,他的儿子昌继位,即西伯侯,西伯侯就是后来的周文王。他忠实地继承后稷、公刘等祖先创立的农耕事业,遵循古公、公季所制定的法则,讲求忠厚仁义、敬老爱幼、礼贤下士。为了接待贤士,从早晨直到中午时分还顾不上吃饭。所以贤士们多来归顺他。如伯夷、叔齐,原生活在孤竹,听到他善待老人,都来归顺他。像太颠、闳夭、散宜生、鬻子、辛甲大夫等这些天下名士,也都来归附于他。

读 后:

首先,这几段文字讲述了周族人从公刘到周文王之间的世系情况,共十一代，上千年。从时间上看，显然代数有所遗漏。正如谯周说："世后稷，以服事虞、夏，言世稷官，是失其代数也。若以不窋亲弃之子，至文王千余岁唯十四代，实亦不合事情。"《毛诗疏》云："虞至夏、殷共有千二百岁，每世在位皆八十年，乃可充其数目。命之短长，古今一也，而使十五世君在位皆八十许载，子必将老始生，不近人情之甚。以理而推，实难据信也。"那么代数的遗漏发生在什么时候呢？我认为公刘之前的传承，《史记》上的记载是详细的，不会出问题，要出问题必然在公刘之后。因为这一段时间长，代数多，而且记述简略，就有遗漏的可能。再从有些注释上看，有些史书中对周族几辈人的名字就有疑问，难以据实确定，其中能没有问题？如《索隐》中说"毁隃"应为"伪榆"；皇甫谧说："公非字辟方也"。《索隐·系本》云："高圉侯侔(mou)。"皇甫谧说："云都，亚圉字。"但《汉书·古今表》曰："云都，亚圉弟。"据此，有人又说："则辟方、侯侔亦皆二人之名，实未能详。"《集解·系本》云："太公组绀(gan)诸盩(zhou)，'三代世表'称叔类，凡四名。"皇甫谧云："公祖一名组绀诸盩，字叔类，号曰太公也。"这些史书中所提到的"伪榆"、"辟方"、"侯侔"、"云都"、"组绀"、"诸盩"、"叔类"等等，究竟是另名或是字呢，还是另有其人，难以确定。由此我们可以断定，遗漏代数的问题就在公刘至古公亶父之间。

其次，这几段文字讲述了周族人两次迁国的情况。这就是庆节从"戎狄之间"即现今的庆阳迁国至豳，再由古公亶父从豳迁到岐山之下的周原，从此周族立国名"周"。

再次，这几段文字讲述了不窋、公刘之后的代代都对先祖后稷所创立的农耕事业继承了下来，且不断发扬光大。特别是古公亶父和姬昌，做得最好。由此壮大了周族的势力，为以后灭商打下了基础。

(七)

[原文]穆王将征犬戎，祭公谋父谏曰："不可。先王耀德不观兵。夫兵戢而时动，动则威，观则玩，玩则无震。是故周文公之颂曰：'载戢干戈，载弓矢，我求懿德，肆于时夏，允王保之。'先王之于民也，茂正其德而厚其性，阜其财求而利其器用，明利害之乡，以文修之，使之务利而辟害，怀德而畏威，故能保世以滋大。昔我先王世后稷，以服事虞、夏。及夏之衰也，弃稷不务，我先王不窋用失其官，而自窜

于戎狄之间。不敢怠业，时序其德，遵修其绪，修其训典，朝夕恪勤，守以敦笃，奉以忠信。奕世载德，不忝前人。至于文王、武王，昭前之光明而加之以慈和，事神保民，无不欣喜。商王帝辛大恶于民，庶民不忍，诉载武王，以致戎于商牧。是故先王非务武也，勤恤民隐而除其害也。夫先王之制，邦内甸服，邦外侯服，侯卫宾服，夷蛮要服，戎翟荒服。甸服者祭，侯服者祀，宾服者享，要服者贡，荒服者王。日祭，月祀，时享，岁贡，终王。先王之顺祀也，有不祭则修意，有不祀则修言，有不享则修文，有不贡则修名，有不王则修德，序成而有不至则修刑。于是有刑不祭，伐不祀，征不享，让不贡，告不王。于是有刑罚之辟，有攻伐之兵，有征讨之备，有威让之命，有文告之辞。布令陈辞而有不至，则增修于德，无勤民于远。是以近无不听，远无不服。今自大毕、伯士之终也，犬戎氏以其职来王，天子曰：'予必以不享征之，且观之兵'，无乃废先王之训，而王几顿乎？吾闻犬戎树敦，率旧德而守终纯固，其有以御我矣。"王遂征之，得四白狼、四白鹿以归。自是荒服者不至。

——《史记·周本纪第四》

中华书局 1959 年版 135—136 页

译 文：

　　周穆王准备讨伐犬戎，祭公谋父谏阻说："不能这样！先王只光耀德行而不煊耀武力。收藏在库府内的兵戈在时机成熟时才能动用它，一旦动用起来就要发挥它的威力。如果多次仅作显示，那么就会被人轻慢，轻慢就产生不了震动。所以说周公在他所做的《时迈》歌中说：'收起干戈没用场，装好弓箭袋里藏。我去访求有德士，遍施善政国兴旺。周王定能保边疆。'历代先王对于民众，都是努力端正他们的品德而又使他们性情纯厚，增加他们的财富而又不断地改进他们的劳动生产工具。向他们辨明善恶，以礼乐教育引导他们，使他们专心致力于有利的事情而躲避有害的事情，心怀德政而惧怕刑罚，只有这样才能保住先王所创立的事业并且不断壮大之。在过去，我先王弃，在虞舜、夏禹时做后稷官，管理全国农业生产。到了夏太康时，政务衰败，荒废农业，我先王不窋丢失自己的官职，率领周族逃窜到戎狄之间。不敢丝毫怠懈先父弃所创立的农耕事业，时时向民众讲述先父弃的遗德，教导大家实行和发扬先父未竟的功业，制定一些规章制度，规范和促使大家早晚要勤快，培养忠厚实在性格，奉行忠信的品德，把先父所创立的事业一代一代传下去，不辜负先人对后世的期望。到了文王、武王时期，继续发扬光大先王的这种德行，更加爱护人民，恭顺服侍神灵，祈求保佑民众。民众没有不感到高兴的。商王帝辛对百姓很恶劣，老百姓忍受不了，乐见周武王出兵战于牧野，灭掉了殷纣王。周武王这样做，并非是讲求武道，而是为了体恤民众的疾苦，勇于为民除害啊！先王的制度：邦畿五百里之内为甸服，邦畿五百里之外、二千五百里之内为侯服，侯畿与卫畿之间为宾服，夷、蛮之地为要服，戎、狄之地为荒服。甸服的要参加供祭父母和祖父母的仪式；侯服的要参加典祀近祖的仪式；宾服的要参加进献远祖的仪式，要服的要参加敬神的仪式，荒服的要来朝拜天子。供祭父母、祖父母的，每天一次；典祀近祖的每月一次，进献远祖的每季一次，敬神的每年一次，朝拜天子的终生一次。先王就是按照这个制度进行的。天子如发现有不前来参加供祭父母、祖父母的，就要首先端正自己的行为；如有不前来参加典祀近祖的，天子就要慎言；如有不前来参加进献远祖的，就要修改自己的文告；如有不前来纳贡的，就要考虑自己的名分问题；如有不前来朝拜的，就要考虑自己的德行好不好。这些方面做到了还有不愿意来的，则考虑刑罚的问题。用刑法来处罚那些不前来参加供祭父、祖的，讨伐那些不前来参加典祀近祖的，征讨那些不前来参加进献远祖的，责备那些不来纳贡的，警告那些不前来朝拜的。这样就有了刑罚的法律，有了攻伐的军队，有了征讨的战备，有了威严的命令，有了严厉的警告言辞。发布了文告还有不来的，那么仍然要修德正身，关怀远近的民众。只有做到了这一点，近处的无有不听命的，远处的无有不服从的。今从大毕、伯士之后，犬戎氏以其职责来朝拜。天子说：'我定会因你不来祭祀而征讨你，煊示一下我们的武力。'这不是违背了先王的遗训而陷王于被动吗？我听说犬戎培养敦厚的性格，发扬原来的德行而始终保持纯正诚挚。他们有抵御我们的内在力量。"穆王不听，遂发兵征讨犬戎，只得到了四只白狼和四只白鹿，从此那些荒服的就不再来朝拜了。

读　后：

这段文字虽然写的是祭公谋父纳谏周穆王的话语，但反映出了一个问题，描述了一个事实。反映的问题是弃与不窋的父子关系。文中说"昔我先王世后稷以服事虞、夏。""先王世"是什么意思。《集解》韦昭曰："谓弃与不窋也。"唐固曰：

"父子相继曰世。"现代出版的《辞海》对"世"的解释,其中一义为"父子相继。"后文中又有"奕世载德,不忝前人"句,《正义》中说:"前人谓后稷也,言不窋亦世载德,不忝后稷。及文王、武王,无不务农事。"描述的事实,是不窋来到"戎狄之间"的所作所为。即"不敢怠业,时序其德,遵修其绪,修其训典,朝夕恪勤,守以敦笃,奉以忠信。奕世载德,不忝前人。"这段文字把不窋在"戎狄之间"如何宣传和继承先父后稷弃的农耕事业、如何制定管理民众的规章制度、如何以身作则勤于农事、如何培养周民族"敦笃、忠信"的品德讲得非常清楚。从这段文字中我们可以看出,不窋是一个开创周邦伟业的奠基人,是发扬光大我中华美德的伟人。

《诗经》上有关周先祖的歌谣

生　民

（一）

[原文]

厥初生民,时维姜嫄①。生民如何? 克禋克祀②,以弗无子③。履帝武敏歆④,攸介攸止⑤。载震载夙⑥,载生载育,时维后稷。

[译文]

周族祖先谁所生? 姜嫄娘娘有声望。如何生下周族人? 祈祷神灵祭上苍,乞求生子后嗣昌。踩了上帝脚趾印,神灵保佑赐吉祥。十月怀胎行端庄,一朝生子勤抚养,就是后稷周先王。

（二）

[原文]

诞弥厥月⑦,先生如达⑧。不坼不副⑨,无灾无害,以赫厥灵⑩。上帝不宁,不康禋祀⑪,居然生子。

[译文]

怀孕足月期限满,头胎生子真顺当。产门没破也没裂,无灾无难身健康。显出灵异和吉祥,上帝原来心不定,姜嫄心慌祭祀忙,结果居然生儿郎。

（三）

[原文]

诞置之隘巷⑫，牛羊腓字之⑬。诞置之平林⑭，会伐平林⑮。诞置之寒冰，鸟覆翼之。鸟乃去矣，后稷呱矣⑯。实覃实订⑰，厥声载路⑱。

[译文]

把他丢在小巷里，牛羊爱护喂养他。把他丢在树林中，樵夫砍柴救了他。把他丢到寒冰上，大鸟展翅温暖他。后来大鸟飞走了，后稷啼哭声哇哇。哭声不止嗓门大，声音满路人惊讶。

（四）

[原文]

诞实匍匐⑲，克岐克嶷⑳，以就口食㉑。蓺之荏菽㉒，荏菽旆旆㉓。禾役穟穟㉔。麻麦幪幪㉕，瓜瓞唪唪㉖。

[译文]

后稷刚会地上爬，就很聪明又乖巧，能够觅食吃得饱。稍长就会种大豆，大豆一片长得好。种出谷子穗垂垂，麻麦茂密无杂草，瓜儿累累真不少。

（五）

[原文]

诞后稷之穑㉗，有相之道㉘。茀厥丰草㉙，种之黄茂㉚。实方实苞㉛，实种实褎㉜，实发实秀㉝，实坚实好㉞，实颖实栗㉟。即有邰家室㊱。

[译文]

后稷种地种得好，他有生产好门道。保护禾苗勤除草，选择良种播得早。种子渐白露嫩芽，禾苗蹿出向上冒，拔节抽穗渐结实，谷粒饱满成色好，禾穗沉沉产量高。定居邰地乐陶陶。

（六）

[原文]

诞降嘉种㊲：维秬维秠㊳，维穈维芑㊴。恒之秬秠㊵，是获是亩㊶；恒之穈芑，是任是负㊷，以归肇祀㊸。

[译文]

后稷推广好种子：秬子秠子是良黍，穈子高粱植株粗。遍地秬子和秠子，收割完毕堆垄亩;遍地糜子和高粱,挑着背着忙运输。归来神前祭先祖。

(七)

[原文]

诞我祀如何?或舂或揄㊹,或簸或蹂㊺。释之叟叟㊻,烝之浮浮㊼。载谋载惟㊽,取萧祭脂㊾。取羝以軷㊿,载燔载烈㉛。以兴嗣岁㉜。

[译文]

谈起祭祀怎个样?有的舂米有舀粮,有的搓米有扬糠。淘米声音叟叟响,蒸饭热气喷喷香。祭祀大事同商量,烧脂烧艾味芬芳。肥大公羊剥去皮,又烧又烤供神享。祈求来年更丰穰。

(八)

[原文]

卬盛于豆㉝,于豆于登㉞,其香始升。上帝居歆㉟,胡臭亶时㊱。后稷肇祀,庶无罪悔㊲,以迄于今。

[译文]

我把祭品装碗盘,木碗瓦盆都用上,香气马上升满堂。上帝降临来尝尝,菜饭味道真正香。后稷开创祭祀礼,幸蒙神佑没灾殃,至今流传好风尚。

[题解]

这是周人史诗之一,追述周始祖后稷的事迹,可说是一篇很生动的后稷传记。

[注释]

①时,是。姜嫄,传说中有邰氏之女,帝喾之妃,周始祖后稷之母。

②克,能,善于。禋(yīn)祀,古代祭天神的一种礼仪,先烧柴升烟,再加牲体及玉帛于柴上焚烧。

③弗,被的假借字,用祭祀来除去灾难。被无子,即祈求除去不育之灾。

④履,践踏。帝,上帝。武,足迹。敏,通"拇",大拇指。歆,心有所感的样子。《郑笺》:"时则有大神之迹,姜嫄履之,足不能满,履其拇指之处,心体歆歆然,如有人道感己者也。于是遂有身。"

⑤攸,语助词。介,通"祄",神保佑。《集韵》:"祄,祐也。"止,通"祉",神降福。

《尔雅·释诂》:"祉,福也。"

⑥载,语助词。震,通"娠",怀孕。夙,通"肃",指生活严肃,不再和男子交往。

⑦诞,发语词。弥,满。

⑧先生,头生,即第一胎。如,同"而"。达,滑利(从胡承珙《毛诗后笺》说)。

⑨坼,裂开。副(pì 辟),破裂。

⑩赫,显示。

⑪不康,指姜嫄因踩上帝大脚印而怀孕,深感不安。

⑫置,弃置。

⑬腓,庇护。字,养育,指给他奶吃。

⑭平林,平原上的树林。

⑮会,值,恰好碰上。

⑯呱(gū 姑),小儿哭声。

⑰实,是。覃(tán 谈),长。讦(xū 虚),大。

⑱载,充满。

⑲匍匐,手足着地爬行。

⑳岐、嶷,《毛传》:"岐,知意也。嶷,识也。"

㉑就,趋往。

㉒菽,种植。荏菽,大豆,亦称黄豆。

㉓旆旆,茂盛的样子。

㉔役,颖的假借字,《说文》两次引这句诗均作"禾颖穟穟。"禾颖,即禾穗。穟穟(suì 遂),禾穗丰硕下垂的样子。

㉕幪幪,茂密的样子。

㉖瓞(dié 迭),小瓜。唪唪(běng),果实累累的样子。

㉗穑,指种植五谷。

㉘相,助。道,方法。

㉙茀,拔除。

㉚黄茂,指嘉谷。

㉛方,谷种开始露白。苞,谷种吐芽,苗将出未出时。

㉜种,谷种生出短苗。褎褎(yòu 又),禾苗渐渐长高。

㉝发，指禾茎舒发拔节。秀，禾初生穗结实。

㉞坚，指谷粒灌浆饱满。

㉟颖，指禾穗末梢下垂。栗，犹言栗栗，形容收获众多的样子。

㊱即即，往。有邰邰（tái），当时氏族，其地在今陕西武功县。传说帝尧因为后稷对农业生产有贡献而封地于邰。有，词头。

㊲降，赐予。指后稷将好的种子赐给人民。

㊳维，是。秬秬（jù），黑黍。秠秠（pī）：黍的一种，一个黍壳中有两粒黍米。

㊴糜（mén 门），谷子的一种，初生时叶纯赤，生三四叶后，赤青相间，七八叶后色始纯青。芑（qǐ 起），一种白苗的高粱。

㊵恒，亘的借字，遍的意思。

㊶获，收割。亩，堆在田里。

㊷任，挑。

㊸肇，始。

㊹揄（yóu 由），从臼中将舂好的米舀出。

㊺簸，扬弃糠皮。蹂（róu 柔），通"揉"，指用两手反复揉搓。

㊻释，淘米。叟叟，淘米的声音。

㊼烝，同"蒸"。浮浮，形容蒸饭时热气上升的样子。

㊽谋，计划。惟，考虑。

㊾萧，香蒿，今名艾。脂，牛肠脂。古时祭祀用艾和牛油合烧，取其香气。

㊿羝（dī 底），公羊。䵩（bó），剥，剥羊的皮。（从于省吾《诗经新证》说）。

51燔（fán 烦），将肉放在火里烧炙。烈，将肉贯穿起来架在火上烤。

52兴，兴旺。嗣岁，来年。

53卬（áng 昂），我。豆，古代一种高脚碗，盛肉用的。

54登，瓦制的碗，盛汤用的。

55居，语助词。歆，飨，享受。

56胡，大。臭（xiù 秀），香气。亶，确实。时，善、好。

57庶，幸。

公　刘

（一）

[原文]

笃公刘①，匪居匪康②。迺埸迺疆③，迺积迺仓④；迺裹餱粮⑤，于橐于囊⑥。思辑用光⑦，弓矢斯张⑧；干戈戚扬⑨，爰方启行⑩。

[译文]

忠实厚道的公刘，不敢安居把福享。有疆界有田地，有粮食装满仓。揉面蒸饼备干粮，装进小袋和大囊。紧密团结争荣光，张弓带箭齐武装。盾戈斧钺拿手上，开始动身向前方。

（二）

[原文]

笃公刘，于胥斯原⑪。即庶即繁⑫，即顺迺宣⑬，而无永叹。陟则在巘⑭，复降在原。何以舟之⑮？维玉及瑶⑯，鞞琫容刀⑰。

[译文]

忠实厚道的公刘，向豳地原野奔走忙。民众时少时多相追随，民心归顺多舒畅，长吁短叹一扫光。忽而登上小山坡，忽而下到平原上。身上佩戴何物件？美玉宝石尽琳琅，佩刀玉鞘闪闪亮。

（三）

[原文]

笃公刘，逝彼百泉⑱，瞻彼溥原⑲；迺陟南冈，乃觏于京⑳。京师之野㉑，于时处处㉒，于时庐旅㉓，于时言言，于时语语。

[译文]

忠实厚道的公刘，寻找泉水岸边上，眺望平原宽又广；登上南边高山冈，发现京师好地方。京师田野形势好，于是定居建新邦，于是规划造住房，谈笑风生喜洋洋，七嘴八舌闹嚷嚷。

（四）

[原文]

笃公刘，于京斯依㉔。跄跄济济㉕，俾筵俾几㉖。即登乃依㉗，乃造其曹㉘。执豕于牢㉙,酌之用匏㉚。食之饮之,君之宗之㉛。

[译文]

忠实厚道的公刘,定居京师新气象。群臣庆贺威仪盛,入席就座招待忙。安排长少都坐定,先祭诸神求吉祥。圈里捉猪做佳肴,葫芦瓢儿斟酒浆。酒醉饭饱皆欢喜,君臣互尊义气长。

（五）

[原文]

笃公刘,即溥即长,即景迺冈㉜,相其阴阳㉝,观其流泉。其军三单㉞,度其隰原㉟,彻田为粮㊱。度其夕阳㊲,豳居允荒㊳。

[译文]

忠实厚道的公刘,开垦豳地广又长,看了平原又上山,山南山北勘察忙,查明水源和流向。组织军队分三班,测量土地扎营房,开垦田亩为种粮。又到山西去丈量,豳地确实大又广。

（六）

[原文]

笃公刘,于豳斯馆㊴。涉渭为乱㊵,取厉取锻㊶。止基迺理㊷,爰众爰有㊸。夹其皇涧㊹,溯其过涧㊺。止旅乃密㊻,芮鞫之即㊼。

[译文]

忠实厚道的公刘,营建宫室在豳原。横渡渭水开石料,捶石磨石都采全。基地即定治田地,民康物阜笑语欢。住在皇涧两岸边,面向过涧住处宽。移民定居人口密,河岸两边都住满。

[题解]

这是周人史诗之一,上承《生民》,下接《绵》诗,叙述周人祖先不窋、鞠、公刘带领周民由邰迁豳的故事。不窋、鞠、公刘约生于夏初,因避夏太康乱而迁豳,对发展农业生产有一定的贡献。前人认为《公刘》是豳诗,大约是可靠的。

[注释]

①笃,忠实厚道。公刘,后稷的后代,周族首领。《释文》引《尚书大传》云:"公,爵。刘,名也。"

②匪，不。康，安乐。

③场(yì)，田界。

④积，露天堆积粮食的地方，亦名庚。仓，仓库。

⑤餱粮，干粮。

⑥橐(tuó)，没底的口袋。装上东西后，用绳扎住两头。囊，有底的口袋。

⑦思，发语词。戢，和睦团结。用，以为。光，光荣。

⑧斯，语助词。张，准备好。

⑨干，盾。戚，斧。扬，亦名钺，大斧。

⑩爰，于是。方，开始。启行，动身，出发。

⑪于，在。胥，视察。斯，这。

⑫庶、繁，都是众多的意思。

⑬顺，民心归顺。宣，舒畅。

⑭陟，登。巘(yǎn)，小山。

⑮舟，佩戴。

⑯维，是。瑶，似玉的美石。玉和瑶是腰带上的饰物。

⑰鞞(bing)，刀鞘。琫(běng)，刀鞘口的玉饰。容刀，装着刀。

⑱逝，往。百泉，泉水多的地方。

⑲溥(pǔ)，广大。

⑳觏，看见。京，豳的地名。

㉑京师，京邑。后世用它专称帝王所住的都城。

㉒于时，于是。处处，居住。

㉓庐旅，庐旅二字古通用，即旅旅，寄居之意(从马瑞长《通释》说。)

㉔依，就地(造房)。

㉕跄跄，走路有节奏的样子。济济，态度从容端庄的样子。朱熹《诗集传》："跄跄济济，君臣有威仪貌。"

㉖俾，使。筵，铺在地上坐的席。这里用作动词，指登席。几，古代席地而坐时依靠或放食物的小桌。这里指靠着几。

㉗依，靠。

㉘造，三家诗作告，告祭。曹，祭猪神。

㉙执,捉。牢,猪圈。

㉚酌,斟酒。之,指众宾。匏,葫芦。葫芦一剖为二作酒器,称匏爵。

㉛君、宗二字均用作动词,君,指当君主;宗,指当族主。

㉜景,古与"竟"同音通用,今作"境"。

㉝相,视察。阴,山北。阳,山南。

㉞单,通"禅",轮流代替的意思。分军为三,只用一军服役,轮流代替,节用民力。《毛传》:"三单,相袭也。"

㉟度,测量。隰原,低平之地。

㊱彻,治,指开垦荒地。

㊲夕阳,指山的西面。《尔雅·释山》:"山西曰夕阳。"

㊳允,确实。荒,大。

㊴馆,用作动词,指建筑房屋。

㊵渭,渭水。为,作用同"而"。乱,横流而渡。

㊶厉,同砺,粗糙坚硬的磨石。锻,捶物的大石。

㊷止,既。基,基地。理,治理。

㊸爰,助词。众,指人多。有,指富有。

㊹皇涧,豳地涧名。

㊺溯,面向。过涧,涧名。

㊻旅,寄居。密,众多。

㊼芮,通"汭"。水边向内凹处。鞫(jū 居),水边向外凸处。二者连用泛指水边。之,这,指芮、鞫。即,往就。

(后有详解文章)

绵

(一)

[原文]

绵绵瓜瓞①。民之初生②,自土沮漆③。古公亶父④,陶复陶穴⑤,未有家室⑥。

[译文]

大瓜小瓜藤蔓长。周族人民初兴旺,从杜来到漆水旁。古公亶父筑窑洞,没有宫室没有房。

（二）

[原文]

古公亶父，来朝走马⑦；率溪水浒⑧，至于岐下⑨。爰及姜女⑩，聿来胥宇⑪。

[译文]

古公亶父迁居忙，清早快马离豳乡；沿着渭水向西走，岐山脚下土地广。他与妻子名太姜，勘察地址好建房。

（三）

[原文]

周原膴膴⑫，堇荼如饴⑬。爰始爰谋⑭，爰契我龟⑮；曰止曰时⑯，筑室于兹。

[译文]

周原肥沃又宽广，堇葵苦菜像饴糖。大伙计划又商量，刻龟占卜望神帮；神灵说是可定居，此地建屋最吉祥。

（四）

[原文]

迺慰迺止⑰，迺左迺右⑱。迺疆迺理⑲，迺宣迺亩⑳。自西徂东，周爰执事㉑。

[译文]

这才安心住岐乡，这边那边同开荒。丈量土地定田界，翻地松土垄成行。从西到东一片地，男女老少干活忙。

（五）

[原文]

乃召司空㉒，乃召司徒㉓，俾立室家㉔。其绳则直㉕，缩版以载㉖，作庙翼翼㉗。

[译文]

找来司空管工程，人丁土地司徒管，他们领工建新房。拉开绳墨直又长，竖起夹板筑土墙，建成宗庙好端庄。

（六）

[原文]

捄之陾陾㉘，度之薨薨㉙。筑之登登㉚，削屡冯冯㉛。百堵皆兴㉜，鼛鼓弗胜㉝。

[译文]

铲土噌噌掷进筐，倒土轰轰声响亮，捣土一片噔噔声，刮刀乒乒削平墙。百堵土墙齐动工，声势压倒大鼓响。

(七)

[原文]

迺立皋门㉞，皋门有伉㉟。迺立应门㊱，应门将将㊲。迺立冢土㊳，戎丑攸行㊴。

[译文]

建起周都外城门，城门高大好雄壮。建起宫殿大正门，正门庄严又堂皇。堆起土台作祭坛，大众祈祷排成行。

(八)

[原文]

肆不殄厥愠㊵，亦不陨厥问㊶。柞棫拔矣㊷，行道兑矣㊸。混夷駾矣㊹，维其喙矣

[译文]

狄人怒气虽未消，文王声誉并无伤。柞棫野树都拔尽，交通要道无阻挡。昆夷夹着尾巴逃，气喘吁吁狼狈相。

(九)

[原文]

虞芮质厥成㊻，文王蹶厥生㊼。予曰有疏附㊽，予曰有先后㊾。予曰有奔奏㊿，予曰有御侮[51]。

[译文]

虞国芮国不再相争，文王感化改其本性。我有贤臣相率来附，有人才参与国政。我有良士奔走效力，我有猛将克敌制胜。

[题解]

这是周族史诗之一。诗从古公亶父迁岐叙起，描写他开国奠基的功业；一直写到文王能继承古公的遗烈，修建宫室，平定夷狄，外结邻邦，内用贤臣，使周族日益强大。

[注释]

①緜緜，连绵不绝。瓞(dié)，小瓜。《孔疏》:"大者曰瓜，小者曰瓞。"朱熹《诗

集传》："小曰瓞。瓜之近本初生者常小。"

②民，指周族。

③自，从。土，《齐诗》作杜，水名。沮，徂的借字，到。漆，水名。杜水、漆水都在豳地（今陕西旬邑县西）。

④古公亶父，文王的祖父，初居豳，后被戎狄侵略，迁居到岐山之下，定国号曰周。到武王伐纣定天下，追尊他为太王。古公，号。亶父，名或字。

⑤陶，借为掏。复，三家诗作复，从山崖往里掏的洞叫复，如窑洞。向下掏的洞叫穴，即地洞。

⑥家室，房屋。

⑦来朝，即在第二天早上。走马，驰马。《玉篇》：引诗作"趣马"，快马。

⑧率，循，沿着。西，豳之西。浒（hǔ 虎），水边，指渭水的岸边。

⑨岐下，岐山之下。岐山在今陕西省岐山县东北。

⑩爰，乃。姜女，古公亶父的妻，姓姜，亦称太姜。

⑪聿，发语词。胥，相，视察。宇，居处。指建筑房屋的地址。

⑫周，地名，在岐山南。原，广平的土地。膴膴，肥美。

⑬堇（jǐn 谨），植物名，野生，亦名苦堇、堇葵，味苦。荼，苦菜。饴（yí 移），饴糖，俗称麦芽糖。

⑭爰，于是。始，和谋同义，都是计划的意思。马瑞长《通释》："始亦谋也……《尔雅》基、肇皆训为始，又皆训谋。则始与谋义正相成耳。"

⑮契，钻刻。龟：指占卜所用的龟甲。龟甲先要钻孔，然后用火来烤，看龟甲上的裂纹来断吉凶，并在其上刻上卜辞。

⑯曰，发语词。止，居住。时，借为跱，和止同义，也是居住的意思。

⑰迺，乃。慰，安居。《方言》："慰，居也。"

⑱左、右，指划定左右区域。

⑲疆，划定田地的疆界。理，整治土地。

⑳宣，用农具开垦土地并松土。亩，开沟筑垄。

㉑周，普通。爰，语助词。执事，从事工作。

㉒司空，掌管建筑工程的官。

㉓司徒，掌管土地和调配劳力的官。

㉔俾,使。立,建立,即建筑。

㉕绳,指绳墨,建筑前用它正地基的工具。

㉖载,读作栽,本义是筑墙用的长板。引申作动词"树立"用。

㉗庙,宗庙。翼翼,严正的样子。

㉘捄(jiū 鸠),把土铲进筐里。陾陾(réng 仍):铲土声。

㉙度(duó 夺),投,指投土在直板内。薨薨,填土声。

㉚筑,捣土使墙坚实。登登:捣土声。

㉛屡,古"娄"字,和"隆"是双声通用,土墙隆起的地方。削屡,将土墙隆起的地方刮平。冯冯(píng):括土墙声。

㉜百堵,许多墙面。兴,动工。

㉝鼖(gāo)鼓,大鼓名,长一丈二尺。弗腾,胜不过。建筑的时候敲鼖鼓,为了给劳动者助兴劝役,但劳动时人多声大,大鼓声反而不能胜过劳动声。

㉞皋,《毛传》:"王之郭门曰皋门。"郭门,即城门。

㉟有伉(kàng),即伉伉,形容城门高大的样子。

㊱应门,《毛传》:"王(宫)之正门曰应门。"

㊲将将(qiāng 枪),庄严堂皇的样子。

㊳冢,大。冢土:大社。指祭土神的坛。

㊴戎,大。丑,众。朱熹《诗集传》:"戎丑,大众也。"攸,所。王引之训攸为"用",亦通。行,往。

㊵肆,故,所以。殄(tiǎn),杜绝,消减。厥,其,指狄人。愠,愤怒。

㊶陨,坠,丧失。厥,指文王。问,声闻、名誉。

㊷柞,柞树,灌木类,丛生有刺。棫(yù 域),丛生小木,亦有刺。拔,拔除干净。

㊸兑,畅通。

㊹混(kūn)夷,古种族名,西戎之一,亦作昆夷。駾(tuì),受惊奔逃。

㊺维其,何其。喙(huì),气短病困的样子。

㊻虞、芮,当时二国名。虞在今山西省平陆县东北,芮在今山西省芮城县西。质,平断。成,指虞、芮两国平息纠纷,相互结好。《毛传》:"虞、芮之君,相与争田,久而不平。乃相谓曰:'西伯(周文王),仁人也,盍往质焉。乃相与朝周。入其境,则耕者让畔,行者让路。入其邑,男女异路,斑白不提挈。入其朝,士让为大夫,大

夫让为卿。二国之君,感而相谓曰:'我等小人,不可心履君子之庭。'乃相让,以其所争田为闲田而退。天下闻之而归者四十余国。"

㊼蹶(guì贵),动,感动。生,通"性"。

㊽曰,助词。疏附,指团结群臣,亲近归附之臣。

㊾先后,指在王前后参谋政事之臣。

㊿奔奏,指奔走效力之臣。

51御侮,指抵御外侮之臣。

文 王

(一)

[原文]

文王在上①,于昭于天②。周虽旧邦③,其命维新④。有周不显⑤,帝命不时⑥。文王陟降⑦,在帝左右。

[译文]

文王神灵在天上,在天上啊放光芒。岐周虽是旧邦国,接受天命新气象。周朝前途无限量,上帝意志光万丈。文王神灵升又降,常在上帝之身旁。

(二)

[原文]

亹亹文王⑧,令闻不已⑨。陈锡哉周⑩,侯文王孙子⑪。文王孙子,本支百世⑫,凡周之士⑬,不显亦世⑭。

[译文]

勤勤恳恳周文王,美好声誉传四方。上帝赐他兴周国,文王子孙常兴旺。文王子孙都繁衍,大宗小宗百世昌。天子臣仆周朝官,世代显贵沾荣光。

(三)

[原文]

世之不显,厥犹翼翼⑮。思皇多士⑯,生此王国。王国克生⑰,维周之桢⑱。济济多士⑲,文王以宁。

[译文]

世代显贵沾荣光,谋事谨慎又周详。贤士众多皆俊杰,此生有幸在周邦。周邦能出众贤士,都是国家好栋梁。济济一堂人才多,文王安宁国富强。

(四)

[原文]

穆穆文王^⑳,于缉熙敬止^㉑。假哉天命^㉒,有商孙子。商之孙子,其丽不亿^㉓。上帝既命,侯于周服^㉔。

[译文]

端庄恭敬周文王,谨慎光明又善良。上天意志多伟大,殷商子孙来归降。殷商子孙繁衍多,数字上亿难估量。上帝已经下命令,殷商称臣服周邦。

(五)

[原文]

侯服于周,天命靡常^㉕。殷士肤敏^㉖,裸将于京^㉗。厥作裸将,常服黼冔^㉘。王之荩臣^㉙,无念尔祖^㉚。

[译文]

殷商称臣服周邦,可见天命并无常。殷人后代美而敏,来京助祭陪周王。看他助祭行灌礼,冠服仍是殷时装。成王所用诸臣下,牢记祖德永勿忘。

(六)

[原文]

无念尔祖,聿修厥德^㉛。永言配命^㉜,自求多福。殷之未丧师^㉝,克配上帝。宜鉴于殷^㉞,骏命不易^㉟!

[译文]

牢记祖德永勿忘,继承祖德发荣光。常顺天命不相违,要求幸福靠自强。殷商未失民心时,能应天命把国享。借鉴殷商兴亡事,国运永昌不寻常。

(七)

[原文]

命之不易,无遏尔躬^㊱。宣昭义问^㊲,有虞殷自天^㊳。上天之载^㊴,无声无臭^㊵。仪刑文王^㊶,万邦作孚^㊷。

[译文]

国运永昌不寻常,切勿断送你身上。发扬光大好名声,须知殷鉴是天降。上天意志难猜测,无声无息真渺茫。只有认真学文王,万国诸侯都敬仰。

[题解]

这是诗人追述文王事迹以戒成王的诗。诗的作者,后人多认为是周公旦。

从艺术特点上来说,这首诗主要是运用了"顶真"的修辞手法,在句与句、章与章之间相互衔接、彼此回应,产生语意连贯和音调谐和的效果,这对后世文学影响颇大。

[注释]

①文王,周文王姬昌。

②于(wū 乌),叹美声。昭,光明。

③旧邦,旧国。周从文王的祖父古公亶父由豳迁岐建国,所以称周为旧邦。

④命,指天命。维,是。

⑤有,词头,无义。不,通"丕",大。显,光明。

⑥帝,上帝。帝命,指上帝命周为天子。时,马瑞辰《通释》:"时读为烝,烝,美也"。

⑦陟降,升降。

⑧亹亹(wěi),勤勉的样子。

⑨令闻,好声誉。

⑩陈,申的借字,一再、重复。锡,通"赐"。哉,与"载"通用。(《左传》宣十五年、昭十年和《国语•周语》引这句诗都作"陈锡载周"。)载,造。造周,即建设周国的意思。

⑪侯,维,只有。

⑫本支,树木的根干和枝叶。引申为本宗和支系的意思。

⑬士,指周朝的百官群臣。

⑭亦世,即"奕世",累世。

⑮厥,其、他。犹,计谋。翼翼,忠敬的样子。

⑯思,语助词。皇,美。

⑰克,能。

⑱维,是。桢,干,骨干。

⑲济济,众多的样子。

⑳穆穆,仪表美好,态度端庄恭敬的样子。

㉑于,叹美声。缉熙,形容文王品德光明正大的样子。敬,谨慎负责。止,语尾助词。

㉒假,大。王先谦《诗三家义集疏》:"《汉书·刘向传》引孔子读此诗而释之曰:'大哉天命。'则'假'宜从《尔雅》训'大',鲁说如此。"

㉓丽,数目。不,语助词,无义。

㉔侯于周服,侯服于周的倒文。侯,乃、就。服,臣服。

㉕靡常,无常。

㉖殷士,据《汉书·刘向传》及《白虎通义·三正篇》,刘向和班固都认为殷士即指殷的后代微子。肤,壮美。敏,敏捷。

㉗祼将,是将祼的倒文。将,举行。祼(guàn 灌),灌祭,祭礼第一种仪式。于,往。京,周京师。

㉘常,与"尚"通,还是。服,穿戴。黼(fǔ),殷商的礼服,上面刺着白黑相间的花纹。冔(xǔ),殷商的礼帽。

㉙王,指成王。荩,进。进臣,进用之臣。诗人不便对成王说话,故意借荩臣对他说话。

㉚无,用作一句的发声,无义。

㉛聿,述(从《毛传》)。《说文》:"述,循也。"

㉜言,语助词。配命,配合天命。

㉝师,众,群众、军队。

㉞鉴,镜子、借鉴。

㉟骏,大的意思。不易,不容易。

㊱遏,停止、断绝。

㊲宣昭,宣明、发扬光大。义,善。问,通"闻"。义问,好名誉。

㊳有,同"又"。虞,度、鉴戒。陈奂《毛诗传疏》:"度殷自天,言度殷之未丧师者,皆自天也。度,犹鉴也。"

㊴载,事。这二字古音近而通用,如《尧典》的"熙帝之载",《史记·五帝本纪》载作事。

㊵臭,气息,气味。

㊶仪刑,效法。

㊷作,则、就。孚,信。

载 芟

[原文]

载芟载柞①,其耕泽泽②。千耦其耘③,徂隰徂畛④。侯主侯伯⑤,侯亚侯旅⑥,侯强侯以⑦,有嗿其馌⑧,思媚其妇⑨,有依其士⑩。有略其耜⑪,俶载南亩⑫,播厥百谷。实函斯活⑬,驿驿其达⑭。有厌其杰⑮,厌厌其苗⑯,绵绵其麃⑰。载获济济⑱,有实其积⑲,万亿及秭⑳。为酒为醴,烝畀祖妣㉑,以洽百礼。有飶其香㉒。邦家之光。有椒其馨㉓,胡考之宁㉔。匪且有且㉕,匪今斯今,振古如兹㉖。

[译文]

开始除草又砍树,用力耕作松泥土。上千对人齐耕耘,走下洼地踏小路。田主带着大儿子,小儿晚辈也相助。帮忙的人员同挥锄,大家吃饭声音响。温顺柔美好农妇,她的儿子健如虎。犁头雪亮又锋利,先耕南面那块地,各色种子撒下去。颗颗粒粒含生气,苗儿不断冒出来。高大粗壮讨人喜,庄稼茂盛一色齐,穗儿连绵把头低。开始收获丰硕果,场上粮食堆成垛,千担万斛上亿箩。酿成美酒味醇和,祖妣灵前先献酢,祭祀宴享礼节多。黍稷热气真芬芳。家门荣幸国增光,美酒醇厚真馨香,敬给老人得安康。耕作不从今日始,丰收并非破天荒,从古到今就这样。

[题解]

这是周族人相互帮忙开垦荒地,在春天播种,秋季收割,冬季祭祀土神、谷神的舞歌。

[注释]

①载,开始。芟(shān 删),除草。柞(zé 责),砍伐树木。

②泽泽(shì 释),土松散的样子。

③耦,二人并耕。

④徂,往。隰,低湿的田地。畛(zhěn 诊),田边的小路。指田界。

⑤侯,发语词。主,家长。伯,长子。

⑥亚,次。指老二老三等。旅,众。指晚辈。

⑦强,指强壮有余力来助耕的人。以,雇佣的劳动力《孔疏》:"以者,佣赁之

人，以意驱用，故云用也"。

⑧噂（tǎn 坦）众饮食声。馌（yè），送到田间的饮菜。

⑨思，发语词。媚，美顺的样子。

⑩依，通"殷"，壮盛的样子（从王引之《经义述闻》说）。士，和上句的妇，都是送饭的人；士比喻儿子有如武士。

⑪略，"畧"之假借，锋利。耜，犁头。

⑫俶，起土。载，翻草。

⑬实，指种子。函，同"含"。斯活，即活活，有生气的样子。

⑭驿驿，亦作绎绎，接连不断的样子。达，长出地面。

⑮厌，美好的样子。杰，特出。

⑯厌厌，禾苗茂盛整齐的样子。

⑰绵绵，连绵不断的样子。麃（biāo 标），穮的借字，禾谷的梢末，即穗。

⑱济济，众多的样子。

⑲实，满。积，指堆积的场上。

⑳万亿及秭，见《丰年》注。

㉑烝，献。畀（bì 必），给。

㉒馝（bì）：与苾、馥通用。形容黍稷的香气盛大。

㉓椒，与俶、淑通用，香气浓厚。馨，传播很远的香气。

㉔胡考，寿考，指老年人。

㉕匪，非。且，此。指耕种。

㉖振古，自古。兹，此。

(后有详解文章)

良　耜

【原文】

畟畟良耜①，俶载南亩②。播厥百谷，实函斯活③。或来瞻女④，载筐及筥⑤，其饷伊黍⑥。其笠伊纠⑦，其镈斯赵⑧，以薅荼蓼⑨。荼蓼朽止⑩，黍稷茂止。获之挃挃⑪，积之栗栗⑫。其崇如墉⑬，其比如栉⑭。以开百室⑮，百室盈止，妇子宁止。杀时犉牡⑯，有捄其角^⑰。以似以续^⑱,续古之人。

[译文]

犁头雪亮又锋利,先耕南亩那块地。各色种子撒下去,颗颗粒粒含生气。那边有人来看你。背着方筐挎着筥,送来米饭冒热气。头戴草编圆斗笠,挥锄翻土人心齐, 除去杂草清田畦。杂草腐烂在田里,庄稼长得更茂密。挥舞镰刀唰唰响,场上粮食如山积。粮垛高高像城墙,栉比鳞次多又密。大小仓库都开启,仓库全部都装满,老婆孩子心安贴。杀了那头大公牛,双角弯弯美无比。用来祭祀社稷神,前人传统后人继。

[题解]

这是周族人在秋收以后祭祀土神谷神的乐歌。

[注释]

①畟畟(cè 测),形容快利的样子。耜,犁头。

②见《载芟》注。

③见《载芟》注。

④载,背。筐、筥(jǔ 举),都是竹制的盛器,筐形方,筥形圆。

⑤馌,送食物。伊,是。黍,指小米饭。

⑥笠,笠帽。纠,纺织。

⑦镈(bó),锄头。赵,通"捎",撬的意思。

⑧薅(hāo 蒿),除草。荼蓼,二种野草名。

⑨朽,腐烂。止,语气词。

⑩挃挃(zhì 至),收割作物的声音。

⑪栗栗,众多的样子。

⑫崇,高。墉,城墙。

⑬比,密的意思。栉,篦子。

⑭室,指仓库。

⑮时,是、这。椁(rún),牛角长七寸为椁。

⑯捄,觩的假借字,兽角弯曲的样子。

⑰似,通"嗣",与续同义,这里有每年不断祭祀之意。

⑱古之人，指社稷之神。

(后有详解文章)

七　月

（一）

[原文]

七月流火①，九月授衣②。一之日觱发③，二之日栗烈④。无衣无褐⑤，何以卒岁⑥？三之日于耜⑦，四之日举趾⑧。同我妇子⑨，馌彼南亩⑩。田畯至喜⑪。

[译文]

七月"火"星偏西方，九月女工缝衣裳。十一月北风呼呼吹，十二月寒气刺骨凉。粗布衣服都没有，怎样过冬心悲伤。正月农具修整好，二月下地春耕忙。关照老婆和孩子，送饭南田充饥肠。田官老爷喜洋洋。

（二）

[原文]

七月流火，九月授衣。春日载阳⑫，有鸣仓庚⑬。女执懿筐⑭，遵彼微行⑮，爰求柔桑⑯。春日迟迟⑰，采蘩祁祁⑱。女心伤悲，殆及公子同归⑲。

[译文]

七月"火"星偏西方，九月女工缝衣裳。春天太阳暖洋洋，黄莺吱喳枝头唱。姑娘手提深竹筐，沿着墙边小路旁，采呀采那柔嫩桑。春天日子渐渐长，采蒿人儿闹嚷嚷。姑娘心里暗悲伤，就怕公子看上把人抢。

（三）

[原文]

七月流火，八月萑苇⑳。蚕月条桑㉑，取彼斧斨㉒。以伐远扬㉓，猗彼女桑㉔。七月鸣鵙㉕，八月载绩㉖。载玄载黄㉗，我朱孔阳㉘，为公子裳。

[译文]

七月"火"星偏西方，八月割苇好收藏。三月动手修桑树，拿起斧头拿起斨，高枝长条砍个光，攀着短枝采嫩桑。七月伯劳树上唱，八月纺麻织布忙。染成黑色染成黄，我染红的最漂亮，为那公子做衣裳。

（四）

[原文]

四月秀葽㉙，五月鸣蜩㉚。八月其获㉛，十月陨萚㉜。一之日于貉㉝，取彼狐狸，为公子裘。二之日其同㉞，载缵武功㉟。言私其豵㊱，献豜于公㊲。

[译文]

四月远志结子囊，五月知了声声唱。八月庄稼要收割，十月落叶随风扬。十一月把那貉子打，狐皮剥下洗清爽，好给公子做衣裳。十二月大伙聚一起，继续打猎练武忙，留下小猪自己吃，大猪送到公府上。

（五）

[原文]

五月斯螽动股㊳，六月莎鸡振羽㊴。七月在野㊵，八月在宇㊶，九月在户，十月蟋蟀入我床下。穹窒熏鼠㊷，塞向墐户㊸。嗟我妇子，曰为改岁㊹，入此室处㊺。

[译文]

五月里蚱蜢弹腿响，六月里蝈蝈抖翅膀。七月蟋蟀野地鸣，八月屋檐底下唱，九月跳进房门槛，十月到我床下藏。打扫垃圾熏老鼠，泥好大门封北窗。累完嘱咐妻和子，眼看就要过年关，赶快住进这间房。

（六）

[原文]

六月食郁及薁㊻，七月亨葵及菽㊼。八月剥枣㊽，十月获稻；为此春酒㊾，以介眉寿㊿。七月食瓜，八月断壶[51]，九月叔苴[52]，采荼薪樗[53]，食我农夫。

[译文]

六月里野李葡萄尝，七月里煮葵烧豆汤。八月把那枣儿打，十月收割稻米香；把它酿成好春酒，祝贺老爷寿命长。七月采瓜食瓜瓤，八月葫芦吃个光，九月麻子来收藏，采些苦菜砍些柴，是咱农夫半年粮。

（七）

[原文]

九月筑场圃[54]，十月纳禾稼[55]。黍稷重穋[56]，禾麻菽麦[57]。嗟我农夫！我稼既同[58]，上入执宫功[59]：昼尔于茅[60]，宵尔索绹[61]，亟其乘屋[62]，其始播百谷[63]。

[译文]

九月里筑好打谷场,十月里庄稼要进仓。谷子黄米加高粱,粟麻豆麦分开放。叹我农夫命里忙!大伙庄稼刚收完,又要服役修宫房:白天出外割茅草,晚上搓绳长又长,急急忙忙盖屋顶,开春要播各种粮。

(八)

[原文]

二之日凿冰冲冲⑥,三之日纳于凌阴⑥。四之日其蚤⑥,献羔祭韭⑥。九月肃霜⑥,十月涤场。朋酒斯飨⑥,曰杀羔羊⑦,跻彼公堂⑦,称彼兕觥⑦,万寿无疆!

[译文]

腊月里凿冰冲冲响,正月送进冰窖藏。二月里取冰行祭礼,献上韭菜和小羊。九月天高气又爽,十月扫清打谷场。捧上两壶清香酒,宰了大羊和小羊,踏上台阶进公堂,高高举起牛角杯,同声高祝寿无疆!

[题解]

这是一首叙述周民在豳地一年到头无休止的劳动过程和他们生活情况的诗,反映了当时农民衣、食、住各方面的情况。诗从七月写起,根据农事活动的季节性依次叙述,叙事的结构相当严密。诗用平铺直叙的方法,按月歌唱的形式,突出全诗的一条线索:贵族和农民生活的悬殊,鲜明地反映了当时的社会状况。

[注释]

①七月,夏历七月。流,向下行。火,星名,亦称大火,即心宿二。每年夏历五月黄昏的时候,这星出现在南方,方向最正,位置最高。六月以后,就偏西向下行。

②授衣,指裁制冬衣的工作,交给妇女们去做。马瑞辰《通释》:"凡言'授衣'者,皆授使为之也。此诗授衣,亦授冬衣使为之。盖九月妇功成,丝麻之事已毕,始可为衣。非谓九月冬衣已成,遂以授人也。"

③一之日,即夏历的十一月。周历以夏历的十一月为正月。下文二之日,夏历十二月。三之日,夏历一月(正月)。四之日,夏历二月。夏历三月,就不作五之日,只称为"春"。从四月到十月都依照夏历,好像现在农村仍沿用农历一样。皮锡瑞《经学通论》:"此诗言月者皆夏正,言一、二、三、四之日者皆周正,改其名不改其实。"戴震《毛郑诗考证》:"周时虽改为周正(以农历十一月为正月岁首),但民间

农事仍沿用夏历。" 觱(bì)发,寒风触物的声音。

④栗烈,亦作凛冽,寒风刺骨。

⑤褐(hè 贺),本义是粗毛布,这里引申为粗布衣服。

⑥卒,终。

⑦于,为,这里指修理。耜(sì 四),农具,犁的一种。

⑧举趾,举足下田,开始春耕。

⑨同,会合,约的意思。

⑩馌(yè),送饭。南亩,泛指田地。

⑪田畯,领主设的监工农官。

⑫春日,指夏历二月。载,开始。阳,天气和暖。

⑬有,词头,无义。鸧鹒,黄莺。

⑭懿,深。

⑮遵,沿。微行(háng),小路。

⑯爰,于是。柔桑,嫩桑叶。

⑰迟迟,形容日长的样子。

⑱蘩,草名,亦名白蒿。有人说蘩是幼蚕的食物,有人说蘩可制蚕箔,有人说用蘩水洗蚕子,使它易出。未知孰是。祁祁,形容采蘩妇女众多的样子。

⑲殆,怕。公子,指豳公的儿子。有人说,公子是指豳公的女儿,归训嫁。亦通。

⑳萑(huán 环)苇,荻草和芦苇。这句省去动词收藏。

㉑蚕月,养蚕的月份,指三月。条,挑的借字。条桑,修剪桑树。

㉒斨(qiāng),方孔的斧。

㉓远扬,指过长过高的桑树枝。

㉔猗(yī 伊),掎的借字,拉着。女桑,嫩桑叶。

㉕鵙(jú),鸟名,又名伯劳。

㉖绩,纺织。

㉗载,又是。玄,黑而带红色。

㉘朱,红色。孔,甚。阳,鲜明。

㉙秀,长穗。葽(yāo),植物名,今名远志,可作药用。

㉚蜩(tiáo),蝉。

㉛其获,指各种农作物将要收获。

㉜陨,坠落。萚(tuò),落叶。

㉝于,取。貉(hè鹤),似狐而较胖,尾较短,亦称狗獾。

㉞同,会合。

㉟载,则、就。续,继续。武功,指田猎之事。

㊱私,私人占有。豵,本义是小猪,此处疑泛指小兽。

㊲豜(jiān),三岁的大猪,这里疑泛指大兽。公,公家,指统治者。

㊳斯螽(zhōng),亦名螽斯,今名蚱蜢。动股,古人误以为蚱蜢以腿摩擦发声。

㊴莎(suō)鸡,虫名,即纺织娘。振羽,动翅发声。

㊵野,田野。

㊶宇,屋檐,这里指屋檐的下面。

㊷穹,治除,打扫。窒,这里用作名词,指灰尘垃圾一类堵塞物。熏鼠,用烟熏赶老鼠。

㊸塞,堵塞。向,北窗。墐(jìn),用泥涂抹。古代农民多编柴竹为门,冬天需涂泥塞缝,以御寒气。

㊹曰,《韩诗》作"聿",发语词。改岁,更改年岁,指过年。

㊺处,居住。

㊻郁,蔷薇科小灌木,果实名郁李。薁(yù),野葡萄。

㊼亨,同烹,煮。葵,菜名。菽,大豆。

㊽剥,通"扑",打。枣和下句的稻,都是酿酒的原料。

㊾春酒,冬天酿酒,经春始成,所以叫春酒。

㊿介(gài丐),求。眉寿,人老了,眉上长毫毛,叫秀眉,所以称长寿为眉寿。

51断,摘下。壶,葫芦。

52叔,拾取。苴(jū居),麻子。

53荼,苦菜。薪,这里作动词"烧"用。樗(chū),臭椿。

54场,打粮食的空场。圃,菜园。古人一地两用,平时种菜,收获季节夯实做场地,所以称场圃。

55纳,收藏。

56黍,糜子,小米。稷,高粱。重,同穜(tóng童),早种晚熟的谷。穋,晚种早熟的谷。

⑤禾,粟。

⑧同,收齐,集中。

⑤上,同尚,还得。宫功,修缮建筑宫室。

⑥尔,语助词。于,取。

⑥宵,夜里。索,搓。绹,绳。

⑥亟,同急、赶快。乘,覆盖。

⑥其始,将要开始。

⑥冲冲,凿冰的声音。

⑥凌阴,藏冰的地窖。

⑥蚤,同"早"。这里指早朝,是古代一种祭祀仪式。

⑥古代藏冰和取冰都要祭祀。《礼记·月令》:"仲春之月……天子乃鲜(献)羔开冰。"

⑥霜,同爽(见王国维《观堂集林·肃霜涤场说》)。肃霜,天高气爽。

⑥朋酒,两壶酒。斯,代词,指酒。飨,以酒食待客。

⑦曰,同"聿",发语词。

⑦跻,登。公堂,公共场所。可能是乡民集会的地方。

⑦称,举起。兕觥,古时一种铜制伏兕形酒器。

大 田

(一)

[原文]

大田多稼①,既种既戒②,既备乃事③。以我覃耜④,俶载南亩⑤。播厥百谷⑥,既庭且硕⑦,曾孙是若⑧。

[译文]

大田大,庄稼多,选种籽,修家伙,事前准备都完妥。背起我那锋快犁,开始田里干农活。播下黍稷诸谷物,苗儿挺拔又茁壮,曾孙称心好快活。

（二）

[原文]

既方既皂⑨，既坚既好，不稂不莠⑩。去其螟螣⑪，及其蟊贼⑫，无害我田稚⑬。田祖有神⑭，秉畀炎火⑮。

[译文]

庄稼抽穗已结实，籽粒饱满长势好，没有空穗和杂草。害虫螟螣全除掉，蟊虫贼虫逃不了，不许伤害我嫩苗。多亏农神来保佑，投进大火将虫烧。

（三）

[原文]

有渰萋萋⑯，兴雨祈祈⑰。雨我公田，遂及我私⑱。彼有不获稚⑲，此有不敛穧⑳，彼有遗秉㉑，此有滞穗㉒，伊寡妇之利㉓。

[译文]

凉风凄凄云满天，小雨下来细绵绵。雨点落在公田里，也洒到我的私田。那儿谷嫩不曾割，这儿几株漏田间；那儿掉下一束禾，这儿散穗三五点，照顾寡妇任她捡。

（四）

[原文]

曾孙来止，以其妇子。馌彼南亩，田畯至喜。来方禋祀㉔，以其骍黑㉕，与其黍稷。以享以祀，以介景福。

[译文]

曾孙视察已光临，农民叫上妻儿们。送饭田头犒饥人，田畯看了真开心。曾孙来到祭神处，黄牛黑猪案上陈，小米高粱配嘉珍。献上祭品行祭礼，祈求大福赐曾孙！

[题解]

这是周王祭祀田祖以祈年的诗。它和《楚茨》《信南山》《甫田》等诗，反映了西周时期的农业生产关系和生产力的情况，为我们提供了当时社会现实的可靠史料。

[注释]

①大田,即甫田,面积广阔的家田。

②既,已经。种,选择种子。戒,音义同械。这里用作动词,修理农具。

③乃事,这些事。

④覃(yǎn 眼),通"剡",锐利。耜(sì 四),原始的犁。

⑤俶(chù),开始。载,从事工作。

⑥厥,其。

⑦庭,同挺,挺直的意思。硕,大。

⑧若,顺。曾孙是若,顺了曾孙的愿望。

⑨方,通"房",指谷粒已生嫩壳,但还没有合满。皂(zào 造),指谷壳已经结成,但还未坚实。

⑩稂(láng),指穗粒空瘪的禾。莠(yǒu),形似禾的一种杂草,亦名狗尾草。

⑪螟,吃禾心的虫。螣(tè),吃禾叶的虫。

⑫蟊(máo 毛),吃禾根的虫。贼,吃禾节的虫。

⑬稚,幼禾。

⑭田祖,农神。

⑮秉,拿。畀,给。炎火,大火。

⑯有渰(yǎn),即渰渰,阴云密布的样子。萋萋,凄凄的假借字,天气清冷的样子。

⑰兴雨,下起雨来。按三家诗作"兴云"。祁祁,徐徐,慢慢的样子。意指细雨而不是暴雨。

⑱私,私田。

⑲获,收割。

⑳敛,收。穧(jì),禾把。不敛穧,指已割而漏掉的禾把。

㉑秉,把,将禾捆成一把把。

㉒滞,遗留。

㉓伊,是。利,好处。

㉔禋(yīn 因)祀,古代祭天的一种礼仪。先烧柴升烟,再加上牲体、五谷、玉帛等于柴上焚烧。

㉕骍,指赤黄色的牛。黑,指黑色的猪。

伐　柯

（一）

[原文]

伐柯如何①?匪斧不克②。取妻如何③?匪媒不得。

[译文]

要砍斧柄怎么办?没有斧头不成功。要娶妻子怎么办? 没有媒人行不通。

（二）

[原文]

伐柯伐柯,其则不远④。我觏之子⑤,笾豆有践⑥。

[译文]

砍斧柄呀砍斧柄,样子就在你面前。我看那位好姑娘,料理宴席很熟练。

[题解]

这首诗写娶妻必须通过媒人,就如砍伐斧柄必须用斧头一样。后来人们称为人作媒叫"伐柯"、"作伐",即由此而来。旧说认为这是赞美周公的诗,但毫无根据。

[注释]

①柯,斧柄。

②克,能。

③取,通"娶"。

④则,准则、榜样。不远,指手持斧头砍取制斧柄的材料,其取材的样子就是手中所握之斧柄,不必远求。

⑤觏,见。之子,指诗人所追求的姑娘。

⑥笾（biān）,竹丝编制的高的独足碗,形如豆,古人用它盛果类的食物。豆,象形字,木制的高的独足碗,上有盖,盛肉类的食器。笾和豆都是古人宴会或祭祀用的餐具。有践,即践践,陈列整齐的样子。《毛传》:"践,行列貌。"

黄帝与尧、舜、禹、契、弃关系图谱

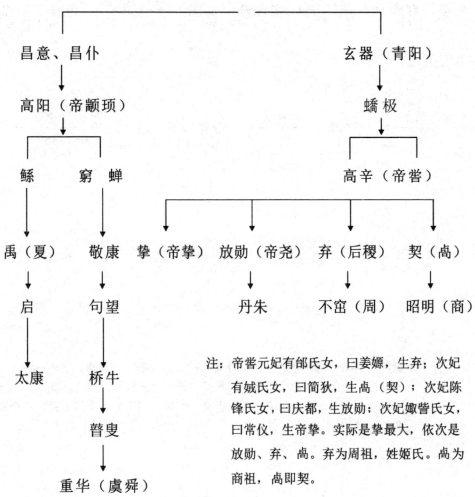

注：帝喾元妃有邰氏女，曰姜嫄，生弃；次妃有娀氏女，曰简狄，生禼（契）；次妃陈锋氏女，曰庆都，生放勋；次妃娵訾氏女，曰常仪，生帝挚。实际是挚最大，依次是放勋、弃、禼。弃为周祖，姓姬氏。禼为商祖，禼即契。

黄帝以下传位图谱

黄帝（有熊）　——在位100年→　帝颛顼（高阳）　——在位100年→　帝喾（高辛）
年110岁　　　　　　　　　　　年98岁　　　　　　　　　　　年105岁

——在位70年→　　帝挚　　——在位9年→　　帝尧（放勋）　——在位70多年→
　　　　　　　　　　　　　　　　　　　　　　年118岁　　　另令舜摄
　　　　　　　　　　　　　　　　　　　　　　　　　　　天子位28年

帝舜（重华）　——在位39年→　　帝　禹　——在位10年→　帝启（夏）
年100岁　　　　　　　　　　　年100岁

注：帝颛顼（高阳）为黄帝之孙；帝喾（高辛）为帝颛顼（高阳）之侄，黄帝
　　的二世孙；帝挚为帝喾（高辛）之长子，帝尧（放勋）为帝喾（高辛）之次
　　子，帝挚之弟，二人均为黄帝的三世孙；帝舜（重华）为黄帝七世孙；帝禹
　　为黄帝世孙。

周代世系图表

周先王至西周时期（一）

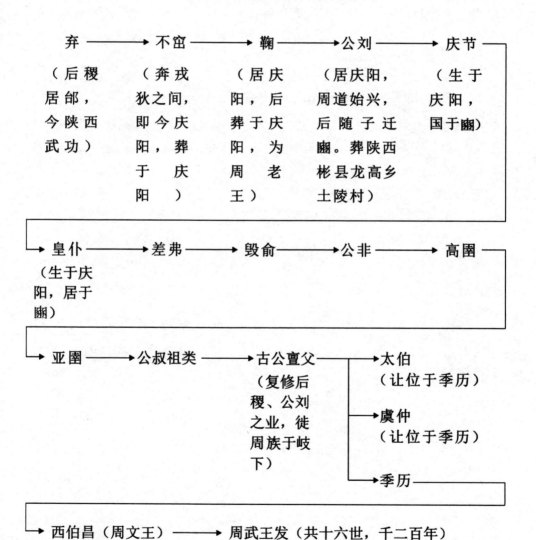

弃 ——→ 不窋 ——→ 鞠 ——→ 公刘 ——→ 庆节

（后稷居邰，今陕西武功）　（奔戎狄之间，即今庆阳，葬于庆阳）　（居庆阳，后葬于庆阳，为周老王）　（居庆阳，周道始兴，后随子迁豳。葬陕西彬县龙高乡土陵村）　（生于庆阳，国于豳）

皇仆 ——→ 差弗 ——→ 毁俞 ——→ 公非 ——→ 高圉

（生于庆阳，居于豳）

亚圉 ——→ 公叔祖类 ——→ 古公亶父 ——→ 太伯（让位于季历）

（复修后稷、公刘之业，徙周族于岐下）　——→ 虞仲（让位于季历）

——→ 季历

西伯昌（周文王）——→ 周武王发（共十六世，千二百年）

西周时期（二）

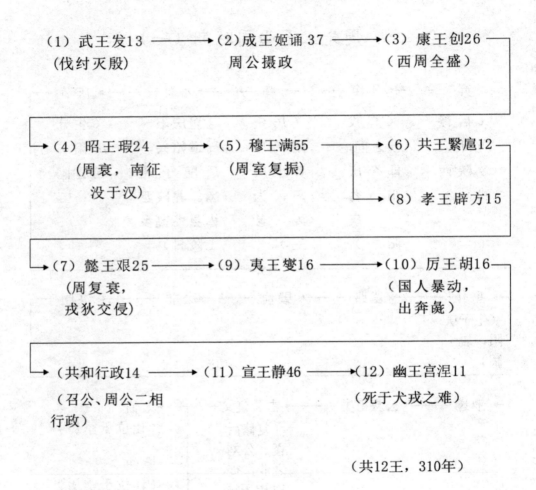

（1）武王发13 ——→（2）成王姬诵 37 ——→（3）康王创26 ——
（伐纣灭殷）　　　　周公摄政　　　　　（西周全盛）

（4）昭王瑕24 ——→（5）穆王满55 ——→（6）共王繄扈12 ——
（周衰，南征　　　　（周室复振）
　　没于汉）
　　　　　　　　　　　　　　　　　——→（8）孝王辟方15

（7）懿王艰25 ——→（9）夷王燮16 ——→（10）厉王胡16 ——
（周复衰，　　　　　　　　　　　　　　（国人暴动，
　戎狄交侵）　　　　　　　　　　　　　　出奔彘）

（共和行政14 ——→（11）宣王静46 ——→（12）幽王宫涅11
（召公、周公二相　　　　　　　　　　（死于犬戎之难）
　行政）

（共12王，310年）

东周时期（三）

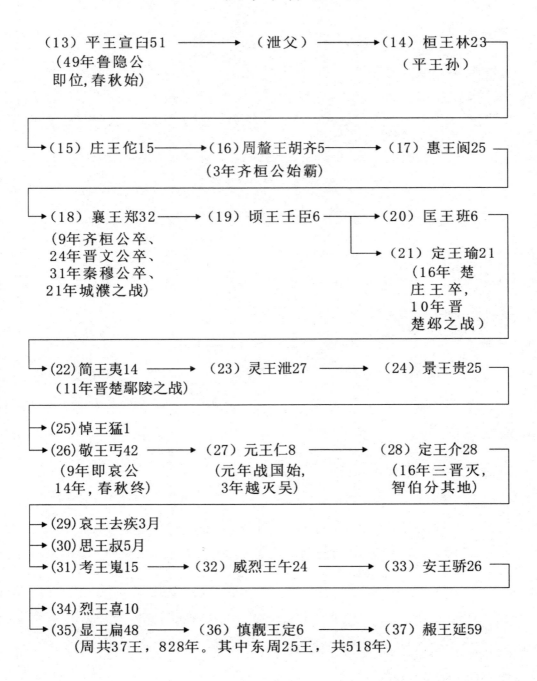

（13）平王宣臼51 ——→ （泄父）——→ （14）桓王林23
（49年鲁隐公
即位,春秋始）
（平王孙）

→（15）庄王佗15——→（16）周釐王胡齐5 ——→ （17）惠王阆25
（3年齐桓公始霸）

→（18）襄王郑32——→ （19）顷王壬臣6 ——→（20）匡王班6
（9年齐桓公卒、
24年晋文公卒、
31年秦穆公卒、
21年城濮之战）
→（21）定王瑜21
（16年 楚
庄 王 卒,
10年晋
楚邲之战）

→(22)简王夷14 ——→ （23）灵王泄27 ——→ （24）景王贵25
（11年晋楚鄢陵之战）

→(25)悼王猛1
→(26)敬王丐42 ——→ （27）元王仁8 ——→ （28）定王介28
（9年即哀公
14年,春秋终）
（元年战国始,
3年越灭吴）
（16年三晋灭,
智伯分其地）

→(29)哀王去疾3月
→(30)思王叔5月
→(31)考王嵬15 ——→ （32）威烈王午24 ——→ （33）安王骄26

→(34)烈王喜10
→(35)显王扁48 ——→ （36）慎靓王定6 ——→ （37）赧王延59
（周共37王，828年。其中东周25王，共518年）

卷二

周先祖来庆阳之说探讨

关于周祖不窋有关几个问题的探讨

司马迁在《史记·货殖列传》中有这样一段话:"夫神农以前,吾不知已。至若《诗》《书》所述虞夏以来,耳目欲极声色之好,口欲穷刍豢之味,身安逸乐,而心夸矜势能之荣。"短短的这么一段话,显示出司马迁具有朴素的辩证观念和唯物思想。对于历史,司马迁持客观的态度。神农以前,没有历史记载流传下来,不敢多说。有《诗》《书》可据的虞夏以来,连人们吃的、穿的、游玩逸乐的方式都知道一些,所以据实而书。他的记载是可信的、翔实的,因此,史学家论证虞夏以后的某一历史事实所引用的史料,大多取之于《史记》。根据司马迁撰著的《史记》中的记载,我就周祖不窋有关几个问题,作如下探讨。

不窋其人

不窋,并非神话传说中人物,而是确有其人。《史记·周本纪第四》中说:"后稷卒,子不窋立。不窋末年,夏后氏政衰,去稷不务,不窋以失其官而奔戎狄之间。不窋卒,子鞠立。鞠卒,子公刘立。"(见中华书局 1959 年 9 月版《史记》112 页,下同) 从这段记述中,我们不但确信不窋真有其人,而且他的上下父子关系都非常清楚。在《史记·周本纪第四》的后面还有一段文字记载,也说明了这一问题。周王朝的第五代帝王——周穆王将讨伐犬戎,大臣祭公谋父谏阻说:"昔我先王世后稷,以服事虞、夏。及夏之衰也,弃稷不务,我先王不窋用失其官,而自窜于戎狄之间。"(见135页)这段话虽然是在不窋"奔戎狄之间"一千年之后说的,但无可辩驳地证明了不窋失官后"奔戎狄之间"这一历史事实。那么,"戎狄之间"在哪里?我们知道:中国历史上对周边的少数民族有"北狄西戎南蛮东夷"之说。庆阳位于中原大地的西北部,所以称为"戎狄之间"是恰当的。再说,庆阳县城的东面的山上,有不窋古冢。除庆阳之外,全国再无一地说不窋埋葬在他们那里。另外,《括地志》云:"不窋古城在庆州弘化县南三里,即不窋在戎狄所居之城也。"庆州弘化县,即现今庆阳县田家城,其南三里,就是庆城即不窋城。凡此种种,充分说明,历史上不但有不窋其人,而且不窋是来到了庆阳,并去世在庆阳,埋葬在庆阳。

弃与不窋之间的关系

不窋是谁的儿子?《史记·周本纪第四》云:"后稷卒,子不窋立。"(见112页)这句话说明,不窋的父亲是后稷。但后稷是个职务名称,是管理全国农业的最高官员,而且还有人说,有许多人担任过后稷的职务。从这些说法来看,我们能说不窋的父亲是个官职,或者说许多担任过后稷职务的人都是不窋的父亲?当然不能。司马迁是中国历史上伟大的史学家和文学家,不可能出这样令人忍俊不禁的笑话,我们也不可能这样大为不恭地曲解司马迁的意思。实际上,司马迁在《史记》一书中说得明白无误:弃就是后稷,后稷就是弃。后稷虽然是个职务的名称,但专为弃而设,成为弃的代名词、专用词。如若不信,再请看司马迁在《史记》一书中对"后稷"的措辞。《史记·周本纪第四》一开头就说:"周后稷,名弃。"(见111页)这就是说,把"后稷"界定给了弃一个人,而不会是许多人所共有的。如果文中说"弃为周后稷",那么后稷就会是多人而不仅仅是弃一个人了。有人会说,这里提的"周后稷",后面仅是"后稷",是不是有所区别?通读一下《史记》,这个问题不辩自明。司马迁在每一个"本纪"的第一句话之前都冠以"本纪"的朝代号,如《夏本纪第二》开头即为"夏禹",《殷本纪第三》开头即为"殷契"。在以后的行文中,就只提"禹"、"契",再不加朝代号了。《周本纪第四》的开头也是如此。由此观之,"周后稷"与"后稷"是一回事。凡是《史记》中提到后稷,必然是指弃,绝不会是他人。

弃是帝喾与姜嫄的儿子,因生时不详,多次被父母亲抛弃而不死,因此起名为弃。《史记》中又说:"弃为儿时,屹如巨人之志。其游戏,好种树麻、菽,麻、菽美。及为成人,遂好耕农,相地之宜,宜谷者稼穑焉,民皆法则之。帝尧闻之,举弃为农师,天下得其利,有功。帝舜曰:弃,'黎民始饥,尔后稷播时百谷'。封弃于邰,号曰后稷,别姓姬氏。后稷之兴,在陶唐、虞、夏之际,皆有令德。"(见112页)从这段文字中,我们可以理解出以下几层意思:一是弃自小爱好种树麻、菽,长大成人后,遂好农耕,能根据不同的地理条件,选择种植适宜的谷物,多获丰收,因此,百姓们都向他学习这种耕作方法。二是帝尧听到这个消息后,选弃为农师,让他教导天下人民种植庄稼,发展农业生产,弃因此建立了功勋。三是帝尧驾崩后,帝舜继位,认为天下原来农业落后,黎民百姓吃不饱,自从弃担任后稷职务后,教导黎民百姓按照不同地理条件播种百谷,才解决了黎民百姓的吃饭问题,很有功劳,因此将邰(现今陕西省武功县)这个地方封赏给了弃,并将后稷作为名号赐给了弃。号,《辞海》解释为:指人名字以外的称呼。这说明,后稷是帝舜赐给弃的专用名号。同时,帝舜将"姬姓"也确定给了弃。在此之前,黄帝长于姬水,因以为姓。"黄帝二十五子,其得姓者十四人"(见9页),其中青阳与苍林二子得姬姓。经过多年的繁衍,尧、舜时姓姬的人就很多了。自帝舜将姬姓确定给弃之后,弃的后人都姓姬,而其他姬姓人的后裔都不能再姓"姬"了。这也是以后姬姓人只尊周先祖为其祖宗的原因。三是"后稷之兴,在陶唐、虞、夏之际,皆有令德。"这句话是对以上叙述的概括。说后稷弃管理和发展农业,历时尧、舜、禹三个朝代,对黎民百姓建立了不朽的功勋。从以上分析中我们可以看出,帝尧与帝舜选拔为农师的人和赐号为后稷的是同一个人,这就是弃,不可能另有其他人。以后不窋继其父亲管理全国农业,《史记》上并没有将他称为后稷。综上所述,这就是司马迁为什么在文中开头就把后稷界定给了弃的原因。后稷成为弃的专用名号,在《史记》中凡提到后稷,实指是弃,而不会是他人。弃与不窋是父子关系,不窋是周族的第二代始祖。

有人说,从唐尧到禹夏,年代久远,不可能只有弃一人担任后稷职务。这仅是一种推测和猜想。从《史记》反映出的资料来看,唐尧、虞舜、夏禹三代帝王在位共147年。其中帝尧16岁升为天子,在位70多年,在他末年令舜摄天子位28年,尧共活了 118 岁。尧崩，61 岁的舜登天子位，在位 39 年后崩，活了 100 岁。大禹曾任帝尧的司空，即管理全国土地的官员，在帝舜时期代其父治水，到帝舜驾崩后，被民众拥为帝王，在位 10 年后驾崩，大禹的年龄也可能过了百岁。后稷弃，虽与帝尧为同父异母的弟兄，但要比帝尧出生迟得多。他是在帝尧末年才举为农师在帝舜期间得到封赏，在帝禹期间去世的，因此他经历了帝舜摄位的 28 年或更少一点，经历了帝舜在位的 39 年，其中他还协同大禹治理过水患。"禹乃遂与益、后稷奉帝命，命诸侯百姓兴人徒以傅土，行山表木，定高山大川。"（见 51 页）经历了帝禹在位的几年时间，所以他任职的时间不会超过 70 年。如果帝尧、帝舜和帝禹在位时间要打折扣，那么弃的任职时间会更短一些。这段时间不能说成年代久远。在这一段时间里，弃一人管理全国农业是可能的，也是合乎情理的。他活的年龄也未超过与他同时代的帝尧、帝舜、帝禹等。无独有偶，在陶唐、虞、夏之际，史载还有个殷契(读薛)。殷契，又名卨，是帝喾次妃有娀氏简狄的儿子，被封于商，赐姓于氏。《史记》中说："契兴于唐、虞、大禹之际，功业着于百姓，百姓以平。"（见 91页）契为帝舜时的司徒，也曾助大禹治水有功，履历基本与弃相同。另外历任唐尧、虞舜、大禹等三代官职的还有皋陶、伯夷、益，等等。大禹的经历更能说明问题，他不但历任唐尧、虞舜两代帝王的官职，而且代舜而王。有人说，历时三代，时间久远，不可能只有一个后稷，那么历史上能有几个契、几个皋陶、几个伯夷和益呢?能有几个大禹呢?

　　史料记述是确切的，事实是很明白的，但为什么有人会对弃与不窋的父子关系提出异议呢?有两个原因:一，问题出在周祖代数不够。正如谯周按《国语》云:"'世后稷，以服事虞夏'，言世稷官，是失其代数也，若不窋亲弃之子，至文王千余岁唯十四代，实亦不合事情。"《毛诗疏》云:"虞及夏、殷共有千二百岁，每世在位皆八十年，乃可充其数耳。命之短长，古今一也，而使十五世君在位皆八十许载，子必将老始生，不近人情之甚。以理而推，实难据信也。"因为这个原因，就出现了"后稷不一定是弃"、"不窋不是弃的亲子"等等猜测。首先肯定，这个疑问是对的，是合乎情理的。不过，只有谯周把"失其代数"的原因归在对"不窋亲弃之子"的疑问上，而《毛诗疏》并未有这样的明确定位。我认为:《史记》中对后稷就是弃、弃与不窋是父子关系说得很明确、详尽，不容置疑，那么，又如何解释以上疑问呢?问题出在不窋的孙子公刘之后，其记述相当简略，我们能肯定这里面没有遗漏代数?例如周族第九代先祖公非有名曰"辟方",第十代先祖"高圉(yu 语)"有名曰"侯侔(móu)",第十一代先祖"亚圉"有名曰"云都",就有人怀疑"辟方"、"侯侔"、"云都"另有其人。周族第十二代先祖"公叔祖类"有四个名字,有人提出这四个名字实际是代了四个人、四代人,如此等等,都是对公刘以后代数不够的一种探索和释疑。我认为虽然这种探索和释疑还很难确定,但说明公刘之后遗漏代数的问题是客观存在的。二,有人杜撰《史记》中的话语,误导读者。在由庆阳县志编纂领导小组于一九八四年九月编印的《庆阳县志》"志余"一章中,辑录了一段话。《史记》:"后稷之兴,在陶唐虞夏之世皆有令德曰世、曰皆,则为后稷者不止稷弃一人可知。"由庆阳县志编纂委员会于一九九三年十一月编印的《庆阳县志》"古籍摘萃"一章中,又照前志移摘了这句话:"后稷之兴,在陶唐、虞、夏之世皆有令德,曰世、曰皆,则为后稷者不止稷弃一人可知。"二者文字、内容是一样的,都注明摘自《史记》一书,只是个别断句有所不同。翻阅中华书局编辑部于公元一九五九年七月编印的《史记》一书,并无这样的原文,又与原文后面的注释相对照,内容也不相同。《史记》中的原话是:"后稷之兴,在陶唐、虞、夏之际,皆有令德。"我们两相对照,《庆阳县志》中摘录的话语显然是杜撰的,而且与司马迁的原意相悖,是为了说明"则为后稷者不止稷弃一人"的观点。大前提是杜撰的,是错误的,后面的立论岂能站住脚?当然这句话的杜撰者并非是《庆阳县志》的编辑者,是他们抄自《新西北月刊》三卷二期。对于这句话中最后的结论我不想再做辩驳,因为前面已将此问题讲清楚了,毋庸赘言。这里我只想将这句话中提出的"曰皆、曰世"解释一下,"后稷之兴,在陶唐、虞、夏之际,皆有令德",是说后稷弃在唐尧、虞舜、夏禹三代都有"令德",这个意思非常明显,这个"皆"字是指唐尧、虞舜、夏禹三代,而非一代,我们怎么能将"皆"字理解为有几个后稷呢?我们反复推敲这句话,这哪里有几个后稷的意思呢?把"皆"字理解为几个后稷,怕太有些牵强附会了吧!"曰世",按理应取之于祭公谋父纳谏于周穆王那句"昔我先王世后稷以服事虞、夏"的话语。"世后稷"如何理解?在这句原文的后面,有两个注释:韦昭曰:"谓弃与不窋也。"唐固曰:"父子相继曰世。"韦昭与唐固都是三国时东吴的著名文人,著书甚多,曾注释过《国语》《公羊》《谷梁》等古书,他们对《史记》的有关注释是有一定权威的。我们再查《辞海》,"世"字的一个词义是"父子相继"。这就很清楚明白了,"曰世"是指弃与不窋的父子关系。

另外，我们可以从《史记·三代世表》的"周属"一栏里看到："高辛生后稷，为周祖。后稷生不窋。不窋生鞠。鞠生公刘。"从《前汉书·古今人表》中看到：在"姜嫄"之后写"帝喾妃生弃"。在"姞人"之后写"弃妃"，在"不窋"之后写"弃子"。一看这两个表，弃与不窋之间的父子关系也就清楚了。

不窋来庆阳的大体时间

既然不窋是后稷弃的儿子，那么不窋来庆阳的时间基本确定，大体在夏朝初年。因为后稷弃是生活在唐尧、虞舜和夏禹三个朝代的人，在夏禹执政的 10 年内去世了。《史记》中说："后稷卒，子不窋立。"说明不窋是夏禹执政期间继承了其父后稷弃的职务和事业，掌管全国农业生产。不窋管理全国农业历时三代，一直到了夏帝太康时期。夏禹是夏朝的第一位帝王。启是夏禹的儿子，继禹登天子位，称夏后帝启，为夏朝的第二代帝王。夏后帝启有国 10 年而崩，子太康立。太康是夏朝的第三代帝王。夏太康"盘于游田，不恤民事，为羿所逐，不得反国。"（见 85 页）就是说，夏王朝传到第三代帝王太康时期，因帝太康喜好游玩，荒于政事，不管人民的疾苦，被后羿赶出了京城。帝王被人赶跑了，作为帝太康手下管理全国农业的大臣不窋也因此丢失了官职，加之中原大乱，存身不住，便带领儿孙们向外迁移。《史记》忠实地记载了这一历史事实，说："不窋末年，夏后氏政衰，去稷不务，不窋以失其官而奔戎狄之间。"为什么说是"不窋末年"呢？因为不窋为后稷弃的儿子，是帝喾的孙子，据此推理，不窋出生应在帝尧后期，从帝尧后期到太康时期，将近 80 多年，因此太康时期的不窋年纪很大了，为耄期老人，在世时间不会太长了，因此，文中称为"不窋末年"。文中又说："夏后氏政衰。"有人便说：帝太康是夏王朝的第三代帝王，怎么能说政衰呢？政衰应指夏王朝末年，因此推出不窋应为夏王朝末期人。这也是一种曲解。帝王被人赶跑了，其政能不衰吗？同时，司马迁在《史记》中用"衰"字，不专用于每一王朝的末年，而对每一位丧德失政的帝王，不论其在王朝初朝、中期或末期，都用"衰"字来表示。如夏王朝第三代帝王太康是"政衰"；夏王朝第十四代帝王孔甲是"夏后氏德衰"。殷王朝第八代帝王雍已是"殷道衰"，这是殷的初期；殷王朝第十二代帝王河亶甲是"殷复衰"，殷王朝第十八代帝王阳甲是"殷衰"，这是殷王朝的中期，其后还有十三代帝王。周王朝传到第六代懿王时,《史记》中说:"懿王之时,王室遂衰,诗人作刺。"这也是周王朝的初期,如此等等。因此,我们不能无视《史记》用语的习惯,见文中用了个"衰"字,就把不窋活动的年限推迟到夏王朝末年。

在中国古代第一部诗歌集《诗经》中,有许多歌颂周祖盛德的诗歌,其中比较著名的是《诗·大雅·公刘》,也称为《笃公刘》。认真研读这篇诗作,再对照《史记》中的记载,我们发现,《笃公刘》篇真实地叙述了不窋在失官后,率领周族子孙由其父弃的封地邰地向北迁徙到庆阳的历史事实。《史记》记述周先祖有三次大的迁徙:第一次是由"邰"即今陕西省的武功迁往"戎狄之间"的庆阳,这次迁徙由不窋领导。第二次是因避犬戎的多次侵犯,由庆阳迁徙到"豳",即现今的陕西省旬邑县和邻县的交界处,这次迁徙由公刘的儿子庆节率领。第三次是由"豳"迁徙到"岐下",即今陕西省的岐山县和扶风县之间,这次迁徙由古公亶父所率领。公刘在前两次迁徙中都参加了,不过在第一次迁徙中他还很年轻,引人注目,因此诗中说他"何以舟之,维玉及瑶,鞞琫容刀",即公刘佩戴着各种玉器,身挎饰有玉器的宝刀,显得英姿飒爽,与众不同。公刘随祖父不窋和父亲鞠来到庆阳后,"复修后稷之业,务耕种,行地宜,自漆、沮度渭,取材用,行者有资,居者有蓄积,民赖其庆。百姓怀之,多徙而保归焉。"(见 112 页)因此人们把这次迁徙成功的功劳算在了他的身上,而且作歌赞颂他的恩德。"周道之兴自此始,故诗人歌乐思其德。"这句话中所说"歌"就是这首《笃公刘》。在《笃公刘》篇中,既描述了周族人共同徙移、共同生产、共同生活的集体所有制现象,又道出了在周族人之间已有了君民的区别,并建立了京城、军队等国家机构,说明私有制所需要的等级制度和国家机器已开始初步建立,而且在周族部落里也开始实行世袭制。不窋在大禹执政时接替了其父弃的职务,不窋失官,但乃为周族部落酋长。不窋去世后,子鞠继任了周族部落酋长职务;鞠去世后,子公刘又继任了周族部落酋长职务,等等。这种世袭制度的确立说明,周祖不窋来庆阳时,周族人受到两种制度转变的影响,接受了私有制中的一些新的东西。这种两种制度相互混合、共同存在的现象,正反映出周祖不窋所处的时代是公有制向私有制转化的夏王朝之初,并非私有制度已根深蒂固的夏王朝的末期。我们应该清楚地知道,周祖不窋率领周族是从中原大地迁徙到庆阳的,而不是长期偏居一隅的少数民族。如果他在夏王朝末期从中原大地来到庆阳,就不可能在周族人生产、生活中还保留公有制现象。另外我们还可以从《诗经》的《诗·周颂·载芟》和《诗·周颂·良耜》篇中,看到周族人共同拓荒、共同生产、共同生活的公有制现象。特别是前篇,真实地记载了周族人来到庆阳后共同拓荒种地的情景和他们第一次喜获丰收的喜悦心情,确实感人至深。

从周祖陵出土的文物看周祖不窋在庆阳生活的真实性

周祖不窋在其年老时，率族由邰北迁至当时称为“戎狄之间”的庆阳，并在这里生活了一段时期，去世后埋葬于庆阳县城东山之巅。这段历史事实，在《史记》中有明确的记载。但史书的记载仅为一个方面，还难以确信，需要有出土的文物给以支持。1995 年 3 月，庆阳县林业局的职工在修复周祖陵平整地基时，在陵墓的东南向、现今修建的“八卦亭”地基前约 5 米处，出土了大量墓地文物，充分证明了周祖不窋在庆阳的历史事实。

这批文物很丰富，其中有代表性的文物和标本约二百多件。现分述如下：

新石器时代遗物有：夹砂红陶罐、夹砂绳纹红陶罐、夹砂红陶双耳罐、蓝纹灰陶罐、绳纹灰陶鬲(lì 利)、绳纹灰陶甑(zēng)、绳纹红陶斝(jiǎ)、绳纹灰陶斝等残片，其中保存较为完好的是绳纹橘红色陶鬲、绳纹灰陶鬲。鬲是新石器时代晚期出现的一种煮饭的炊器，也作为祭祀用件。

唐代的文物遗存有：唐三彩脊兽残片九件，灰陶瓦残片若干。证明唐代时周祖陵已有相当规模的祭祀建筑。

宋代的文物遗存：红砂石雕刻缠枝花、牡丹纹残片三件，石雕斗拱残件；陶瓦十五件，宽19–21厘米，长35厘米；筒瓦六件，长33厘米，宽12厘米；瓦当五件，直径15厘米，图案均为兽头；脊兽残件二十一件；灰陶灯碗一百四十九个，口径8厘米，底径4厘米，高3厘米；柱石十件；石碑残片两件，上刻"大宋"、"充龙图……安抚"、"周祖庙"等字样；泥质彩绘塑像残片。另外还有宋仁宗的"庆历重宝"、"至和重宝"铁钱；宋神宗的"熙宁通宝"、"元丰通宝"篆、行两体对钱；宋哲宗的"元祐通宝"篆、行两体对钱，"绍圣元宝"篆、行两体对钱，"元符通宝"篆书折十钱；宋徽宗的"崇宁通宝"、"崇宁重宝"、"大观通宝"、"政和通宝"等铁钱约7千克，因均为铁钱，全部锈蚀，辨认十分困难。从这些遗存物看，周祖陵的祭祀无论从建筑规模方面看，或从活动频率看，在宋代已达到了高峰。

元代的文物遗存：酱釉瓷碗、黑釉瓷碗、白釉瓷碗、黑釉瓷罐等。

明代的文物遗存：柱石三件。高25厘米的红砂石坐姿雕像一件，头戴平冠，腰系双带，两手相交，大眼长须，面带微笑，形神兼备，栩栩如生。

另外残碑两件：一为明嘉靖十九年陕西按察史张邦教奉旨所立"周不窋之陵"碑；一为明嘉靖十九年御史周南、庆阳知府何岩所立"周祖不窋氏陵"碑。

清代的文物遗存：清道光二十九年庆阳知府所立"周祖不窋之墓"碑。

关于周祖墓前的碑石，据目前所知，最少有四块，一是在《大明统一志》上记载：宋不窋墓碑文剥落，上有片石，大书"周祖不窋氏墓"。这块碑子哪里去了，不得而知。有一残碑是否这块碑子，还不能断定。这块残碑被一农夫凿成了窑口用石，碑中已被凿去，四面文字已被磨平，难以考证。唯碑石右下角尚有四行断续碑文，约二十字："不窋生鞠，鞠生公刘，俱在……公承公先祖……不窋承……干成。"二是明嘉靖十九年同时立的两块墓碑。一为陕西按察史张邦教奉旨所立"周不窋之陵"碑，一为御史周南、庆阳知府何岩所立"周祖不窋氏陵"碑。后碑是于1986年在修建周祖陵森林公园时，从陵墓正面向南即今览凤亭附近出土。红砂岩石质，碑头和碑座均残，碑身约1米见方；正面阴刻"周不窋"三个大字，"周"字上部残缺，但字迹尚能辨清，"不窋"两字字迹清楚，碑右刻"嘉靖十九年孟□吉□"字样，碑下方刻"□刑□祭司□"字样。碑阴刻小字九行，除下部部分字迹剥落外，尚可辨认的字共八十七字，其中第七行有"圣驾南巡过庆都而□修□母"字样。有人说，据此表明明代嘉靖皇帝南巡来过庆阳而祭祀"周祖不窋"。对这一说法，我是否定的。据我研究，嘉靖皇帝从未来过庆阳。首先"庆都"不是今庆阳的名称，而是北京西南今称为河北省保定市望都县的别名。其次嘉靖皇帝南巡，是指去湖北在其父墓地为其母选墓址，不会绕道来庆阳。《明通鉴·五十七卷》曰：十八年"夏，四月，戊申，车驾还都，过尧母墓，监察御史谢少南言：'庆都县城外有尧母墓，当时祀典失于记载，乞修建，与历代帝王陵寝三年一遣祭为定制。'从之。"根据这一朝廷定制，才有陕西按察使张邦教奉旨立"周不窋之陵"碑之事。三是清道光二十九年庆阳知府步际桐、庆阳营参将察隆阿所立的"周祖不窋"碑。此碑于1996年后季在修复工程中开挖水窖地基时出土。碑呈红砂石质，残存碑头约40厘米，正面阴刻"周祖"两个大字，碑阴正文剥落难辨，唯右边第一行"周祖墓碑记"和左边末行"大清□□二"。

另外，据《庆阳府志》和《庆阳县志》载：庆城北关兴教寺铜像衣襟铸有"周禘行宫"字样，可能庆阳在周时建有行宫，周王朝历代岁祭遣使礼周祖陵于此。

以上文物的出土，以不可辩驳的事实证明了周祖不窋在庆阳生活过，去世后埋葬于庆城东山之巅，历朝历代都进行过祭祀。

橘红色陶鬲为证——论说周祖不窋来庆阳的时间

周祖不窋什么时候来庆阳的?众说纷纭。有人说不窋是在夏初太康年间来庆阳的,有人说是在夏末时来庆阳的,有些人认为不窋来庆阳的时间在商代,等等。各执一论,相持不下。我同意前一种意见,感觉前一种意见依据比较多而且充分。这些依据多半来自文献记载。

周祖不窋来庆阳的历史记载不但极少,而且不详细、不具体。同时,又不是当时人的记载,而是千年之后的后人记载,未必可信。考察历史,真正可信的证据,是出土的实物。现在,考古学的兴起,古文物的不断出土,揭开了历史的神秘面纱,解决了历史上许多疑案。如甲骨文的发现,揭开了中国有文字记载的历史;秦始皇附近出土的兵马俑,再现了秦始皇时的军事、兵器、服装等历史真实;近年对阿房宫的发掘,纠正了过去大家共认楚霸王项羽火烧阿房宫的记述,等等。就我市来说,辛家沟内赵家岔出土的两枚石英质的石片说明,在 10 万年以前,庆阳已有了人类生存。原来有部分专家、学者认为周人是从山西省南部迁徙到陕西省长武、彬县一带,未曾来过庆阳。二十世纪七十年代,庆阳出土的许多历史遗址和文物推翻了这一说法。

今天人们见到的出土古物要多于过去,因为科学技术的发展和考古学的兴起，我们见到了古人难以见到的许多古物。古物证实了正确的载记，同时纠正了错误的记述。

1995 年 3 月，在修复周祖陵平整地基时，在陵墓东南侧，现今八卦亭前约 5 米处出土了大量的墓地文物。

在这些文物中，最引人注目的是那件大型绳纹陶鬲残片。说是残片，仅在圆口上丢了一小块陶片，其他部位基本完整无缺。此物在周祖陵山文献馆陈列。鬲通高 25 厘米，其中袋状足高 10 厘米；口径 18 厘米，腹径 21 厘米。与其他陶鬲相比，这只鬲要大得多，色为橘红色，纹饰为绳纹。

鬲，在《辞海》上解释为：一种是古代炊器。陶制，圆口，三空心足。新石器时代中、晚期开始出现，商、周时除陶制外，兼用青铜制。另一种是古代丧礼所用的一种瓦瓶。《礼记·丧大记》："陶人出重鬲。"孔颖达疏："重鬲者，谓悬重之罂也。是瓦瓶，受三升。"罂(ying)，盛酒器，小口大腹，比缶(fǒu)大。鬲的后一种用途，是作为酒器用于祭祀活动中。

从以上解释看，鬲是新石器时代中、后期出现的一种炊器或祭器，夏商周时也有。请注意，这是一只橘红色绳纹陶鬲，是红陶，也称之为彩陶。彩陶是新石器时代早、中期的陶器。那时烧制陶器采用竖窑，不封顶；在烧制过程中，因陶土中的铁化合物在高温下被还原，故陶器呈红色。后经陶窑的改进，即竖窑变为卧窑或称为横窑，封顶，烧制技术的进步，即烧后用水渗等办法，使陶器呈现为灰陶、黑陶，彩陶渐为灰陶、黑陶所代替。从陶器色彩的演变，我们可以知道，这只橘红色陶鬲是鬲器的早期之物，即新石器时代中期之物。到夏朝中、后期，乃至商、周时期，鬲虽然仍在沿用，但时代已由新石器时代进入金石并用或者青铜时代，鬲多为青铜铸造。也有陶制的，但都是灰陶或黑陶，绝不会再生产出橘红色陶鬲。而且此陶鬲的纹饰为绳纹，是新石器时代的纹饰，也为这只陶鬲的年代作出证明。它所处的时代，最迟不超过新石器时代的晚期。

在周祖陵山周围，分布有属于新石器后期的齐家文化遗址多处，如玄马镇的尹家桥遗址、庆城镇的麻家暖泉遗址、南庄乡新庄遗址，等等。出土有灰色、黑色陶鬲的残片，而没有橘红色陶鬲的残片。齐家文化正是金石并用时代，是新石器时代向青铜器时代过渡的时期，大约在距今 4000 年到 3400 年之间。这说明，周祖陵山上的这只橘红色陶鬲所处的年代还要稍早于以上几个遗址所处的年代，大约在 4000 年之前。这个年代恰好是夏朝初年。据中国进行的夏商周断代史工程确定,夏朝初年,即为公元前 2070 年。

既然橘红色陶鬲是 4000 年之前的器物,它出土在周祖陵山上,说明了什么呢?说明不窋在夏朝初期就来到了庆阳,也去世在了庆阳,被埋葬在了庆城东山之上。说明这只陶鬲是作为那时周祖陵用于祭礼的酒器被无意之间留在了周祖陵山上,也不排除是守陵人做饭的炊器。这只陶鬲特大,属于已去世部落首领的祭器用物,更切合实际。

橘红色绳纹陶鬲无言,我们面对它,还能再说什么呢?

与《西周史》作者许倬云先生就周族先祖迁徙问题商榷

　　近读许倬云先生的大作《西周史》，大获裨益，领教颇多。许倬云先生乃国际著名历史学家，美国匹茨堡大学教授，台北"中央研究院"院士，著作甚丰，有《中国古代社会史论》《汉代农业》《西周文化》《求古篱》等著作。我作为无名小卒，斗胆与这样的大家讨论问题，自觉不胜荣幸，也有点诚惶诚恐之感。

（一）

　　许倬云先生在《西周史》上说："据《史记》记载，后稷之子不窋，在夏后氏政治衰微时，去稷不务，不窋失官，奔于戎狄之间。不窋与后稷的关系，自来即为学者所怀疑；由汉以来，史家即认为太史公所记周初世系有错误（《史记会注考证》）。大约后稷之名，原非官号，只是指周人为务稷的部族，去稷不务一语，本不是以夏后氏为主词，却是形容不窋领导下的周人放弃了原有的农业，改采戎狄的生活方式，到公刘的时候，复修后稷之业，务耕种，则又由戎狄的生活，再变到农业生产的文化，这一大段事迹，未必在两代之间发生。"

许先生的这段话,可以分析为三层意思:一、同意汉朝末年的部分史家认为不窋不是后稷的儿子的观点,同时他进一步说"后稷"之名,原非官号,只是指周人为务稷的部族。二、认为"去稷不务"一语,不是夏后氏所为,而是说不窋领导下的周人放弃了原来的农业,改采戎狄的生活方式。三、认为到了公刘的时候,"复修后稷之业,务耕种,则由戎狄的生活,再变到农业生产的文化,这一大段事迹,未必在两代之间发生。"

接着,他又说:"若配合考古学的资料来说,农业在中原早在七八千年前即已发端,周人若在后稷时代始有农业,在中国的新石器文化中应算是后起的。"许先生的最后一句话,把后稷的功绩贬低为零了。

关于中国的农业起源问题,《史记》中并未说始于后稷。不要说从考古成果来讲,仅从神话传说中讲,中国民众也认为农业始于距后稷很早以前的神农时代。《史记》只是说后稷改造了农业生产的方式方法,大力发展了农业。后稷所创造的农耕方法,就是"相地之宜,宜谷者稼穑焉。"在中国第一部诗歌集《诗经》所收录的歌颂周人农稼的许多诗歌中,如《载芟》《良耜》等,有"俶载南亩,播厥百谷"之句,就是"相地之宜,宜谷者稼穑焉"的具体描述。"相地之宜,宜谷者稼穑焉",其意是根据不同地理条件,选择适宜的农作物进行播种;根据地理和气候条件,播种有先有后。这种耕作方法,现在看起来非常简单,但在那个时候,要由古人做起来就非常难。七八千年,古人都未能突破这一点,以至于农业生产一直停留在最原始阶段,还不能解决日益增多的黎民的生计问题。到了帝尧、帝舜时期,起用后稷,大力推广了"相地之宜"的耕作技术,才使中国的农业大大跨越了一步,解决了黎民的吃饭问题。正如《史记》中说:"帝尧闻之,举弃为农师,天下得其利,有功。""弃主稷,百谷时茂。""后稷之兴,在陶唐、虞、夏之际,皆有令德。"(见中华书局1959年9月版《史记》一书43页、112页)这就是以后中国民众尊后稷为农神、到处建庙祭祀他的根本原因。我们怎么能因后稷弃并非为农业创始人而否定他在农业发展中的功绩呢?

后稷是个官号,但他由帝舜专赐给了弃,就成为弃的代名词,成为一个具体的人了。太史公在《史记》中是把他作为一个人来写的,并非作为一个官号而代表了许多人来写的,更不是作为一个"务稷的部族"来写的。只要我们不带偏见、认真阅读一下《史记》,就会明白这一点。关于这一点,我在前文已说清楚了,不再累牍。诚然，历史文献与考古成果相比，后者更接近于事实。但没有考古成果或者考古成果解决不了问题时，我们还是要采用历史文献。正如许先生所说的，太史公那个时代根本见不着现今出土的古人居室遗址、墓葬和遗物，但有幸可以看见今人无法再见的载籍。所以，《史记》中的记载在无任何考古成果与其相悖的情况下，我们只能信其记载。如果没有这一点认识，我们的讨论就无法进行了。同时，有些问题不是考古学所能够解决的，只能依靠历史文献的记载进行合理的推测与研究。例如"去稷不务"、不窋奔戎狄等事实，它们都有一个动因问题，这个动因是什么，这是考古学无法解决的问题，我们只能依据《史记》的记载，作合理推测。只有将历史文献与考古成果相互印证，相互补充，才能使历史尽可能重现它的本来面目。

认真阅读《史记》，"去稷不务"一句，显然是夏后氏所为，并非许先生所说的是不窋所为。不窋为什么要"去稷不务"呢？这个动因很不明白。不窋是朝廷里的农官，专管全国农业，他又继承了其父后稷的事业，没有任何理由说明他"去稷不务"，他也没有这么大的权力。只有夏后氏才有这个动因与权力做到"去稷不务"。当时的夏朝帝王是太康，他是帝启的儿子。据史载，帝启在其末年时，已荒淫无道，整天沉湎于游玩，不理政事；到了帝太康，更是甚上加甚，经常出外在洛河沿岸游玩，不回朝中。他的手下后羿就起兵造反，不让帝太康回到京城。帝太康失了国，作为他手下管理农业的不窋也就失去了官职。国家都失掉了，何以能"务稷"？"去稷不务"者，是夏王朝的帝太康造成的，怎么会是农官不窋呢？把"去稷不务"的罪名加在不窋的头上，不窋就太冤枉了，我们也找不到不窋何以"去稷不务"的原因。

既然"去稷不务"不是不窋的主使，那么不窋又何以"奔戎狄"呢？还是前面提到的原因。因帝太康失国，天下大乱，农耕生产赖以存在的和平环境已遭破坏，不窋又不愿臣服于后羿、寒浞等人，只得举族北迁。在古代，任何时期农耕人口的迁移，都是政治大动荡的结果，这是其一。其二，不窋是个孝子，他对其父所开创的农耕事业非常忠诚，总想千方百计地继承下来，这就得另寻找一个能继承农耕事业之地。所以，他不顾自己年迈，不畏上千里的艰难跋涉，来到了戎狄之间的庆阳。他来到戎狄之间，就是为了更好地继承其父后稷弃的农耕事业，不可能也没有任何理由放弃原来的农业，改采戎狄的生活方式。如果按许先生所说的那样做，就违背了他"奔戎狄"的初衷，也为周族人不答应。周族人已长时间地享用了后稷所致力的农耕事业的恩惠，不甘心再回过头去过游牧生活，正如现在我们不愿意回到曾经很贫困的年代属同一个道理。不窋只有继承其父的遗志，在戎狄之间开创农耕事业，才能赢得民心，保住他族长的位置。因此，许先生的观点不可信。实际上，《史记》中选用的祭公谋父进谏周穆王时一段话，就说明了这个问题。祭公谋父说："昔我先王世后稷，以服事虞、夏，及夏之衰也，弃稷不务，我先王不窋用失其官，而自奔戎狄之间，不敢怠业，时序其德，遵修其绪，修其训典，朝夕恪勤，守以敦笃，奉以忠信，奕世载德，不忝前人。至于文王、武王，昭前之光明而加之以慈和，事神保民，无不欣喜。"这段话就把一切事说清楚了。不窋到戎狄之间后，不敢懈怠其父所致力的农耕事业，时时向随他而来的和当地的民众叙述和介绍后稷致力于农耕事业的德行，决心遵照后稷的遗愿，实行农耕经济来完成其未竟的功业，并制订了一些法则和制度来保境安民，保障他所承继的农耕事业得以顺利实施。他虽然年纪很大了，还起早睡晚，勤奋务作；他奉行敦厚实在、忠信仁义的道德，来教化当地民众。他不但忠实地继承了其父后稷的事业，而且还教导后辈，要一代一代地将农耕事业传承下去，无愧于前人后稷。从这里，我们哪里能看到不窋放弃农耕事业而采用戎狄的生活方式的情形呢？说不窋放弃了农耕生产而采用戎狄的生活方式，纯粹是无稽之谈。至于说，不窋与相跟随的周族人在戎狄之间受到一些戎狄生活的影响，这不可避免，说他在戎狄之间所推行的农耕事业带有游牧的特性，都可以说得通，但农耕火种并没有熄灭。在不窋及其儿子鞠陶时代，周人所从事的事业仍然是以农耕生产为主体，只是到了公刘时代，周人所占据的地盘扩大了，人员众多了，公刘不但遵循其祖不窋"奕世载德，不忝先王"的遗训，坚持农耕经济，而且大面积推行农耕生产。农耕面积的增加，必然引起后人对他的重视和赞喻，这才有了《史记》中"公刘虽在戎狄之间，复修后稷之业，务耕种，行地宜"之语，但我们不能因这句话而否定不窋在戎狄之间推行农耕经济的功绩。没有不窋在戎狄之间对农耕生产的开创和鞠陶的承前启后，何以有公刘的"复修后稷之业"的壮举！

(二)

许先生认为：周先祖始源于晋南的汾水之畔，是由东向西迁徙到了陕西的长武一带的。其根据有三：一，他取钱穆先生之意，周人原居于豳地。"豳"又可写为"邠"；"邠"从"分"从"邑"。"分"就是汾水，汾水支流多，比泾河更似"分"；"邠"就是在汾水边上的城邑。后来周人迁徙到了陕西长武一带，才将"邠"字移了位。二，周人由东向西转移，曾路过了今陕西省的郃阳。根据是《诗·大雅·公刘》中有"于胥斯原"句，说是周族人先到了胥地，然后才到了豳地。关于"胥"字，《毛传》训"相"，但《绵》诗中也有"聿来胥宇"一语。胡适由文法比勘，以为是地名。丁山先生进一步考定"胥"为"夏"的声讹；他并考证夏代末季所在的西河，当在今陕西郃阳附近。这一地点，正为山西西部汾水流域到陕西西部泾水流域的中点。公刘的后代庆节更由此西去，以带有豳的地名命名泾水地区的新地。三，据《吕氏春秋》所述，收在《诗经》"豳风"之内的"破斧之歌"是东音，是以在汾水流域旧居发展起来的音乐。如以山西汾上为邠之命名来源，则汾域与岐山周原相对而言，颇符合"东音"的名称。

为了说明问题，我们再引用许先生一段话，他说："钱氏之说，以为《诗经》'公刘'，'于京斯依'，'于豳斯馆'；及《史记》：庆节'国于豳'，其京与豳在汉代的临汾，今新绛县东北二十五里处。豳、邠古今字，皆得名于汾水。汾水为一条古水，古公得名由此水。《水经注》'汾水注'，汾阴有稷山，山上有稷祠，山下有稷亭，当与后稷有关。又据《水经注》'涑水经'，闻喜附近有周阳故城，汾口西岸，则有韩城之周原堡。万泉县内井泉百余，正合《诗》'公刘'：'逝彼百泉'的景观，周之得名，也在此地。古公亶父受薰育戎狄之逼，止于岐下，所逾即是韩城西北的吕梁山，钱氏遂以为公刘旧居在晋南，当黄河之东，汾水之南，盐池西北的涑水流域。按地名随着人群迁移而搬家，历史上随处有之。周人在陕西住久了，其地名已深入人心，后人遂以为周人自古以来即居住在这些地方。如以钱氏之说，则周与豳都可能是古公由山西带到陕西的地名，周人的祖先未必局促于泾渭之间。钱氏的理论虽有待证实，事实上也有相当的说服性，至少已是重要的一说。"

针对许先生的这一观点，饶选堂(宗颐)教授专门写信《谈西周文化发源地问题》，致许倬云先生，作了辩驳。他说：

"考古学界关于先周文化之探讨,从二十世纪七十年代以来,由于出土文物之丰富,产生两种不同看法:一种受钱说影响,认为先周文化可能来自山西太原一带的光社文化,邹衡主之;另一种认为先周文化应来自陕西本地的客省庄二期文化,尹盛平等主之。八十年代以后,新资料陆续发现,以上二说均不能取得地下遗物之有力支持,已为人所舍弃。最重要的是碾子坡遗址之发现,此一文化层面分布于泾水上游,自甘肃平凉、庆阳各地遍及六盘山、陇山地带,为文献所述早期周人居豳提供考古学重要之实证。李峰《先周文化的内涵及其渊源探讨》一文,曾作综合性的论述,想必注意及之。大著35页引钱说以为豳、邠古今字,皆得名于汾水,汾水有一条古水,古公因之得名。又据《水经注·涑水注》,闻喜附近有周阳故城,汾口两岸有韩城之周原堡,万泉县内井泉百余,正合'逝彼百泉'的景观,周之得名,正在此区。钱氏喜取晚出同名资料作为民族迁徙佐征,陈般木兄在其《春秋列国撰异》第七册驳及岐两条,有所辩证,如钱氏列举闻喜之姜嫄墓、后稷陵,皆出后代好事者之附会,了不足信。樊庵列举四事以正钱氏周阳所在之岐出于移植一说之非,论证确凿。余谓周语、周本纪具称不窋居戎狄之间,《史记正义》引《括地志》:'不窋故城在庆州弘化县南三里。'《元和郡县志·关内道》三云:'庆州,古西戎地……今州城东南三里有不窋故城是也。'又《顺化县》云:'不窋墓在县东二里。'公刘居豳,即唐之邠州。《元和志·三水县》云:'古豳城在县西三十里公刘始都之处。'唐人之说,非无根据。周原出土甲骨所见地名,如毕公、密、周方诸记载,均足证明旧说之可信,不必读邠为汾,牵涉到山西之汾水。至于古山古水,考《水经注·涑水注》云:'汾水又西与古水合,水出临汾故城西黄阜下。'杨守敬疏云:'通鉴:李渊入临汾郡,宿鼓山。胡(三省)注:鼓山在绛县北,鼓、古音同,盖即古水所出之黄阜也。一统志:古水在绛州西北古山下,亦名'鼓堆泉'。盖古山原亦称鼓山、鼓堆,与古公无涉。我于1981年在山西旅行一整月,曾至绛县访碧落碑,在夏县谒司马光墓,越中条山至盐池、涑水地区,踏查所至,知非周先世活动之地,钱说纯出忖测,更证以近年泾水上游先周文化各出土实物情况,钱说已无商榷之必要。弟建议大著第三版宜从般木庵兄观点,删去山西一说,未知尊意以为然否?"

宗颐教授的观点,至为确当,但许先生仍有坚持他的观点之意。如果我们仔细分析许先生《西周史》35页的这段话,可以说是矛盾百出。首先说"邠"字。邠与豳为古今字,先有"豳"后有"邠","邠"是从"豳"简化而来的。而豳是个会意字,是山中有两个豕,豕即猪也,是中原人对边远地带人民的蔑称,与中原人把边远的少数民族称为戎狄如出一辙。今庆阳古时称为戎狄之间,实与称此地为豳或北豳是一个意思。然而把距夏王朝京城很近的晋南之地称为豳地,就有些不切合实际了。没有豳字,何以有"邠"字?再说,邠为汾水边的城邑之说,是因为汾水的支流多,很像个"分"字。汾水与泾水相比,哪个支流多?没有人统计过。但据我所知,泾河最大的支流马莲河上的支流之多,难以胜数,何以说泾河的支流就比汾水支流少呢?说汾水支流比泾水支流多,是一种无任何根据的武断。"于胥斯原"句中的"胥"字,我同意《毛传》训为"相"字,就是"相看"、"勘察"的意思。迁徙的周族人在经过一个大原时,相看后觉得不适宜居住,就又向前行进了。把"胥"字作为相看来解释,与后文的意思非常连贯。如果作为地名,周族人由公刘率领已定居在"胥"地,后面的诗句就成为多余。因为据许先生说,公刘定居于胥地,由公刘的儿子庆节又从胥地从发,才到达豳地,国于豳。那么这首歌颂公刘的诗歌在第二段就到达了胥地,完成了使命,诗句就应到此结束。若要继续写,后面所描述的就成为庆节率族迁徙的经过,这就有些文不对题了。后面诗句中以"笃公刘"起头,就成为多余,有狗尾续貂之嫌。至于《诗·大雅·绵》"聿来胥宇"句中的"胥"字,也作"勘察"、"相看"为合适。即:"勘察地址好建房",这个意思与上下文是连贯的。如果作为地点,那么,古公亶父已越过梁山,到了"岐下"这块地方,准备长期定居下来,怎么会又出现一个"胥"的地名来?没有任何文献可以说明周人到了"胥"地。许先生又说:古公亶父所越的梁山就是韩城西北的吕梁山,这更是大错特错了。吕梁山虽在山西的西北部,但在古公亶父所居的豳国即今陕西西部的彬县及长武的东北部,而岐山在长武的西南部,古公亶父怎么能从长武一带向东北走到吕梁山,翻过吕梁山又怎么能到陕西西南部的岐山呢?在地图上一看,这种说法就有南辕北辙的味道了。许先生又说:古公亶父之名是因汾水为古水而得名。这也是错误的。古公亶父出生地按许先生所说的,是在长武县一带,而且古公亶父是公刘的第九代孙,周人这时已移居长武一带达几百年之久,显然他已与汾水没有什么联系,何以名字与汾水相联系?若说古水,中国大地的许多河流都可以称为古水,如泾河的支流马莲河,在一亿年以前就存在了,这可以从其支流环江边出土的翼龙为证。我们说,把古公亶父与泾河这条古水相联系,还是可以说通的;若

与汾水相联系,就有些风马牛不相及了。许先生又用钱氏之说,则周与豳都可能
是古公由山西带来陕西的地名。这又自相矛盾了。既然前面说公刘率族由晋南到
了豳地,庆节率族由豳地到了长武,现何以又说由晋南到长武和岐下都是古公一
人所为?古公与公刘、庆节相隔八九代,怎么做的是一件事呢?周族由晋南从东向
西迁徙到陕西的西部,究竟是由谁领导的?前面说是公刘、庆节,后面又说是古公
亶父,自相矛盾,前后不一,难圆其说,何以服人?许先生考证周族人的迁徙,多数
以《诗·大雅·公刘》篇为据。他说:"万泉县内井泉百余,正合《诗》'公刘':'逝彼百
泉'的景观,周之得名,也在此区。"这也是一种错误的理解。古人以水为居,无水
就无法生活,所以他们选择定居之地一定要有水泉。"逝彼百泉,瞻彼溥原。"中的
"逝"字,作"往"字解释,即寻找有百泉的地方。他们虽然到了一个很大很大的原
上,这里有平坦肥沃的耕地,但并无赖以生存的水泉,他们只能舍弃这个优越的
地方,继续前行了。既然万泉县有百泉在内,周族人为何没有止步?这就难以解
释。

　　还有关于"破斧歌"为东音之说,正如许先生论述此点时说:"《吕氏春秋》'音
初篇'所记,可能是传说。然而,正因其内容与世所熟悉的《诗经》不同,其传说倒
可能有古老的来源。祖先在豳创业的事,周人岂能不加追述。然而公刘之世,周人
朴质未文,其诗歌是否有文字传下,大为可疑,是以'生民'、'公刘'诸诗,都用后
世追述语气。然而音乐曲调,口耳相承,又有乐师保存因袭,大约即可留下'豳风'
的名称,是以鲁人兼用四代之乐,而有击土鼓吹苇籥的土俗音乐。"诚如斯言。"豳
风"的诗歌大都是周人后世追颂先祖的歌谣。这种歌谣的曲调产生于周先人在豳
时创业的过程之中,然后经过许多代人的口耳承传,其曲调必然有些变化,加之
后来由作为宫廷乐师的鲁人改造,成为东音是完全可能的,毫不奇怪。

　　综合上述,周族人由东向西迁移说,难以站住脚。

(三)

　　许先生说:"不窋以前之周人历史,实在相当渺茫。钱宾四先生以地名讨论之
方法,倬云亦并不以为可做定论,并特为指出地名迁徙之说,其方法学上的缺陷,
实如双刃利剑,左砍右割,均有可商榷之处,以示不敢盲从。(同理,尊函依据唐人

著作之不窋遗迹,指实不窋之在庆州,公刘之在邠州,其方法学上之问题,亦有危险。)惟既然钱氏与邹衡先生意见有可以互补之处,在史迹邈远不可断言时,其假说亦应介绍于读者也。同时,周人事事攀缘夏人,傅孟真先生在论"夏""雅"之关系时,已详论之。周人与夏人之间,究竟是何渊源,今日仍不能断言。史阙有问,他日史料更多时,或可再作推论,俟诸他日耳。尊函赐教,嘱咐将来修订拙作时,删去山西部分,谨领雅教,当于修版时,视可有之资料,特加注意。——然而,此事皆在不窋以前事,与碾子坡文化遗存之讨论两不相涉也。"

这是许先生答复饶选堂先生书信中的一段话。从这段话中看出,许先生仍不以饶先生的观点为是,也就是说,他对不窋来庆阳、周族人由邰迁庆、由庆迁豳、由豳迁岐之传统说法存有疑问。

正如许先生说:"不窋以前周人历史,实在相当渺茫。"这是因为文献史料太少的缘故。正因为如此,我们只能依据有限的文献资料,加以地名佐证、考古成果的证实和合理的推测进行研究。除此之外,别无他法。

从《史记》上看:"帝舜曰:'弃,黎民始饥,尔后稷播时百谷。'封弃于邰,号曰后稷,别姓姬氏。""后稷卒,子不窋立。不窋末年,夏后氏政衰,去稷不务,不窋以失其官而奔戎狄之间。不窋卒,子鞠立。鞠卒,子公刘立。公刘虽在戎狄之间,复修后稷之业,务耕种,行地宜,自漆、沮度渭,取材用,行者有资,居者有蓄积,民赖其庆。百姓怀之,多徙而保归焉。周道之兴自此始,故诗人歌乐思其德。公刘卒,子庆节立,国于豳。""庆节卒,子皇仆立。皇仆卒,子差弗立。差弗卒,子毁隃立。毁隃卒,子公非立。公非卒,子高圉立。高圉卒,子亚圉立。亚圉卒,子公叔祖类立。公叔祖类卒,子古公亶父立。古公亶父复修后稷、公刘之业,积德行义,国人皆戴之。薰育戎狄攻之,欲得财物,予之。已复攻,欲得地与民。民皆怒,欲战。古公曰:'有民立君,将以利之。今戎狄所为攻战,以吾地与民。民之在我,与其在彼,何异?民欲以我故战,杀人父子而君之,予不忍为。'乃与私属遂去豳,度漆、沮,逾梁山,止于岐下。豳人举国扶老携弱,尽复归古公于岐下。"这就是文献中记载的周族人迁徙的过程,即由邰迁庆、由庆迁豳、由豳迁岐。这是传统的说法。

既然周人将后稷弃视为始祖,那么弃的封地在邰,邰就是周人的根据地,或者称为始源地。尽管弃出生在晋南,因为那里有姜嫄墓、后稷山、后稷祠、后稷亭,但那时,弃还未建功立业,默默无闻,不可能形成一定规模的周族。只有弃被帝尧、帝舜起用了，建立了功勋，那么在他的威望号召下，许多攀龙附凤的人倾之，加之有了封地，才形成了周族群体。后稷弃卒，他的职务和事业由其子不窋继承。当在不窋末年，帝太康"盘于游田，为后羿所逐，不能返国"，天下大乱，农业生产赖以生存的条件被破坏，天下'去稷不务'，不窋因此失去了官职。为形势所迫，加之他要寻找一块安定且肥沃之地来继承其父遗留的农耕事业。不窋就不顾自己年迈体弱，决定率族由邰外迁。外迁之地，向东是动乱之地，他不愿意去；向南是秦岭大山，难以逾越。这样只能选择向北向西的方向了。

根据《诗·大雅·公刘》一诗，周族人的迁徙是以武装的形式进行的。他们放弃了原有的大小田亩和堆满粮食的仓库，背着干粮袋，身挎弓箭，手持戈矛斧盾，向北启行。在行进的途中，"陟则在巘，后降在原"，即爬过一座又一座小山，来到一个原上，上下勘察，是不适宜居住的地方；"逝彼百泉，瞻彼溥原"。他们要去的地方必须要有水泉，这里无水源，不能长久生活，只能放弃，继续前行。"溥"，是大的意思，在黄土高原上，再没有比董志原更大更平的原了，只有董志原才能称得上溥原。如果把周族人定为由山西南部自东向西迁徙，中途就无可以称得上"溥原"之地了。周族人来到过去称为戎狄之间今称为庆阳，这里山环水绕，土地肥沃，人烟稀少，又离中原是非之地遥远，认为是继承父业、推行农耕经济的理想之地，就决定定居了下来。在戎狄之间，他们继续实施农耕经济，开展农业生产。不过那时，他们才到新地，势力弱小，推行农耕生产所遇到的困难和阻力很大，其实施的面积自然很小，涉及的范围也不大，所以太史公在《史记》中没有重点去写。但这不意味着他们放弃了农耕生产而采用了戎狄的生产、生活方式。农耕的火种没有熄灭，加之其子鞠陶承上启下，才有了公刘时代的大力发展。经过几代人的努力，周族人逐步增多了，势力强大了，他们的农耕面积一再扩大，涉及了陕甘两省的许多地方，形成了一定影响，太史公这才在《史记》中为公刘重重地写上了一笔。"公刘卒，子庆节立，国于豳。"由于戎狄对周族人的不断骚扰，周人难以安居乐业，只得南迁，迁到了陕西省的旬邑与邠县的交界处。这次迁徙不同于第一次迁徙是一次完成的，而是逐步进行的。公刘在庆阳之南的宁县停留过，因此宁县曾称为公刘邑。在豳地，周族人生活了七八代人。到了古公亶父阶段，又受薰育戎狄的压迫，古公亶父才率族逾梁山，南迁到了岐下。这就是周族人整个迁徙的全过程，在历史文献上记载得非常清楚，不容置疑。

如果我们以地名来佐证，在庆阳，不窋的遗址比比皆是。如庆城就称为不窋城，城的东面山上有不窋墓，庆城之南有周人居住过的昔姬沟。庆城东北有天子坳，为周老王游行处。庆城的西南有周老王陵，庆城之北有公刘庄，等等。这是从大的方面说的，还有鹅池洞、花村、玄(陷)马湾、马镫砭、马蹄泉等，也都与不窋有关。特别是在庆城北关有兴教寺，在一铜像的衣襟上刻云：周禘行宫。这说明周人尊不窋为他们的先祖，在周王朝建立之后，这里建有禘祀行宫，供每五年禘祀的官员居住。如果说，这都是唐代好事之人所为，那么同理，晋南的那些遗迹岂能可信？

周族人由邰迁到庆阳的事实不仅文献有记载，又有地理名称为证，更重要的是受到考古成果的支持。不窋城因历代为州、县所在地，历史文化层叠压，不窋时生活的遗迹已不可寻，但在庆城周围，周族人早期生活过的遗址比比皆是。这些遗址出土的器物有无耳、单耳、双耳、三耳小罐，平沿、束颈、鼓腹大罐，直口、袋足鬲，以及盆、盘、甑、罍、瓮等。陶质以橙黄色、红褐色和夹砂为主，间有少量灰陶，未发现黑陶。一般器壁较厚，纹饰有划纹、兰纹、附加堆纹、锥刺纹、锯齿纹、蜂窝纹和绳纹。它与典型的齐家文化的广和县齐家坪、临夏秦魏家等地出土的代表性器物差异很大，而与陕西省的龙山文化、宁夏的齐家文化很接近。陕西的龙山文化距今约 4000 年，而夏商周断代工程所确定的夏代始年约为公元前 2070 年，加上公元以来的时间，距今约 4070 多年，这正是龙山文化所在的时期。在这期间，周祖不窋率族来到了庆阳，并将族人扩散到庆城的周围百余里是完全可能的。无论从哪方面考察，庆阳的齐家文化，要比长武的碾子坡文化早许多年，这也为庆节南迁、国于豳提供了佐证。另外，1995 年在修建周祖陵森林公园时，在现今的八卦亭前出土了一批文物，又为周祖不窋在庆阳生活过，而且去世在庆阳的真实性作了有力的支持。

《笃公刘》诗篇新解

在中国古代第一部诗歌集《诗经》中,有许多歌颂周祖盛德的诗歌,其中比较著名的是《诗·大雅·公刘》,也称《笃公刘》。认真研读这篇诗作,再对照《史记》中的记载,我们发现,原来所形成的对诗篇的解释,还有值得商榷的地方。

在《笃公刘》中,周族人用诗歌的形式对公刘业绩进行了叙述与歌颂。正如《史记》中所说的"周道之兴自此始,故诗人歌乐思其德。"这里所说的"歌",就是这篇《笃公刘》。其诗所描述的史实,是公刘率领周族人民由邰即今陕西省武功县迁豳的过程。那么豳指的是什么地方?原来的解释是指今陕西省旬邑之西。其依据的史实是:周族几代人曾在这里居住过,并有豳亭。到古公亶父即太王时期,才"度漆、沮,逾梁山,止于岐下。"所以《辞海》中解释:"豳同邠,古邑名,在今陕西旬邑西,周族后稷的曾孙公刘由邰迁居于此,到文王祖父太王又迁于岐。"由此形成定论,凡是说到豳,注释都是这样写。但注释是后人写的,这与《史记》上的记载并不相符,其定论显然是错的。

《史记》中并无周族人由邰直接迁邠的记载。他们徙移的过程是：由邰迁庆，由庆迁邠，再由邠迁于岐下。徙移的首领也非公刘一人，而第一次徙移是由不窋率领，第二次徙移，可以说成是公刘率领，也可以说成是由公刘的儿子庆节率领的。我们看《史记》中的记载，就可以清楚这件史实。

后稷卒，子不窋立。不窋末年，夏后氏政衰，去稷不务，不窋以失其官而奔戎狄之间。不窋卒，子鞠立。鞠卒，子公刘立。公刘虽在戎狄之间，复修后稷之业，务耕种，行地宜，自漆、沮度渭，取材用，行者有资，居者有畜积，民赖其庆。百姓怀之，多徙而保归焉。周道之兴自此始，故诗人歌乐思其德。公刘卒，子庆节立，国于豳。

"戎狄之间"是在哪里？《括地志》云："不窋故城在庆州弘化县南三里。即不窋在戎狄所居之城也。"庆州州治与弘化县县治同地，都是现今庆阳市，前者在老城，后者在老城之北的田家城（此地出土了宋代修弘化城铭）。庆阳，在隋、唐、宋时，按州称为庆州，按县称为弘化县、安化县等；在元、明、清时，改州为府，称为庆阳府，按县称为安化县。这说明，周祖不窋将周族由其父后稷的封地——邰迁到了庆阳，而不是邠。只有到了不窋的曾孙、公刘的儿子庆节，才将周族由庆迁往邠，并以邠为国都。公刘在两次徙移中都参加了，不过在第一次徙移中，他还很年轻，在第二次徙移中，他已年老了。他活动的时间主要在庆阳，他是在庆阳建立了丰功伟绩的，受到了周族人民的爱戴，因此作歌歌颂他的功德。据《史记》载，他在庆活动期间，曾率领人去过渭水之南，那是为了取南山之材来用的，而非部族大规模的徙移。由于公刘在部族两次大规模徙移中都参加了，而且他在庆阳"复修后稷之业"，使周族逐步强盛起来，因此人们把两次徙移的功劳和他在庆时建立的功劳一齐算在了他的头上，并加以歌颂。

如前所述，把诗歌中所描述的周族北迁地点定在现今庆阳市，那么，诗歌中的"豳居允荒"与"于豳斯馆"两句又怎么解释呢？我们先解释"豳"字。中国的文字是象形文字，这个"豳"字是山中有两个豕。这是当时中原人对西北民族居地的蔑视之称。称为豳地的地方范围很广，其具体地点在现今陕西省旬邑、彬县以北地区并包括庆阳。后人为了区分，又将庆阳这一带称之为北豳，但在当时并无此分法。《辞海》在解释了"豳"字之后，又在其下"豳州"词条里解释说："豳州，州名，北魏太和二十年(公元496年)，改邠州置，因古豳国得名，治所在定安(今宁县)。"现今宁县与庆阳同属庆阳地区管辖，相去并不远，过去宁县属古豳国，那么庆阳亦是豳地，是毫无疑义的。

1999年，西安某大学董平教授站在周祖陵山上向北一望，但见庆阳城北面地形是三山两川，形似倒立的山，在两川内住有民户。在古代衡量一个家庭财富多少以养猪多少为准，猪即豕，这才有了"家"字的产生。他断定"豳"字亦是个象形字，因庆阳地形似个"豳"字，故"豳"字就产生在庆阳。他还说，他到过彬（豳）县与后称为豳州的宁县，但那里的山形并不是这个样子，非"豳"字产生地。古代地名随人迁移多有发生。豳的地名就是随周族人南迁先到宁县（豳州），后到彬（豳）县，最终落脚到了彬（豳）县。

庆阳既然是豳地，我们就很容易解释这两句话了。前一句是说豳人的居地确实是很广大了。这里所说的豳人，实际就是由邰徙移到庆阳的周族人。他们按照当时居地把自己称为豳人，是合乎情理的。后一句中的"馆"字当"客舍"讲，就是说，在豳这里建设了客舍，便于去横渡渭水。这里的"豳"字，是指现今的旬邑县之西。因为诗句中说，周人要建设很多的居民房舍，常去渭水之南取砺石和破石；《史记》中也说：公刘率领部族人"自漆、沮度渭，取材用……"为了方便他们往来，在庆阳与渭水之间的旬邑之西建立了客舍供他们食宿，那是很自然的事。以上两句的解释，既符合情理，更切合诗意和历史事实。

现在，让我们对诗句逐章作以解释。

先解释"笃"字，因这首诗每章都以"笃公刘"起头。"笃"读为 du，厚也，就是说公刘厚于国人。即在公刘领导下，"行者有资，居者有蓄积"，给国人带来了许多利益；敦笃又是周人提倡和奉行的高尚品德，这在祭公谋父进谏周穆王时赞扬不窋等周先祖"守以敦笃，奉以忠信"中得到证明。因此，诗人以这两种意思兼而有之来赞扬公刘，充分表达了诗人对公刘的崇仰之情。

"匪居匪康，迺场迺疆，迺积迺仓。""匪"同非，"迺"同乃。这是说，虽然周人原居住的邰这个地方有着修治好的大小田亩，有着屋内室外堆满粮食的仓库，但已经不能在此居住下去了。为什么在条件如此优越的地方不能居住而要迁走呢？按原来的解释法，就很难找出原因，而按笔者考证，就很好解释。因为当时的国君太康帝不务农业，只知游玩，被后羿赶跑了，中原大乱，安居乐业的局面已被破坏；作为太康帝手下管理农业的公刘的祖父不窋也因此而失去官职。基于这两个原因，周族在邰这个地方难以存身，因此需要徙移。"迺裹糇粮，于橐于囊，思辑用光。""糇",干粮;"橐"(tuo)、"囊"都是口袋,前者无底。可以扎束两端;"辑",和也;"用",犹而。这是说,公刘及其祖父不窋一心想使周族有吃有穿,人心和谐,忠实继承后稷之业,使周族光大,决定北迁。因此大家用各种口袋装裹好干粮准备起程。"弓矢斯张,干戈戚扬,爰(yuan 员)方启行。""干",盾也,"戚"、"扬",都是斧类的兵器。他们身带弓箭,手拿戈、盾、戚、扬这些兵器,开辟道路,开始向北启行。这一章说明了周族人因中原大乱,其首领不窋失去了官职,在此难以存身,放弃了条件十分好的原居邰而开始北迁了。

"于胥斯原,既庶既繁,既顺迺宣,而无永叹。""胥",相也,"庶"、"繁",少与多也,"顺",安也,"宣",通畅也。徙移的队伍开始经过一个大原,他们相看后觉得不宜居住,又向前走。在徙移的过程中,有时跟来的人少,有时跟来的人多,人员陆续增多。人们情绪和畅,笑语喧哗,安于新土,并无长叹之人。"陟(zhi 至,登)则在巘,后降在原。""巘"(yan 演),不连于大山的小山。又爬过一座小山,来到一个原上,上下勘察,仍是不宜居住的地方。"何以舟之,维玉及瑶,鞞琫容刀。""舟",周也,环绕的意思;"鞞(bi)"、"琫(beng)",都是刀上的玉饰,"容",饰也。这里特写了公刘。因为那时公刘作为周族首领不窋的孙子,正值青春年少,特别引人注目。他周身佩戴着玉器,身挎饰有玉器的宝刀,显得更加英姿飒爽,与众不同。第二章是写周族在北迁过程中,随来的人很多,原有的和随来的人情绪都很高昂,并突出写了公刘的光辉形象。

"逝彼百泉,瞻彼溥原。"逝者,往也;溥者,大也。他们寻找有水源的地方,来到了一个很大的原上。这个原很可能就是现今的董志原,因为再无什么原能比董志原更大,所以称董志原为溥原是合情合理的。如果把周族北迁终点定在旬邑之西,其途中并无称得上溥原的地形,显然于诗句描述不符,这也是否定原有解释的一个有力证据。"迺陟南冈,乃觏于京。""觏(gou 构)",见也。溥原上无水,虽宜耕种但不宜居住,他们才下到河川,跨过一个山冈,见到了四面环山、两水夹流的现今庆阳,觉得这才是一个居住和进行农耕的理想场所,决定在这里定居下来,于是构建了京城。因他们跨过的这个山冈在新建京城的南面,因此叫南冈。"京师之野,于时处处,于时庐旅,于时言言,于时语语。"现在定居下来了,修建了京城,在京城的周围,随来常住的人建起了房子,暂住的人也有客舍,大家安居乐业,欢声笑语,充满四野。后两句就是形容这种欢乐的场面。第三章是写周族人找到了适宜长住的地方，建立了京城。

"于京斯依，跄跄济济。""跄跄"，读音为抢，行动安舒貌；"济济"，庄严貌。因建了京师作为依托，显得庄严肃穆，像那么一回事，使大家安心舒适。"俾筵俾几，既登乃依，乃造其曹。""俾(bi)"，使也；"曹"，群也，指众宾。派人铺下了席子，放好了倚具，请大家按照尊卑顺序依次而坐。"执豕于牢，酌之用匏，食之饮之，君子宗之。""牢"，猪圈；"匏(pao)"，酒器。把猪从圈里拉出来杀掉，把酒端上来盛到匏爵里，一面吃肉一面饮酒，君臣之间相互庆贺。第四章是写这次北迁成功了，值得大贺特贺。

"既溥既长，既景廼冈，相其阴阳，观其流泉。"土地开垦的面积已经很大了，但他们还不满足，按照太阳照射的方向，登上了又一个山冈，寻找新的开垦的土地、新的定居地方。在寻找的过程中，要分辨地的阴、阳，要找有流水的地方。因为古人依水而居，无水就没法生活。"其军三单，度其隰原，彻田为粮。""隰"者，新开垦的田地；"彻"者，治也。把军队分为三部分，轮换着去测度准备新开垦的原地，然后治地为田，播种粮食。"度其夕阳，豳居允荒。"允，信也；荒，大也。开垦荒地，一直向西发展。这时，周族人已作为豳人所居住的面积是相当的广大了。第五章是说周族在庆阳定居之后，忠实地继承后稷之业，大面积垦荒开发，实行农耕经济。

"于豳斯馆，涉渭为乱，取厉取锻，止基廼理。"厉，即砺，糙石也，用来磨物；锻，即碫，椎物之石。"厉"与"碫"都是营建房舍时所需的工具。这是说，我们还在豳这里建造了馆舍，以供我们来往住宿。我们横渡过渭水，在南山取来了营建房屋的器械，寻找新的地基，准备搞更大的建设。这句话与《史记·周本纪第四》中公刘率众"自漆、沮度渭，取材用"之意是相吻合的。"爰众爰有，夹其皇涧，溯其过涧。"前来归顺的人越来越多，在皇涧的两面都住满了人，有些人又跨过皇涧，在南面择地而住。《史记·周本纪第四》中说："百姓怀之，多徙而保归焉。"正是这种现象的真实写照。这里所说的"皇涧"，我疑是现今庆阳市南的教子川溪水。因为在它的北面不远处是不窋建成的京城，称它为"皇涧"完全说得通。也有人认为"皇涧"就是不窋城下的两道河流及其汇合后的马莲河。它的南面有"昔姬沟"。昔者，过去也，"姬"者，周人之姓也。过去是周人群居的地方，与诗中描述的情景极为符合，故有此一说。"止旅乃密，芮鞫之即。"河岸凹处为芮，河岸凸处为鞫。来归顺的人可能还要多,现在河水的两岸再作一些勘测选择,以备后来的人居住。最后一章是写周族越来越兴盛,越来越强大,充分证明了周族的北迁和在戎狄之间复修后稷之业是正确的,不窋、公刘等人的领导是英明的。

《诗经》中的《诗·周颂·载芟》和《诗·周颂·良耜》篇,是周人对先祖农功的歌颂。诗句描述了当时的农耕生产和生活情况,有些细节是非常细致和生动的。

读《载芟》和《良耜》

载 芟

载芟载柞，其耕泽泽。千耦其耘，徂隰徂畛，侯主侯伯，侯亚侯旅，侯疆侯以，有嗿其馌，思媚其妇。有依其士，有略其耜。俶载南亩，播厥百谷，实函斯活。驿驿其达。有厌其杰。厌厌其苗。绵绵其麃。载获济济，有实其积，万亿及秭。为酒为醴，烝畀祖妣，以洽百礼。有飶其香，邦家之光。在椒其馨，胡考之宁。匪且有且，匪今斯今，振古如兹。

"载芟载柞，其耕泽泽。"载，在这里作语助词，无义，用在句首。芟(shan 山)，割草的意思。柞(ze 责)，砍伐树木。泽，这里读为(shi 试)，通释，解散也。这句是说，周族人割去了杂草，砍伐了树木，将新开垦的土地耕得松散散的。

"千耦其耘，徂隰徂畛，侯主侯伯，侯亚侯旅，侯疆侯以。"耦(ou)，两人各持一耜(si，农具)骈肩而耕。耘(yun)，除草。徂(ca 粗阳)，往、到。隰，低湿之地，指田地所在。畛(zhen)，田间小路。侯，语助词。主，家长。伯，长子。亚，除长子以外的诸子。旅，众也，指更幼的一群。疆，通强，强壮有力。以，用也。这段诗句是说，在田地里，在小路上，到处都有耕地、除草的农夫在劳作，他们中有一家之长，有大儿子，也有其他诸子，还有一大群孙辈人，个个都强壮有力，勤劳能干。

"有嗿其馌，思媚其妇。"嗿，众食声。馌(ye 叶)，给在田里耕作的人送饭。思，语助词。媚，爱悦。此句是说，许多妇女送饭到田间，田野里，众女喧笑声、耕夫吃饭声、男女爱悦调笑声汇成喧闹欢乐的场景。

"有依其士，有略其耜。"依，壮盛貌。士，田间耕作的男夫。略，古作畧，锋利的意思。此句与上句相接，是说耕作的农夫一面与送饭的妇女相依相媚，一面将农具收拾得更加锋利。也可以解释为，田间耕作的农夫个个健壮刚强，他们用的耜也是锋利无比。

"俶载南亩，播厥百谷，实函斯活。"俶(chu)，开始。载，这里作从事讲，孔安国传："载，事也"，引申为从事。厥，(jue)，尤其。函，含藏也。活，生气。这句的意思是，耕好了土地后，先从南面的田亩里开始播种各种谷物，使田野里充满了生机。

"驿驿其达。有厌其杰。厌厌其苗。绵绵其麃。"驿驿，连续貌。达，生也。厌，饱满也。杰，先长出的特好的苗。厌厌，《集颥》作(禾旁加音)，苗齐也。种子下播不久，相继发了芽，出了土，那杰出的苗长得异常饱满苗壮，那一般的苗也生长得很整齐，详密也。麃(biao 标)，耘也，即除禾苗之间的草。在禾苗之间又长出了密密的野草，农夫将它们一一除去。

"载获济济，有实其积，万亿及秭。"济济，众多貌。实，满。积，露天粮仓。秭，(zi 子)数目，十万为亿，十亿为兆，十兆为京，十京为垓，十垓为秭。郑玄笺："万亿及秭，以言谷数多。"收获的季节到了，许多农夫下田收割，露天的谷场上也堆满了粮谷。这粮谷有千千万，实在是太多了。

"为酒为醴，烝畀祖妣，以洽百礼。"醴(li 礼)，甜酒。烝(zheng)，进也。畀(bi)，给予。妣(bi 比)，去世的母亲。洽(qia)，合也。生产的谷物，除食用外还可以酿造各种酒，用于供祭祖先和各种祭祀。

"有飶其香，邦家之光。有椒其馨，胡考之宁。"飶(bi 必)，食物香味。椒(jiao 焦)，花椒，香料。胡，寿也。考，老也。这两句是说，部落和家庭里有食物的香味，说明这个部落和家庭兴旺发达；有用于祭祀的香料和醇酒，神灵会保佑家族的人们健康长寿。

"匪且有且,匪今斯今,振古如兹。"匪,非也。振古,自古以来。是说不敢期望这样的丰收而竟然有了这样的丰收;不敢期望现在就能实现的事而竟然现在实现了。这都是自古以来神灵保佑的结果,应该好好地感谢神灵啊!

将以上翻译汇集起来,大意是:来到了不毛之地,将杂草、树木除去,把土地耕得松散散的。上千对的人一起耘田,高田低田都有人耕作着。父、子、兄、弟及孙辈们,个个身强力壮,劲头儿挺足。送饭的妇女闹闹嚷嚷地来了,都是些漂亮的娘儿们。耕作的农夫,一面同娘儿们相媚调笑,一面将农具拾掇得更加锋利。播种开始了,先从南面阴地里开始,播种下了百谷,使原来沉寂的荒野一下充满了生机。种子下播不久,相继发芽出土了,那好苗长得异常饱满苗壮,那一般的苗也长得齐刷刷的。苗与草同生,在禾苗的中间长出了密密的野草,农夫们又将它们一一除去。收获的季节到了,多人下田收割,露天的谷场上堆满了粮谷,这粮谷有千千万,实在太多了。除去吃用的,将一部分粮谷用来酿造各种酒,用于供祭祖先和各种祭祀。部落和家庭里到处飘散着食物的香味,说明这个部落和家庭兴旺发达,又有用于祭祀的馨香的香料、醇酒,神灵会保佑家族人们健康长寿。新来乍到,不敢期望这样的丰收而竟然有了这样的丰收;不敢期望现在就能实现的事情竟然现在就实现了。这都是自古以来保佑人们的神灵保佑的结果,应该好好地感谢神灵啊!

良 耜

畟畟良耜,俶载南亩,播厥百谷,实函斯活。或来瞻女,载筐及筥,其饟伊黍。其笠伊纠,其镈斯赵,以薅荼蓼。荼蓼朽止,黍稷茂止。获之挃挃。积之栗栗。其崇如墉,其比如栉,以开百室。百室盈止。妇子宁止。杀时犉牡,有捄其角,以似以续,续古之人。

"畟畟良耜,俶载南亩,播厥百谷,实函斯活。"畟畟(ce 测),耜深耕入地貌。农夫用很好的耜将土地耕好以后,先从南面阴地里开始播种各种谷物,使沉寂的田野里充满了生机。

"或来瞻女,载筐及筥,其饟伊黍。"瞻,视也。女,汝也,指耕种者。筥(ju 举),毛传:"方曰筐,圆曰筥"。饟同饷,将食物给人。伊,就是。黍,黄米。来看望的人,挑着筐筥,送来了香喷喷的黄米饭。

"其笠伊纠,其镈斯赵,以薅荼蓼。"笠(1i 立),用草编的帽子。纠,犹缭绕,绳索缠绕貌。镈(bo 博),锄田去草的农具。赵,刺也,言刺土去草。薅(音蒿),拔除田间草。荼(tu 途),苦菜。蓼(1iao 了)水里的杂草。禾苗长起来之后,农夫们又戴着漂亮的草帽,用镈在田间除去苦菜和杂草。

"荼蓼朽止,黍稷茂止。"除去的苦菜和杂草,腐烂以后肥了田,禾苗长得更加茂盛。

"获之挃挃。积之栗栗。其崇如墉,其比如栉。"挃挃(zhi 至),割取禾穗的声音。栗栗,众多。庄稼成熟了,农夫下田收割,田野里响起一片割禾声。在露天的粮场里堆满了禾垛。崇,高也。墉(yong),城墙。比,排列。栉,梳发的篦子。这两句言农夫下田收割,其禾垛堆放得又多又密又整齐。

"以开百室。百室盈止。妇子宁止。"百室,指储藏谷子的仓屋。宁,言农事已毕,安闲无事。已打开上百个仓库来装粮谷,上百个仓库都装满了,这时农事已经干完,妇女和孩子们都安闲无事。

"杀时犉牡,有捄其角,以似以续,续古之人。"时,是也。犉,(run 闰),黄毛黑唇的牛。牡,雄性牛。捄(qiu 求),曲而长的角。似,嗣续也。古之人,指先祖。到了秋收之后,杀了黄毛黑唇长有曲长角的公牛来祭祀社稷。先祖们就是这样做的,我们要继承先祖们这些做法。

将以上古文翻译成现代文,即是:农夫用很好的耜将土地耕好后,先从南面阴地里开始播种各种谷物,使沉寂的田野充满了生机。妇女们担挑着筐筥,来看望在农田里劳作的丈夫和孩子,并给他们送来了香喷喷的黄米饭。禾苗长起来了,农夫们头戴妻子编织的很漂亮的草帽,手拿去草的工具,在田地除草耘作。除去的苦菜和杂草腐烂肥了田。禾苗长得更加茂盛。经过精心的管护,庄稼成熟了,大家拥到田里,田野里响起一片刷刷的割禾声。禾垛越堆越多,堆得像城墙那么高、梳篦那么密和整齐。打开上百个谷仓,上百个谷仓都装满了。这时,农事已经干完,妇女和孩子们闲了下来,开始休息了。男人们杀了黄毛黑唇长有曲长角的公牛,来祭祀社稷。先祖们都是在秋收后这样做,我们要继承先祖们的这些做法。

读了这两首诗,我们可以得出以下结论:

一、颂诗所反映的事实,是周先祖的生产和生活状况。从《载芟》的首句看,诗中所说的周先祖就是由邰徙居庆阳的不窋、鞠、公刘们。他们带领周族人来到当时还是荒蛮之地的庆阳,开始伐木去草,开垦荒地;相地之宜,播种百谷。这可以从"载芟载柞,其耕泽泽","俶载南亩,播厥百谷"等诗句中得到证明。而且"匪且有且,匪今斯今,振古如兹。"他们对在荒蛮之地初次获得如此好的收成,感到很意外,十分喜悦。这说明,他们由邰到戎狄之间的这次徙移是成功的,他们把这一切归之于神灵的保佑。

二、两首诗都以简短的文字描绘出大规模集体劳动的场面。如"千耦其耘,徂隰徂畛""获之挃挃,积之栗栗。其崇如墉,其比如栉。"这说明诗中所反映的生产方式,还是大集体生产,生活资料还是公有的,所以当时是私有制还没有完全替代原始公有制的夏代初期。原始公有制下的集体生产在周族部落里、在边远的庆阳这一带仍然保留着。

三、这两首诗都是颂歌,用具体的形象、最简洁的文字,描绘了复杂的劳动场面,展现了拓荒垦田、教民稼穑的巨幅图景,热情地歌颂了周先祖继承后稷遗志,发展农业经济的业绩和功德。这两首诗也是乐歌,用最朴素、最健康的语言表达了劳动者在劳动中的紧张和欢笑,抒发了他们喜获丰收的愉悦心情,字里行间充满了喜庆,使读者深深感受到周民族是一个勤劳、乐观、虔诚、富有生气的民族。

四、这两首诗,是民间歌谣,由口头传唱,形成的年代长而且久远,很可能是在周先祖时代,只是到了西周前期才把它固定下来。当然,《载芟》要比《良耜》更早一些。现在我们研究它,可以对周先祖当时的生产和生活有一个粗略的了解。如那时的农耕是耦耕,即两人各执一耜,骈肩而耕。除草的工具,是用镈而非锄。牛在当时已开始饲养,但还没有用于耕地,只用来食用和祭祀。在庆阳市,就曾出土了几处古人食用后留的牛骨坑。并非什么牛都可以用来祭祀,而只选用犉牡,即黄毛黑唇曲长角的公牛。什么时候古人才将牛用于耕地的?郭沫若在研究甲骨文时根据甲骨文中的一个象形字推断,牛耕最初出现在殷商。从这个观点出发,诗中反映的时间,最迟也在殷商之前。那时,人们已用荆条编筐和筥来用,已会酿造辣酒和甜酒,已经用"椒"这种香料。他们用草编斗笠,编织得特别漂亮,如此等等。当然,我们从中还可以对生活在庆阳的先祖们的生活习俗作更深入研究。

再论周祖不窋来庆阳的历史时代

周祖不窋是在原始公有制已开始解体并向私有制转化的时期来庆阳的。这可以从西周前期流传的《诗·大雅·公刘》，也称之为《笃公刘》一诗的内容中得到证实。我们先看大禹执政时及其以前的社会状况。《礼记·礼运篇》中说："大道之行也，天下为公，选贤与能(选举德才兼备之人担任酋长)，讲信修睦(和平)。故人不独亲其亲，不独子其子。使老有所终(养老)，壮有所用(有事干)，幼有所长(抚育)，鳏(无妻老男)寡(无夫老女)孤(无父母幼儿)独(老人无子)废疾(残废)者皆有所养。男有分(职业)，女有归(婚姻不失时)。货恶其弃于地也，不必藏于己(生产产品共同所有)；力恶其不出于身也，不必为己(各尽所能)。是故谋闭而不兴(不欺诈争利)。盗窃乱贼而不作(无失窃遭乱之忧)，故外户而不闭(没有私有财产，不用关门)，是谓大同。"

这是多么好的一个大同世界！古人的这些记述真实地反映了中国原始公社时期的实际状况。

我们再看《笃公刘》一诗中描写的情况：在周人原来居住的武功，那里有修治好的大小田亩(迺场迺疆)，有着露天堆放的粮谷和仓库里囤积的粮谷(迺积迺仓)，他们共同过着富足而安定的生活。只是由于夏初第三代君王太康被后羿赶走,中原大乱,他们害怕殃及池鱼,不得不向远离战乱的西北地区——庆阳徙移。到了庆阳之后,他们共同勘测地形(相其阴阳,观其流泉),构筑京城(迺陟南冈,乃觏于京),修建住房(京师之野,于时处处,于时庐旅),并派军队,从事治田(其军三单,度其隰原,彻田为粮)。待安居好以后,他们坐在一起,饮宴欢庆(俾筵俾几,既登乃依,乃造其曹,执豕于牢,酌之用匏,食之饮之,君之宗之)。这种真实的描述,把原始社会中的那种大同情境更形象化、更具体化了。所以,从以上两段文字的对照中看出,周祖不窋来庆阳时,原始公有制度虽已开始解体并向私有制转化,但这种转化乃是一个缓慢的过程。原靠近中原地区居住后又迁往庆阳的周族人,仍然保留和继续保留着共同生产、共同生活的公有制制度。

在大禹执政以后,社会生产力得到大力发展,生产资料和生活资料有了剩余。这些剩余产品有些被分配给个人,有些被有权人侵吞,私有财产出现了。生产力越得到发展,私有财产就越多,原来的公有制就遭到破坏。经济基础决定上层建筑。私有制的出现和壮大,必然对原来政权的"禅让"制度形成挑战。大禹不曾废除"禅让"制度,是大同时代的最后一位大酋长,即他儿子启,剥夺了由公众推举伯夷继承大禹职位的权力,由他取而代之。私有制度下的第一个王朝——夏朝便开始了。《礼记•礼运篇》中说:"今大道既隐(原始公社制度解体),天下为家(变公有为私有)。各亲其亲,各子其子,货力为己(财产、劳动力私有),大人世及以为礼(子孙继位,认为当然),城郭沟池以为固(保护财产),礼义以为纪(制定礼教和法律),以正君臣,以笃父子,以睦兄弟,以和夫妇,以设制度(规章、制度),以立田里(划分疆界,土地私有),以贤勇删(养武士、谋士保护自己),以功为己(谋个人利益),故谋用是作而兵由此起(相互争夺,战争不可避免)。"

同是《礼记•礼运篇》,对大禹之前和之后的社会作了两种不同的描述,反映出原始公有制和私有制初级阶段截然不同的情况。这种描述既古老,又同马克思的历史唯物论相符合,是完全可信的。

我们再看《笃公刘》诗篇。在这篇诗歌中,既描述了周族人共同徙移、共同生产、共同生活的公有制现象,又道出了在周族人之间已有了君臣、君民的区别,并建立了京城、军队等国家机构,说明私有制所需要的等级制度和国家机器已开始初步建立,而且在周族部落里也开始实行世袭制。不窋在大禹执政时接替了其父弃的后稷即农官职务,不窋失官,但仍为周族酋长。不窋去世后,子鞠继任了周族酋长职务。鞠去世后,子公刘又继任了周族酋长职务等等。这充分证明,周祖不窋来庆阳时, 周族人也受到两种制度转变的影响, 接受了私有制中的一些新的东西。这种两种制度相互混合、共同存在的现象,正反映出周祖不窋所处的时代是公有制向私有制转化的夏王朝之初期。

夏启建立了第一个私有制度下的王朝,但这种私有制度因为尚处初级阶段, 极其不稳固,受到各方面的挑战。启袭位以后,召集众部落酋长在钧台(河南禹县北)举行宴会,表示自己正式继位。但他怕遭到反对,放弃原来的都城,西迁到大夏(汾浍流域),建都安邑(山西安邑县西)。与夏同姓的部落有扈氏起兵,反对启破坏"禅让"制度,启发兵战败了有扈氏。启在位十年。他死后,儿子太康继位。太康是个荒淫的君主,经常带着家属和亲信到洛水北岸打猎,接连几个月时间不回朝理事。夷族酋长后羿利用民众的怨恨,夺取了安邑,拒绝太康回来,自己做了君长, 号称有穷氏。后羿是著名的射手,神话故事中传说他能射日。太康失位后,逃到同姓部落斟郡斟。后羿又灭斟郡,立太康子仲康为帝,但仲康仅是个傀儡。仲康子相逃往商丘,被后羿派人攻伐,又逃往帝邱,依同姓昆吾等部落。这时后羿被他的亲信和徒弟寒浞害死。寒浞不但继承了后羿的妻妾和全部家产,而且继续攻杀相。相被杀后,相妻从墙洞爬出,逃归母家有仍氏,生子少康。少康做有仍氏牧官,又被寒浞追逐,逃到舜后裔有虞氏那里做厨官。少康很有才能,纠合同姓,攻杀了寒浞,继承了帝位,古史称为"少康中兴"。

帝位世袭是一种与私有制相适应的新兴制度,经过数十年的争斗后,终于战胜了传统旧制度的"禅让"制。在夏少康之后,又经过帝杼、帝泄等几代人的努力, 夏启夺取的帝位,此时才被各方面所承认、所接受,也就是说,私有制在中国历史上占据了统治地位。

综上所述,周祖不窋来庆时间,应定在原始公有制走向解体、私有制度开始建立但还极不稳固的夏太康时代,是与历史事实相符合的。有人说,周祖不窋是在私有制度已占统治地位的夏王朝末年来庆阳的,笔者实在是难以苟同。

周祖不窋兴农耕（演义篇）

在 4000 年之前的一天，从陕西关中向北的一条道路上，一支庞大的队伍在行进。队伍前，一排排武士手执木质或石质的矛斧剑戟在前面开路，后面紧随身背各种农具、各色包裹的男女老幼，蹒跚而行。有些人窃窃私语，有些人长吁短叹，更多的人笑语喧哗，兴高采烈。在途中，有人落伍了，有人开了小差，但也有众多的外族人参加进来。离少聚多，所以队伍越来越庞大。在人群中，有一位白眉皓齿的老人在向一位鬓发已花白的长者说着什么。长者只是点着头，答应着。这时，从队伍前边跑回一位少年。他周身穿戴玉器，身挎玉刀，显得英姿飒爽，与众不同。他直奔老人，毫不客气地打断了老人与长者的谈话，一把拉住老人的手，高兴地向老人诉说着什么。老人用疼爱的眼光紧盯着他，只是微笑着，并不开口。长者几次想上前劝阻，都被老人摇手制止。这三个人是爷孙三，老人是爷爷，叫不窋；长者是儿子，叫鞠陶；少年是孙子，叫公刘。爷爷是这个队伍的首领，率领着这支庞大的队伍向北行进。

不窋已经 80 开外了，身体还十分硬朗。他是周后稷弃的儿子。弃曾在唐尧、虞舜时代担任管理全国农业的后稷官。因为他推行新的农业耕作方法，使粮食连年丰收，解决了日益增多的人口生活问题，立了大功。虞舜不但将后稷官号专赐给了他，让他的子孙后代世袭罔替，而且将弃的舅家姜氏的封地——邰改封在了他的名下。虞舜驾崩，大禹继位，是为帝禹。弃又在帝禹手下任了四五年后稷官，便去世了。他的儿子不窋根据虞舜生前的规定，接替其父的职务，管理全国农业生产，继续推行其父所创新的耕作方法。但他的职务名称再不是后稷了，而改称为农官。大禹在位仅十年就驾崩了，儿子启继位，是为帝启。帝启的即位，由原禅让变为世袭，其他各族不服，起兵反对。他丝毫不敢懈怠，想方设法平息了各地的反叛，坐稳了江山。这时，他认为大功告成，可以高枕无忧享几天清福了。于是，整日带领儿子和随从，在洛河沿岸打猎游玩，尽情享乐。不过好景不长，乐极生悲，帝启身染沉疴，一病不起，呜呼哀哉。帝启在位也是十年。儿子太康继位，是为帝太康。帝太康一直跟随在其父身边，养成了喜游的毛病。他在王宫待不住，就学着其父，常带领随从在洛河沿岸打猎、游玩，长期不理朝政。幸亏各位大臣忠于职守，兢兢业业地管理着天下大事。继任农官的不窋同其他大臣一样，管理着全国农业生产。虽则天时旱涝不均，农业收成时丰时歉，但总的趋势是增产的。然而，人心不一，当大部分大臣忠心耿耿地为皇室服务、为天下老百姓谋福时，也有一些大臣开始心怀异谋，觊觎王室的权柄。当帝太康长期远离京城时，他们以后羿为首领，突然暴动，起兵攻占了京城，并派兵阻止帝太康回返京城。他们的反叛，引起了许多忠于王室的部落和另有图谋的部落的不满，起兵攻打他们。战火突起，逐渐扩大，连年混战，结果谁也征服不了谁，而中原安居乐业的环境被破坏了。老百姓流离失所，到处漂泊，农田荒芜了。面对这种情况，作为农业大臣的不窋在朝廷里待不下去，就回到周族封地邰的家中。他既不甘心对后羿俯首称臣，又无能力平息后羿的反叛，只能在家中赋闲。他并不可惜失去了官位，最痛心的是其父弃所开创的农耕事业在他手中丢掉了。为这事，他长时间吃不下饭，睡不好觉。儿子和随从劝他，认为事已如此，身不由己，想也无用，而且年事已高，应该注意身体。但他总是放不下心来，忧愤痛心，茶饭不思，骨瘦如柴。正当大家为他的健康发愁时，有一智者上门，对他说，树挪一步死，人挪一步活。他听后大开心窍。天下之大，何处不能容身？这里因战火纷飞，农耕难以为继，何不找个土地宽广肥沃、安定和平的地点另作计较呢？主意已定，就与儿子对本族人反复做工作，动员他们远途迁徙，这才有了前面所说的情景。

　　他们对迁徙的方向进行了深入的研究分析：向东，要经过战火纷飞的中原，伤亡肯定大；向南，是难以逾越的秦岭大山，无能力攀登；只有向西或向北了。这种选择，是对四面形势分析的结果；还有一个因素，也促成了他们向西北迁徙的决定。因为不窋母亲是姞姓国的女子，姞姓国在邰地西北部即今陕甘两省交界处的长武、灵台一带。不窋小时候来过这里，对这里的环境是熟悉的。这里完全可以推行农耕生产，而且可以得到舅家的帮助。于是，他们率队就向西北方向走来了。

　　到达姞国地界后，这里的情况并非他们想象的那样，已人事全非。人家看到他们这么庞大的队伍来了，岂不产生疑心？他们再仔细深想，寄人篱下，仰人鼻息，终非长久。他们又向北行进了，目的是想找一块能够安居乐业、实行农耕的地方。因此，他们在行进途中，把有无水源、有无肥沃的土地、有无可以修建栖身的城堡作为条件进行选择。他们在途中爬上一座高原，看到这里平坦如砥，是理想的农耕之地，高兴极了，想就此停下来，安营扎寨，长期在这里居住。但反复考察后，发现这里有两个条件不具备：一是附近没有河流，没有泉水。再一个是无险可守，外敌入侵时难以抵挡。当然，第一个条件是主要的。他们只能舍弃这座溥原（溥，大的意思，是现今的董志原），继续前行了。当他们从溥原走下，走出谷口，翻过一座小山冈时，这里的景色让他们眼前一亮，这不是梦想中的境界吗？对面山上伸出一座高阜，阜面平阔，上面可以建房筑屋，安顿随来的族人；高阜的两侧是两条河流，由北向南流来，在高阜的南端汇合，向南流去，取水极为便利；河流的两边，是平坦而又肥沃的土地，可供耕种。这正是他们寻找的理想之地，而且他们走得时间太长了，已远离中原是非之地，没有任何干扰。首领不窋就下令停止前进，在这里安营扎寨，作长久的打算。

　　首先，他们开挖或修筑窑洞，作临时的住处。有崖的就直接打洞，无崖就挖坑，上覆盖厚土。他们把这叫作"陶复陶穴"。他们的祖先就是从洞中走出来的，而且不窋就出生在窑洞里，因此父亲为他起了不窋这个名字。"不"通"丕"，是大的意思。"窋"是洞穴，通"窑"。不窋的儿子鞠出生后，手掌纹像个"鞠"字，不窋就为他起名"鞠"。鞠也出生在窑洞里，不窋又呼他为"鞠陶"。"陶"的音、义通"窑"。他们对窑洞窟穴太熟悉了，对如何打洞修窑，非常内行。他们修筑窑洞，不过是为了临时安顿族人和半途中随来的外族人，没想到"陶复陶穴"之风就遗留在了当地，竟流传了几千年。如今，这里的人仍然喜欢住窑洞，就是继承了周族人的遗风。当把人们临时安顿下来后,又筹划修建新的住房。为了建房,他们派人从原路返回,渡过渭水,在秦岭采集建房造屋的石质工具。为了方便来往人的住宿,他们又修建了客舍。一切都有条不紊地进行着。但新加入周族的人越来越多,在河流的两岸住满了人,又向南发展。在来时的小溪边也建满了房子,住满了人。因为不窋父子曾在这里居住过,人们把这条小溪(教子川水)称为皇涧。在把人们基本安顿下来之后,周族人开始了大规模垦荒开发。他们集体劳动,一起出工,协同生产。他们砍取树木,拔掉杂草,用耒或耜翻耕土地。为了加快速度,两人各持一耜,骈肩而耕。参加开发的人很多,在高地上,在洼地里,在田间小路上都站满了人。有族长,有儿子一辈,也有孙子一辈。他们个个身强力壮,充满信心。在劳作的中途,成群结队送饭的是妇女们。她们一边看着丈夫或儿孙狼吞虎咽地吃饭,一边同其他人调笑着,田野里响起阵阵爽朗的笑声。播种开始了,按照后稷弃传下来的耕作方法,从南面的土地上开始,先阴地,后阳地,播撒下他们从中原带来的黍或稷的种子。不长时间,种子发芽了,长出了禾苗,田野里一片生机。为了让禾苗苗壮成长,他们用镈这种农具锄去杂草。到了收割季节,大家一起出动,田野里又响起了收割禾穗的声音。禾穗上了场,场里堆放得满满的。打碾下来的粮食把仓库装满了,就拿出一部分黍或稷酿酒,用于祭祀祖先。没有想到,第一次耕耘播种竟然获得了大丰收,他们认为这是神灵保佑的结果,增强了进一步拓荒的信心。他们将年轻力壮的人编为军队,将军队分为三部分,轮换着到远方去垦荒种田,使农耕的面积进一步扩大。在垦荒中,不窋不顾自己年高体衰,带头参加,更加鼓起了大家拓荒种地的信心。

在修房和垦荒的同时,不窋又抽调人员,在高阜的边沿,削崖为基,版筑为城,依势修建了一座巍峨的城池,作为京城。这,就是现在的庆城。因它是由不窋领导修建的,有人称它为不窋城。有了京城作依托,他们的事业更加兴旺发达。在京城筑就之日,不窋召集耆老和部属,按照长幼尊卑的次序坐好,又叫人宰猪杀羊,端上酿造米酒,共同庆贺这次迁徙的成功。经人建议,他们选用了"庆贺"二字中的首字命名该地。不久,不窋的孙子公刘长大成人,娶妻生子,不窋就为曾孙起名"庆节",以纪念这次迁徙成功。

不窋活了上百岁,终于撒手人寰,离亲友而去,后人尊称他为圣祖。临去世时,他不止一次地对后辈儿孙叮咛,一定要世世代代将农耕生产事业继承下去,才无愧于后稷弃。他被埋葬在京城东面的山顶上，使他的在天之灵能继续观看京城的繁荣昌盛，观看后辈儿孙如何继承后稷弃的事业把农耕生产进一步扩大。他的儿子鞠陶继位，成为周族的首领，后人称他为老王。他领导农耕生产三四十年，死后埋葬于京城之西刘家坪的高崾上。其子公刘继位，接过农耕事业的接力棒，继续领导周族人向更远的地方拓展。公刘才干非凡，既继承了其祖不窋、其父鞠陶的成功经验，又创造了新的做法，使后稷弃所开创的农耕事业发扬光大。公刘继续派人到渭河南岸的秦岭取材，修房建屋，改造和提高民众的居住条件。在他的领导下，在家的人有多年吃不完的粮食积蓄，在外公干的人行囊中有许多资财。周族人的生活蒸蒸日上。他们认为：之所以能这样，是因为有庆城这块农耕根据地作依托，有公刘这样的好首领。周族人的兴旺发达，吸引了周边许多部族小国来归附，他们自愿听从公刘的领导。如果说不窋、鞠陶时期，周族人在困苦中奋斗，在艰难中创业，为以后的发展打基础，那么在公刘时期已是大发展、大兴盛的了。因此后人说："周道之兴自此始，故诗人歌乐思其德。"这句话中所说的"歌"，就是收纳在中国第一部诗歌集《诗经》中的《大雅·公刘》，因其诗每段以"笃公刘"开头，又称为《笃公刘》。这首诗描述了周族人从邰迁庆的过程，歌颂了公刘的恩德。实际上，公刘是站在其祖不窋、其父鞠陶肩膀上的历史巨人。为了区别，后人又把公刘称为老公。在庆城县城南百里之外的高家坳，修建了公刘庙，俗称老公庙，香火极盛。

在公刘晚年，犬戎多次侵扰周族人，和平安定的环境又被打破了。为了避免与犬戎的战争，公刘与其子庆节商量，举族向南迁徙。他们先经过现今宁县，在其境内建立了公刘邑。又因犬戎步步紧逼，又得南徙，到了今陕西省彬县和旬邑之间的豳亭定居下来。不久，公刘去世了，埋葬在今彬县龙高乡土陵村。周族人离开了庆阳，但留下了他们生活过的许多遗迹。如鹅池洞，据说是不窋养鹅的地方；昔姬沟，是安置随他们而来的周族人的地方；天子坳，是周老王游行之处；公刘庄，相传为周发祥地，等等。周族人在豳亭周围繁衍了十多代，传到了古公亶父时代。古公亶父是周族人又一代英主。他继续发扬光大后稷、公刘的事业，发展农耕经济，使周族更加强大。他主张和平，反对战争。当薰育戎来攻时，为了减少周族人的伤亡，避其锋芒，他率众翻山越岭，到达岐山下的周原定居。古公亶父的孙子姬昌最贤，领导周族人建立了西方大国，人称姬周。在公元前1046年，姬昌的儿子姬发率姬周五万军队与殷商十七万军队战于牧野，以少胜多，大败殷商军队，逼殷纣王自焚于鹿台。殷商从此灭亡，周王朝建立，并延续了800年，成为中国历史上年代最长的朝代。

姬周国土与殷商相比要小得多。姬周以蕞尔小国何以能取代殷商而崛起渭上开八百年基业？这得益于他们的重农思想。也就是说，他们大力发展农业，积蓄了力量，为以后发展奠定了雄厚的物质基础。打仗，无论是现代还是古代，从某种意义上讲，是打经济仗。谁的经济力量雄厚，谁就有获胜的可能。人类历史是依赖经济不断发展支撑起来的。姬周发达的农业经济为他们赢得了一切，最终使势力强大的殷商俯首称臣。姬周重视农业、发展农业的思想由来已久，可以追溯到他们的先祖后稷弃和不窋时代。后稷弃是周一代始祖，农业生产起先是由他积极倡导、改进的。他致力于发展农业经济，对全国各族经济的发展都起到了推动作用。而不窋末期，他率领极其弱小的周民族从战乱的中原来到了西北黄土高原的腹地，继承其父后稷弃的遗业，拓土开疆，教民稼穑，积极发展农业，对周民族的复兴与壮大所起的作用是难以估量的。当时，以民族为核心，所形成的部落非常多，而独以周民族能强大起来，是因为周民族在庆阳休养生息、发展农业对周民族的兴盛起了关键作用。此后，周民族后代以此为契机，一直把发展农业作为先祖的遗愿，忠实地传承了下来。我们说，经济发展是历史进步、民族发展的基石。在那个时代，只有以农业文明为主的经济区才具有生命力。因此，周民族尽管偏居一隅，却代表了先进的生产，必然能在这片土地上逐步强盛起来。他们是黄色的流星，当他们勃勃生长之时，就冲向了中原大地，闯入了权力的中心。现在，我们思考这一段历史，确信没有庆阳这一时期农业文明的发展，就不会有周民族西出岐山的壮举。庆阳这片黄土地是周民族之根，是他们铸就八百年江山最坚实的基础。

周民族在不窋的领导之下发展壮大自己的同时，也开发了庆阳这片黄土地。在不窋到来之前，这里也有人类生存，也有最原始的农业。这可以从1920年在庆阳之北30多千米处的王嘴子沟发现的一枚石核、两枚石片的旧石器得到证实，也可以从近几年挖掘出的仰韶文化和齐家文化遗址得到确认。但那时的农业是微乎其微的，是最原始的，还不足以养这一方民众。在这里生活的人类主要从事狩猎和采集活动，起主导作用的经济是狩猎经济。只有不窋将其父所创立的"相地之宜,宜谷者稼穑焉"的新的耕作方法带到了庆阳,将一把黍米撒向大地,才使真正的农业在这块土地上从无到有,从小到大,得到大面积的推广。可以设想,原来在这里居住的土著人,得到周族人的粮食援助,尝到了甜头,也看到周族先进的生产方式所带来的粮食丰收情景,必然拜周族人为师,学习新的农业耕作方法,这才有了不窋的"教民稼穑"之说。从不窋时代开始,这里的土著人便改狩猎经济为农耕经济,并由此绵延了数千年。尽管几千年来,这里曾多次为游牧民族所占据,但农耕生产基本稳定了下来,成为甘肃乃至全国的粮仓。现在,我们伫立在周祖陵山之上,面对漫山遍野的滚滚麦浪时,应该深深地缅怀不窋大兴农耕的历史功绩,虔诚地为他上一炷高香。

2003 年 4 月为《庆城史话》而作

周先祖遗惠与影响

周祖遗惠越千年

　　周祖不窋虽然长眠于庆城东山之巅达四千年之久，但他的遗惠仍然滋养着庆阳这块黄土地。

　　不窋拓荒庆阳，播下农耕火种，使庆阳的农业绵延数千年，促进了当地经济的发展，其功绩永垂青史。

　　庆阳是块古老而又神奇的土地，早在旧石器时代就有人类居住生活。在民国九年即 1920 年，由庆阳县卅里铺镇的天主教堂神甫邀请法国专家桑志华在此镇北部不远的辛家沟内的王嘴子一个山洞里，挖掘出了中国第一件旧石器(一枚石核、两枚石片)，成为古人类在庆阳生活的重要实物证据。但在旧石器时代，以及以后很长的一段时间里，生活在这里的人们一直过着狩猎、游牧生活。虽然人们在食物匮乏时，也采集一些植物种子来充饥，但它与农业生产不可相提并论、同日而语。农业，是在人类管理下，对各种有用的植物进行的有系统的栽培。农业的主要目的是为了生产粮食，但栽培的植物同时也提供其他有用的物质，如纤维、染料、药品和装饰品。采集野生植物作为食品或作为其他用途的均不是农业。区别野生植物的采集与真正的农业的关键性变革，在于使用种子和其他种植材料进行有意识的种植，耕作、收获和加工则是此项变革的副产物。诚然，人类的农业生产就是从采集植物种子充饥而起源的，不过这个过程相当漫长。人类依靠农耕为生，仅只在历史长河中占有很短暂的时期。而自有人类以来的大部分时间——现在一般公认从原始人类至今已有二百万年的历史——人类是以采集野生植物和狩猎、游牧为生。到有意识地种植作物，仅只在一万年前才开始的，而且，各地的发展水平不尽相同。到了夏朝初年，也就是由原始社会向奴隶社会转变时期，在中原大地，农业经济已成为当时社会的重要经济，但远离中原地带的庆阳，仍被称为"戎狄之间"，说明这里的主导经济还是狩猎、游牧经济，人们多从事于狩猎、游牧生活。虽然这里有最原始的农业，但微乎其微，还不足以养育这一方人民，可以忽略不计。当不窋率领周族人来到庆阳后，开垦了这块处女地，并且应用"相地之宜，宜谷者稼穑焉"，将一把粮食种子撒向了被开垦的土地里时，庆阳这块黄土地上，才有了实质意义上的农业。从此，农业生产在这里扎下了根，逐步替代了原有的狩猎、游牧经济。不窋的这一行为，大大加快了庆阳及其周边地区人类的进化和经济发展步伐，要不，这里的土著人在向农业经济迈进时得探索多少年、多少代？农业经济在庆阳历史的进程中有过多次反复，而且有些反复历时比较长。诸如：在公刘的后期，犬戎南侵，周族人不得不退向陕西省旬邑和彬县一带；在春秋战国时期，这里为义渠戎国所占据；在后汉、两晋、南北朝时，这里的大片农田遭受了"五胡"的铁蹄践踏；在南宋时期以及元代，这里为女真人所建立的大金国和元朝所统治，农业生产遭受到不同程度的破坏。不过这一切，在漫长的历史长河中仅为几段小的曲折回流，总的发展趋势是向前的。农业的火种一直未熄。在大部分时间里，农业经济在庆阳仍然占据着主导地位。周祖不窋所继承先父的重农思想一直影响着后代，并被后代承传了下来，代代周王就是按照不窋提出的"奕世载德，不忝前人"的遗训，忠实地承继着农耕事业。这种情况我们可以从《史记》的记述中得到证实。如《史记·周本纪第四》中说："公刘虽在戎狄之间，复修后稷之业，务耕种，行地宜，自漆、沮度渭，取材用，行者有资，居者有蓄积，民赖其庆。"公刘，是不窋的孙子。《史记·周本纪第四》中说："古公亶父复修后稷、公刘之业，积德行义，国人皆戴之。"古公亶父，是不窋的第十代孙。《史记·周本纪第四》中又说："西伯曰文王，遵后稷、公刘之业，则古公、公季之法，笃仁，敬老，慈少。"周文王，是不窋的第十二代孙。由此看出，代代周王承继先祖遗业是忠诚的，不容置疑的。不仅在周族统治的周王朝是这样,而且在以后的朝代中,这种重农思想仍然得到继承。如宋王朝时代,政治家、大文学家范仲淹知庆州时,写了一首诗,就是这种思想的写照。诗曰:

> 烹葵剥枣古年丰,莫管时殊俗自同。
>
> 太守劝农农勉听,从今再愿诵豳风。

什么是"豳风"?豳风就是周先祖的重农之风。虽然现在和过去的时代不同了,但这里的习俗一直是相同的,年年盼望五谷丰登。作为任职这里的太守,要继承先辈的遗愿,教育民众,继续把这种重农的习俗发扬下去。

农业的发展,不仅使这一方民众在大部分时间里达到了丰衣足食,而且促进了其他行业的发展,为庆阳带来了繁荣和昌盛。正如邑贡生韩观琦《重修公刘庙碑记》中说:"粤自不窋失职,来居于此。公刘其孙也,复修先业,务耕种,辨土宜。自漆、沮度渭,取材用,民赖其庆,故诗人歌乐思其德。迄今阮阮周原,力勤稼,而黍稷馨香,服食德者几千年,则其德其功之深入人心者,宜何如也。"这个评说非常公允,代表了庆阳人民的心声。

自周祖不窋之后,庆阳的农业历经数千年的风雨沧桑,直到二十世纪四十年代末,粮食亩产才上百八十斤。俗话说:"麦打三斗满街红。"到了由中国共产党领导民众建立了中华人民共和国后,庆阳的农业才有了长足的发展。生产关系的变革和科学技术的运用,为庆阳的农业腾飞插上了翅膀。以庆阳县为例,1949 年初的粮食总产量只有 2100 万千克,到公元 2002 年,粮食总产量已达 1 亿千克,翻了两番多。一亩地膜玉米,可以收一千千克玉米,这在过去连想也不敢想,现在成了铁的事实。望着庆阳农业突飞猛进的发展,周祖不窋如果在天之灵有知,会为自己所开创的农耕事业后继有人,后人比自己干得更好而含笑于九泉之下。

不窋在庆阳大力推行农业经济的同时,为庆阳人民带来了物种黍和稷。黍和稷在庆阳大地上,生长了四千多年,仍然养育着这一方人民。

在不窋到来之前,庆阳这块黄土地上有无黍和稷?现无资料可以说清,但有一点可以断定:即使有,也是未经驯化的黍与稷。经过驯化的黍与稷,是由不窋从中原带来的。我们可以从《诗经》中收录的产生于周代的《诗·周颂·良耜》《诗·小雅·大田》《诗·豳风·七月》等几首诗篇中得知这种情况。如《诗·周颂·良耜》中说:"荼蓼朽止,黍稷茂止。"荼与蓼,都是生长在禾田里的杂草,农夫用镈将它锄掉后腐烂在田里,使黍和稷生长茂盛。同时,诗中还说;"或来瞻女,载筐及筥,其饟伊黍。"瞻,视也;女,汝也,指在田地里耕作者;筥(ju 举),毛传:"方曰筐,圆曰筥";饟,同饷,将食物给人;伊,就是。一群妇女来了,她们肩挑着筐或筥,来探望在田地里耕作的丈夫或儿子,为他们送来了用黍做的饭食。再如《诗·小雅·大田》。这是一首描述周人从事农事状况的诗。本诗共为四章:第一章写农夫耕田种地,禾苗茁壮成长;第二章写清除虫害,保证谷粒完好;第三章写雨水充沛,收获丰盛;第四章写周王犒劳农夫,祭神求福。如何祭祀四方之神呢?"来方禋祀,以其骍黑,与其黍稷。以享以祀,以介景福。"方,四方之神;禋(yin 因),升烟祭祀,表示郑重;骍(xing 辛),赤色的马;黑(古音 ti 即 hi),指黑色的牛;介,求也;景,大也。总的意思是:今年取得了好收成,我们用赤色的马、黑色的牛,加上黍和稷,来郑重地祭祀四方之神,祈求神灵给我们降更大的福气。这首诗里也提到了黍和稷。又如《诗·豳风·七月》,这是一首描写豳地七月份的农事情况的诗。"九月筑场圃,十月纳禾稼。黍稷重穋,禾麻菽麦。"这里也提到了黍稷。

另外,我们还可以从其他文献中了解到庆阳在周祖时播种的粮食品种为黍和稷。《分野考》云:"庆阳府,古雍州,井鬼分野。"《周礼·夏官》云:"正西曰雍州,其谷宜黍稷。"《周礼·职方氏》云:"雍州其民三男二女,其畜宜牛马,其谷宜黍稷。"《〈易·泰卦〉疏》云:"雍州其贡宜黍稷。"《〈孝经〉疏》云:"雍州,其谷宜黍稷之类是也。"从这些引文中我们更清楚地知道,在庆阳一带生活的周民,生产和食用的粮食作物主要是由其祖不窋带来的黍和稷,也有其他粮食作物,如小麦、豆类,但不是主要的,播种的面积不会比黍稷的播种面积大。如《〈周礼·夏官〉疏》说:"雍州宜麦不言者,但黍稷麦并宜,以黍稷为主云。"

黍,就是现在的糜子。稷,就是现在的谷子,又一说是高粱,但认为是谷子的人居多。黍与稷由古代流传至今,至少有四千年的播种史。所不同的是,播种的面积已退居小麦、玉米等粮食作物之后,成为次要粮食作物,庆阳人把它们纳入了"五谷杂粮"之内。播种的情况基本同于古代。谷子播种早于糜子,大约在谷雨之前,糜子播种在谷雨之后,相差有二十多天。糜子有大糜子、二汉糜子和小糜子之分。大糜子、二汉糜子都在麦收前播种,大糜子要早于二汉糜子;小糜子在麦收后作为一种复种作物在麦茬地里播种。糜、谷收获的季节都为秋季,时间相差无几,谷子要迟一些。正如《诗·豳风·七月》说:"黍稷重穋"。重穋是什么意思?毛传曰:

"后熟曰重,先熟曰穋。"黍即糜子,为穋,先熟先收割。稷即谷子,为重,后熟后收割。

周祖不窋不仅为庆阳人民带来驯化了的"黍"和"稷"等物种,而且也带来了像"耒"、"耜"、"镈"等这些农业生产工具。在日常生活用品上,从庆阳的出土文物看,在不窋来庆之前,庆阳人民已有了制陶技术,但他们的制陶工艺比之中原大地的制陶工艺差远了。不难想象,不窋的到来,庆阳的制陶工艺获得很大提高。当然,不窋为庆阳带来的新物件、新工艺远不止这些,由于没有文字记载,我们无从知晓。

周祖不窋在庆阳搞的陶复陶穴,为后代创造了一种既简单又实惠的民居,使广大民众免受风雨寒冷侵袭,其功不亚于农耕。

农耕经济同狩猎经济的特点不同就是要求人们定居,而且人们在那个落后的时代不可能独居,这样就形成了一定规模的聚居群落。在这些聚居的群落里,先人们利用黄土结构紧密的特点,搞"陶复陶穴",解决人们的居住问题。"陶复陶穴"的陶,在这里不读 táo(逃),而读为 yáo(摇),通窑。复与穴,郑玄解释说:"复者,复土于上;凿地曰穴,皆如陶然。"这就是说,陶复是地面上堆盖一定厚度的土而形成的窑。陶穴是在地下挖成穴坑,然后向四面凿洞形成的窑。前者是现今黄土高原群众居住的箍窑的雏形,后者是黄土高原平原地区群众居住的地坑庄和山区群众居住的崖庄子。这是两种不同形式的窑洞。

"陶复陶穴"一句,最早见之于《诗·大雅·绵》。诗曰:"古公亶父,陶复陶穴,未有家室。"古公亶父,古公是称号,亶父是名字。他是周族一代首领,是周祖不窋的第十代孙,是西伯侯姬昌即周文王的祖父。是他将周族人由豳地迁徙到了岐山下。古公亶父是周族人承前启后的人物。"未有家室",是说古公亶父率领周族人南迁到岐山时,还未来得及修建宫殿,只能按照先祖的办法,同民众一起,因陋就简,住在不同形式的窑洞里。古公亶父的陶复陶穴,显然不是自己的创造,而是承继了先祖不窋、鞠陶的遗风。

不窋率领周族人初次来到庆阳,是如何安置民众的?可以设想,既盖了些房子,又开凿了窑洞,窑洞多于房子。这是因为修建房子要比开凿窑洞费时费工费材料。他们初来乍到,许多条件并不具备,但人员马上要居住,怎么办?只能是开凿窑洞了。开凿窑洞,以作民居,当初是权宜之计。不窋新到了一处地方,先"陶复陶穴"，后建家室，再构建京城。只是在《诗·大雅·公刘》一诗中，以京城为重，先叙述构建京城，再说到在京城周围安置随来的民众。那么，周祖不窋又是怎么想到开凿窑洞的呢?这可以从不窋和他的儿子鞠陶的名字上找到答案。

不窋的窋字，有两种读音。一是读为 zhú(烛)，其意为物在穴中貌;二是读为 kū(枯)，同窟。窟，是指土室。《礼记·礼运》:"昔者先王未有宫室，冬则居营窟。"孔颖达疏:"地高则穴于地，地下则窟于地上，谓于地上累土而为窟。"这两种读音，都与地穴有关系。地穴者，窑也。不窋的"不"字，有一义，通"丕"，大也。按照这个意思说，不窋的名字，应是大窑的意思。不窋的儿子，原名叫鞠。据说，鞠出生时，其手心纹理像个鞠，故名。但有人又给鞠的名字后面加了个"陶"字，叫他为鞠陶，这就使他的名字也同"窑"联系了起来。古人起名字，一般与出生有关，如不窋的父亲叫弃，就是因为他被其父母丢弃过。那么不窋和鞠陶为什么要把他们的名字与"窑"字联系呢?我想，这也与他们的出生有关。不窋的母亲姞氏，其母家在今陕西省长武县与甘肃省灵台县之间，这里也是黄土高原，适宜开挖窑洞。姞氏将不窋生在比较大的窑洞里，然后给他起名为不窋，这不是不可能的。至于不窋的儿子鞠的名字后面加一个"陶"字，也可能是鞠同样出生在窑洞里的缘故。我们的祖先就是从洞穴中走出来的，那时还保留原始人的居住习惯，说不窋和鞠陶出生于窑洞之中，就一点也不奇怪了。

不窋与儿子鞠陶与窑的关系太密切了，因此，他们率领周族人由邰迁至庆阳，必然想到了开挖窑洞以纳民众的措施，这就有了"陶复陶穴"之风。这种风气相传十多代，一直传到了古公亶父之时。周族人的陶复陶穴之风在庆阳代代相传，一直传到了现在。放眼庆阳地区，到处有窑洞的身影，庆阳农村民众的百分之八十至今仍然居住在窑洞里。当然，现在的窑洞比起周祖不窋时的窑洞已大大地发展了。

不窋率众构筑城池，修建了庆阳城。作为中国早期建成的庆阳城，千百年来，不仅有效地保护了民众，也同时拉动了这一方经济。

聚居群落的进一步发展，就出现了城。城，是聚居群落发展到一定阶段的产物。据在二十世纪七十年代末期对一系列仰韶至龙山时代城址的发现显示，中国在夏商周三代文明之前即已出现了城邑或城市，它们是探索中国文明和国家起源的重要线索。具体情况是:中国社会在仰韶晚期便已迈开了走向文明的脚步，在龙山时代城址出现之时，便进入了小国林立的局面，初步进入了文明社会。不窋是生活在夏朝初年的人，那时的中原大地不仅有了夏朝的都城，而且凡是人群居规模较大的地方都已建立了城池，所以他对建城的作用及有关方面的知识知之甚详。当他率众来到边远的庆阳后，为了周族人的安全，他不但及时地安置随他而来的民众群居在庆阳的河谷和各沟岔里，而且很快地在现今的庆阳城的地基上修筑了城池。庆阳城三面临水，一面靠山，自然形成一高阜，建城条件优越。他率众围绕这一高阜的四周，斩削为基，版筑为城，形成了庆阳城的雏形。目前，庆阳城墙随处可见人工修筑的痕迹。

构筑城池，就能保一方平安。庆阳城在历史上的多次战争中，也曾被攻破而致生灵涂炭，但大部分时间里，还是很好地发挥了保护民众的作用。城池不仅是民众群居的地方，也是财富聚敛之地和消费之地。它是一方土地上的政治、经济、文化的中心，对一方经济的发展、文化的传播，起着不可估量的作用。

不窋的遗惠，不单单是这些，前举几例，仅作说明，但有一点可以肯定，我们仍然沐浴在周祖的恩阴之下。

从『陶复陶穴』说到庆阳的窑洞民居

"陶复陶穴"一句,最早见于《诗·大雅·绵》。诗曰:"古公亶父,陶复陶穴,未有家室。"

古公亶父是周族一代首领。是他将周族由豳即现在的陕西省彬县与旬邑县交界处迁徙到了岐山下。过了两代,到西伯侯姬昌时,周族已很强大。其子姬发率领周族人,伐纣代商,创立了周族人的八百年江山。古公亶父是周族人承前启后的人物。

"陶复陶穴"的"陶",在这里不读 táo(逃),而读为 yáo(摇),通窑。前者是现今黄土高原人们居住的箍窑的雏形,后者是黄土高原平原地区群众居住的地坑庄和山区群众居住的崖庄子。这是两种不同形式的窑洞。

"未有家室",是说古公亶父率领周族人南迁到岐山时,还未来得及修建宫殿,只能按照先祖的办法,同民众一起,因陋就简,住在开挖的不同形式的窑洞里。

古公亶父的陶复陶穴,显然不是自己创造,而是继承了先祖不窋、鞠的遗风。

周族的第二代先祖不窋,在夏朝初年,率领周族人由其父封地邰(今陕西省武功县)迁徙到戎狄之间或称为北豳(今甘肃省庆阳市庆城县)。首先修建了不窋城"乃陟南冈,乃觏于京"(人民文学出版社 1963 年版《诗经选》153–154 页,下同。),安置了随他而来的民众"京师之野,于时处处,于时庐旅,于时言言,于时语语"(153–154 页)。当时,随他们来到北豳的民众很多"既庶既繁,既顺乃宣,而无永叹"(153–154 页),他们如何安置这些民众?可以设想,既盖了些房子,又开凿了窑洞,窑洞多于房子。这是因为修建房子要比开凿窑洞费时费工费材料,他们初来乍到,许多条件并不具备,但人员马上要居住,只能是开凿窑洞了。开凿窑洞,以作民居,当初是权宜之计。周人新到一处地方,先"陶复陶穴",后建家室,再构建京城,那么,为什么说周祖不窋是开凿了窑洞的呢?

《帝王世纪》云:"后稷纳姞氏,生不窋。"当时,女子以国为姓。杜预云:"姞姓国,在安定阴密县也"。《括地志》云:"阴密故城在泾州鹑觚县西,其东接县城,即古密国。"按现在地名确定,当在陕西省长武县与甘肃省灵台县之间,这里也是黄土高原,适宜开挖窑洞。

庆阳的传统民居,当地人叫庄。这种庄分两种:一种叫崖庄,一种叫地坑庄。崖庄,就是在背山面沟的黄土崖上打窑洞而成(庆阳人把开挖窑洞叫打窑),在庆城周围和以北山区,修的都是这种民居。地坑庄,就是在黄土高原的中间下挖一个四方土坑,然后向四面依崖打窑洞,并在东、西、南选一方向向原面开挖一个通道,通道的顶部多是封闭式的,以便人畜在平时或雨雪天都能上下通行。这种庄多修在离沟较远的原心内,庆阳县西南部的驿马、熊家庙、赤城、白马铺等乡镇就有这类民居。庆阳属于黄土高原的中心地带,黄土层厚实而且结构紧密,宜于打窑洞。打下的窑洞,只要人常住着,上百年也不崩塌。

修庄打窑是有一定讲究的。先请风水先生选方位用罗盘坐字,然后请有经验的人察看土质,土质松软的地方方位再好也不能修庄打窑。还有一说,土层为竖纹的,可以打窑;土层为平纹的,就不能打窑。地点选好后,就开始挖土修齐窑面子,当地人叫斩崖面子。崖面子,高度一般在二丈到三丈之间,俗话说:"三丈高,两丈低"。把崖面子斩齐后,就得停一段工,待崖面子土干后,再挖窑倒毛筒子。毛筒子倒好后,又得等一段时间风干,才能正式修窑。修窑时,先在毛筒口上悬挂一根系重物的线,然后用罗盘看好方向,以这根线为准,顺罗盘指的方向,向窑内用镢头勾出一条中线,以这条中线为界,再用镢头向两边刮刷成弧形。顶部弧度大,稍下后弧度变小,一般到距地面一米半处就可直立而下。把窑筒剔刷得平平正正后,再用麦草泥(当地人叫渣泥)和麦衣子泥各抹一遍,直到净光为止。经过长久的实践，新修的窑不能立即搬入居住，还得等几个月甚至一年的时间风干。这是因为窑洞新修，土质潮湿且松软，很不安全，并对人体有害，要等风干后才能居住。过去有句话："有钱人修不得庄，无钱人盖不起房。"这说明修庄打窑省钱但不能性急，要慢慢来。笔者曾多次见过有钱人因叫的人多，庄修得速度快而发生崩塌现象，其原因是土质未干到所造成的。修庄打窑，有专门的匠工，叫土匠。有钱的庄户出钱请他们修建庄舍。无钱的庄户便亲自干，碰上技术强的活路，花少量钱叫土匠帮几天忙。庄的顶部收崖背子，崖背子要垫得高于地面，而且要修好水路，把雨水引向一边，不然雨水会从崖背上冲下，把庄毁坏。院里的雨水，崖庄好办，挖个小渠引流到沟里就行了；地坑庄就比较麻烦，要在院子靠南部挖一个大坑，以容纳雨水，这个坑当地人叫渗坑。有时雨过大，渗坑容纳不下，就会发生水淹的恶果。笔者曾于公元1975年在彭原公社（乡）工作时，夏季一天下午，天降暴雨，水淹了七八个地坑庄，死五人。

无论是崖庄或是地坑庄，每面崖面上挖的窑洞数为奇数，不是三孔便是五孔，也有因崖面宽（多数是崖庄子），挖有七孔的。崖庄有明庄与半明半暗庄之分。明庄就是庄前眼界开阔；半明半暗庄，就是庄前有土崖遮掩。无论明庄或半明半暗庄，大部分庄的崖面都比较平直，也有修为半圆形的，这种崖庄当地人叫罗圈庄。崖面子的中间一孔窑洞叫主窑，也叫客窑，是祭祖、接待客人和长辈居住的地方。主窑旁边的窑洞，除东面一孔安锅灶作厨窑（俗称"家里"）外，其他窑洞用于住小一辈人，或作粮仓之用。除正面窑洞外，在崖庄子两边（叫庄膀子），还挖有一些大小不等的窑洞，作为耕畜圈、猪圈、鸡舍或放柴草、饲草饲料，还有作厕所的。在地坑庄里，耕畜圈、猪圈、鸡舍等，多在南面的窑洞里。用于拴牲口的窑叫牲口窑；用于放柴草的窑叫柴窑；用于放粮食的窑叫粮窑；窑内打有水井的叫井窑，窑内安磨子的窑叫磨窑。有的庄，崖面高，在两窑之间的上部开挖一个小窑洞，搭梯子才能上去，叫高窑，一般用于存放珍贵物品。一句话，在这里，一户人的大部分生活起居都是在窑洞里进行。

一孔窑洞由三部分组成。一是窑桶子，这是窑的主体。二是窑尖子，即在窑桶子口上用土坯或砖垒起支撑窑口的一堵墙。在这堵墙上，开有一个门和三个窗子。门是窑洞的出入口。安在门的旁边与门同高的窗子叫大窗；高于门和大窗、安在窑尖子中间的窗子叫高窗；在窑尖子顶部开的一个四方孔叫天窗。大窗与高窗可以糊窗纸或安玻璃,以挡风寒,天窗很小,常开着,实际是一个通气孔。三是生活设施,即炕和灶。一进门,靠窑尖子处盘有炕,农村有进门就上炕之说。炕的侧面边沿砌有一个土棱,叫栏杆(也有用木头做的),防止人和物从炕上掉下去;也有不砌栏杆的炕。在炕的斜对面或窑的里面,安放桌椅、凳子,放置祖宗牌位或其他东西,用于祭祀、待客。窑的里面叫窑垴,多安置粮食囤子。在厨窑里,锅灶都是安在土炕的里面,同炕连在一起,叫做锅头连炕(其间必需砌有栏杆)。当地人说:"乡里冷棒(指农村人老实,不会做事),锅头连炕"。锅灶里的烟,先通过炕肚,然后再由烟囱通向外。烟囱直通到崖背上的,叫上山烟囱,烟囱斜通在崖面子上的,叫半山烟囱。窑有大小之分。小窑,里面仅盘有睡三四人的炕就满了,高也不过一丈有余。大窑,一般宽三丈有余,深到十数丈,高过三丈,还有的大窑可以回过车马。有的窑,在窑内壁开挖一个小窑洞,叫拐窑,多为贮藏蔬菜之用。这一窑与另一窑相通,只开一个门的,叫套窑。

窑洞,有其显著的特点:一是省料省钱。打窑洞,仅要一些垒窑尖子的土坯和一副门窗即可,花的钱当然少。二是技术要求不高。打窑洞的速度本身要求放慢,庄户人家利用农闲和晚上自己干,一年半载,慢慢就修成了。三是冬暖夏凉。窑洞顶部离地面五六米厚,冬天挡寒冻不透,夏天又遮阳晒不上,所以形成了冬暖夏凉的特点。我们测过,在冬季最寒冷的时候,窑内温度在摄氏五度左右,夏天最热的时候,窑温也不过十四五度,进窑要加件衣衫才不致着凉感冒。四是存放的粮食和鲜菜、鲜果保鲜效果好。由于这些特点,农民至今还是喜欢住窑洞的。清朝末年,庆阳籍的文人惠登甲题写了一首饶有趣味的《土窑》诗。诗曰:"远来君子到此庄,休笑土窑无厦房;虽然不是神仙洞,可爱冬暖夏天凉。"

无论在庆阳的城镇里或在农村里,都会看到箍窑。箍窑具有窑的特征,很受当地人的喜爱,所以在庆阳县城的四合院子里有它的身影,在农村庄膀子边、浮园子里(在地坑庄上面打一圈围墙叫浮园子)也有它的身影。但它不是依土崖开凿而成,而是在平地上用打好并晒干的土坯按窑的弧形砌筑而成,很似古人说的"陶复"。箍箍窑,要请农村专干这一行的土匠。在箍窑前,先要由主家或主家雇人打土坯(当地人称土基子)。土坯共分两种:一种是长方形的土坯,一种是梯形土坯。长方形土坯用于砌筑窑腿子,梯形土坯用于砌箍窑顶部的弧圈。由于箍窑顶部的弧圈是用梯形土坯砌成,箍的窑顶越下沉,结构越紧密、越牢固。在箍窑的弧圈时，一般要用木楦子，但技术高的工匠不用木楦子，仅凭手艺就将窑箍得不亚于用木楦子，而且手下飞快，两三人供泥供土坯，也赶不上他的需要。窑箍好后，就是覆顶。先将窑筒子两头用土坯封死，并继续沿四周向上砌土坯，等到四周土坯高于窑顶时，向上覆土，垫铺达到一定厚度时，再用防水泥镘平，一个箍窑就成了。箍窑依开门方位之不同而分为直筒子箍窑和顺筒子箍窑。直筒子箍窑是在土筒子一边口子上安门窗，为单门单窗，这种箍窑比较小。顺筒子箍窑是在窑腿子一边安门窗，为单门双窗，比较大。顺筒子箍窑多建在庄舍的东面，作厨屋用。

　　箍窑在外形上是个四方块，显得呆板。为了美观，又出现了一种房套窑形式。房套窑，就是外观看是房，里面却是顺筒子箍窑。在修建时，当把窑筒子箍好后，再不顺窑腿子向上砌土坯了，而是平压比较短的四方木椽，即飞头，并在窑顶起脊，做成人字形房顶，上面铺青瓦。这样，从外表上看，是一幢瓦房，同其他三面的房屋形式协调一致，但实质是箍窑，具有窑洞冬暖夏凉和省料省钱的特点。深受人们的喜欢。

关于先农坛及其祭祀礼仪

《庆阳府志》及《庆阳县志》载：庆阳县原有"先农坛"。原址在庆城南门外，在乾隆二十年(1755年)由庆阳府安化县(即庆阳县)县令孙良贵迁移至庆城北关西隅。先农坛为四方形，高三尺，陛四出，各三级；旁盖正房三间，东西厢房各三间；藉田四亩九分。每年十月朔(初一)皇帝颁时宪书，后钦天监择日颁行，各省、县同日举行祭祀。祭品羊一、豕一；帛一、铏(古代盛羹器)一；笾(古时祭祀和宴会时盛果脯的竹器，形状像木制的豆)、豆(古代食器，形似高足盘或有盖，用以盛食物)各一，簠、簋(方曰簠，圆曰簋，商周时盛黍稷稻粱的器皿)各二。

祭祀后，举行耕藉仪式。

耕藉礼仪：

清雍正五年(1727年)奉旨颁行藉田坛位制令。各省、县择东郊官地之洁净丰腴者立为藉田，如无官地，动支正项，置民田即于藉田，后建"先农坛"，正房三间，配房各一间。正房中间供奉"先农神"牌位，东间存贮祭器、农具，西间收贮藉田米谷，配房东间置办祭品，西间令看守农民居住。祭前致斋二日。祭日穿朝服行礼，祭毕，换蟒袍补服。知府秉耒，佐贰执青箱播种，州、县无属员，即选择耆老。耕时，用耆老一人牵牛，农夫二人扶犁，九推九返，农夫终亩。耕毕，各官率属望阙三跪九叩礼，乃将日期奏闻。农具用赤色，牛用黑色，箱用青色，籽种悉照各地土宜。每岁所收米谷用过，棷盛数日，造册报布政司，送户部查核。

先农：《辞海》解释，或为神农氏（伏羲氏），或为后稷弃。我意可以泛指包括不窋、鞠、公刘在内的传播农耕事业的先祖。

《庆阳县志》民国版载庆阳风俗：清代时，立春前一日，官府迎春于东郊，备纸扎春牛。是日鞭春牛至碎，乡民争抢春牛碎片，得少许，藏贴牲畜槽头，谓平安畅旺。

另外，庆阳还有三坛：

风云雷雨山川坛，在庆城南城门外。明代洪武初建，正德年间知府郝镒重修门牌、斋所、厨库。春、秋二仲上已日以城隍合祭。州、县俱如制修筑。春、秋二仲，即每年的二月与八月；上已日，即第六天（天干的第六位为"己"）。

社稷坛，在庆城北关西隅。坛高三尺，陛四出，各三级。春、秋二仲上戊日祭。上戊日，即月初的第五天。

厉坛，在庆城北关西三里，周围有垣，每岁清明、七月望（十五日）、十月朔（初一日）奉城隍神为主，厉祭，设无祀鬼神于坛下。祭品羊一、豕一。

2010 年元月 17 日

周祖文化与庆阳祭祀民俗

祭祀民俗是周祖文化的一个有机组成部分。《诗·大雅·生民》篇上说:"后稷肇祀。"就是说,后稷开创了祭祀。从目前出土文物看,这句话有些偏颇,因为在后稷之前人类早已开始了祭祀活动。但作为周族来说,这句话又无可非议。后稷是周族的先祖,他建立了周族部落,祭祀从他生活的时代开始,并与农耕生产相联系,言之确凿。

因中原战乱,周族人为了避乱,后稷的儿子不窋举族迁徙到了"戎狄之间",即今庆阳,安居了下来。以不窋为首的周族人,不但给庆阳带来了当时代表先进生产力的农耕生产,而且也带来了与农耕生产息息相关的包括祭祀风俗在内的文化。周族人面对的是一个陌生的环境,一切都还是未知数,他们乞求神灵与祖先在天之灵的保佑,"事神致福"、"祭祖祈丰",祭祀风俗就渐渐盛行起来,而且不断丰富和规范。在《诗经》上,对这种风俗的记载比比皆是。这都是自古以来就保佑人们的神灵保佑的结果,应该好好地感谢神灵!如何感谢呢?"为酒为醴,烝畀祖妣,以洽百礼。"即用生产出的谷物酿造成酒与甜酒,供祭祖先和神灵。到了秋收之后,杀了黄毛黑唇、长着曲而长角的公牛来祭祀社稷神。先祖就是这样做的,我们要继承先祖们这些做法。

祭祀神灵与祖宗在天之灵,如何能达到无过不及、恰到好处,这就产生一定的要求和仪式。这种要求与仪式,要用规章和制度加以确定。这样,从周祖不窋时代开始,便对祭祀礼仪进行了制订,这可以从《史记》上祭公谋夫纳谏周穆王的一句话中得到证实。他说先祖不窋"不敢怠业,时序其德,遵修其绪,修其训典……"这里所说的"修其训典",就是对各种规章制度包括"事神"的程序进行了修改与制订。

祭祀制度不是一成不变的,而是随着时代的发展不断改进和完善。特别是阶级社会的出现,人类开始了等级之分,宗教祭祀活动出现了身份的限制和区分,祭祀礼仪更要求有一定的制度加以规范。到了周武王伐纣建立了周王朝后,周成王的辅相周公旦组织人力,总结了周人的实践活动,并参考了先祖流传下来的规章制度,撰写出了"三礼"礼典,即《周礼》、《仪礼》、《礼记》。"三礼"是专讲礼治的,是中国奴隶社会、封建社会各种礼制的百科全书。其中《周礼》侧重于政治,《仪礼》侧重于行为规范,而《礼记》则侧重于对礼的各分支做出理论说明。

综合上述,我们完全有理由肯定,周先祖时代所形成的"事神致福"、"祭祖祈丰"、"慎终追远"的习俗与"三礼"的形成有着千丝万缕的联系。可以说"三礼"记载的有关风俗,最初来自于不窋在庆阳生活的那个时代。

"三礼"随着分封制度被周王室的子弟带向了全国,贯彻于周王朝始终,而且在春秋时期又加进去了一些儒家思想。"三礼"一直流传至今,影响了中国两千年的历史。庆阳是周先祖生活过的地方,至今保留的周族人的风俗相对来说要多一些,有些风俗还不为人知,这是庆阳风俗有别于其他地方的小异。

庆阳近代流传的许多风俗,带有"事神致福"的烙印。据《庆阳县志》载:立春前一日,官府迎春于东郊,备纸扎春牛,杂陈百戏,士女倾城出现。是日,鞭纸春牛至碎,公民争抢春牛碎片,得少许,埋于耕畜槽底,谓当年平安畅旺,岁丰畜壮。二月一日,祀土神,祈丰年,由是农事开始。十月朔日,举行"耕藉礼仪"。庆城北关西隅建有先农坛,高三尺,陛四出,各三级;正屋三间,两旁厢房各三间;耕田四亩三分。祭前,戒斋二日。祭时,知府秉耒,佐贰或选择耆老执青箱播种。耕时,用耆老一人牵牛,农夫二人扶犁,俱照九卿之例,九推九返。农夫终亩耕毕,各官率属员、耆老与农夫望阙行三跪九叩礼。牛用黑色,农具用赤色,箱用青色。庆城北关还建有八位庙,定期祭祀。八位庙,祀先穑一、司穑二、农三、邮表畷四、猫虎五、坊六、水庸七、昆虫八。先穑是神农氏,司穑是后稷;不窋是第三位,作为夏初主管五谷的农官而内祀,后被移出,独立建庙而祀之。"耕藉礼仪"与祀八蜡神,在《礼记》上都有详细记载,说明那时周族人就是这么做的,庆阳人一直保留和传流到清朝末年。

顺便说一下"社火"。"社火"起源于祭神,是祭神时为神表演的舞蹈。它是由"神社"组织实施的。后来出现了戏剧,在神的生日时为神唱大戏,"社火"才逐步面向社会,为民众表演。"社火"的"社"字是"神社"的"社"字。"神社"是一个地区围绕一座神庙由民间自发组织的团体。"神社"的最高负责人称为"会长",由"神社"范围内民众选出,负责对当地神庙的保护和祭祀,也负责组织承办"社火"。目前,在庆阳许多乡间还保留有这种组织,如三十里铺、高楼、赤城等乡镇。不过办"社火"的事,当前大部分被分离了出来,由一些"社火"热心者去承办。"社火"经过长期发展,内容繁多,其中有一"春官",专门向各商业店铺和住户献辞祝福。这个"春官",就是周代设置的官位名称。

目前风行在庆阳城乡间的祭祖风俗,是周代"慎终追远"风俗的延续。什么是"慎终追远"?"慎终",就是居者能遵守礼法,"追远",就是追念先人的恩德。当一家人的父亲或母亲去世后,都要按照一定的礼仪过事,祭奠亡灵,出殡送葬,而且还要在每年的忌日继续祭祀,过头周年、二周年、三周年。以三周年最为隆重,俗称"过三年"。在丧葬或"过三年"的过程中,都要进行"家祭"。请礼生(又称礼宾先生)根据亡者生前的生平事迹,书写楮文,赞颂和怀念亡者生前的善举与恩德;请当地官员勾红点主;请经生(又称阴阳先生)念经超度亡灵。这种"慎终追远"的风俗极为普遍,庆阳的百分之九十的家庭都这样搞,不然无法表达后辈儿孙的孝心。三年之前不必说,就是三年之后,每逢重大节日来临,特别是春节期间,每家都在主窑或主房的客厅里献饭设祭,敬祀神灵和祖宗,已成为习惯。长辈去世后,后辈儿孙都要服孝,戴孝帽、穿孝服、孝鞋,名为成服。孝服为素,一般为白色。同为孝服,轻重不一,有五等之分,以本宗九族图为依据。五等,即:斩衰(衰通缞,读崔)、齐衰、大功、小功、缌麻,最重孝服为斩衰。"斩衰",即用最粗的生麻缝制,侧边不交裹,使断处外露,以示无饰,谓之"斩"。用长六寸、宽四寸的麻布连缀外衿当心之处,以示哀戚,谓之"衰"。这是《礼记》的规定。在庆阳,实际上孝服为粗白布做成（生麻已难找，故用粗白布代之），断处外露，不辑边。男戴双重孝帽，帽形类似于戏剧饰演皇帝在后宫戴的软王帽。这种孝帽在庆城及庆城周围的农村使用，百里之外就不戴这种孝帽了。《礼记·王制》上说："周人冕而祭，玄衣而养老。""冕"就是王冠，周人是戴着王冠进行祭祀活动的，庆阳人将周人这种礼仪保留到了今天。脸前悬挂用粗麻编制或用麻纸剪制的面罩，哭泣、祭拜时放下，待客时掀起。腰系粗麻绳。鞋用粗白布缦过。长子最深，仅留一点空隙，次子稍浅，均只拖不穿，即不纳履是也。如果上面祖父母、父母都已去世，鞋后跟处全缦，不留空隙。女不戴冠，仅用粗白布蒙首，后拖于地，俗称"搭头"，并垂面罩，穿孝服，腰系麻绳，缦鞋，同于男。男女孝子都手执丧杖。丧杖，是用白麻纸条缠裹的柳棍，俗称"丧棒"。《礼记·问丧》中说："或问曰：'杖以何为也？'曰：'孝子丧亲，哭丧无数，服勤三年，身病体羸，以杖扶病也。'"丧棒在出殡埋人后，按手执人辈分排行插在坟头。"斩衰"，是子、媳及未嫁女为父母、承重孙即长门长孙为祖父母、妻为夫服之，服期三年。次重丧服为"齐衰"，孝服也是用粗生麻或粗白布做成，不同于前者为剪断处辑边，孝帽为双重，不挂脸罩，缦鞋较浅，麻绳系腰，手持丧棒。服期有一年的，是次孙为祖父母，夫为妻，已婚女子为父母。服期有五个月的，是曾孙为曾祖父母穿白戴孝，但要挂一红布。服期有三个月的，是玄孙为高祖父母，这已是五世同堂，不易得，是喜事，玄孙可以穿一身红孝服。以下为"大功"、"小功"、"缌麻"，服孝逐等减轻，这与《礼记》上的记载是相符的，这里不再赘述。

亡者入殓，在其亡后的第二天晚上交过夜即第三日凌晨进行，这应了《礼记·问丧》"三日而敛，在床曰尸，在棺曰柩"的记载。为什么要"三日而敛"呢？《礼记·问丧》中解释说："孝子亲死，悲哀志懑，故匍匐而哭之，若将复生然，安可得夺而敛之也！故曰：三日而后敛者，以俟其生也！三日而不生，亦不生矣，孝子之心亦益衰矣；家室生计，衣服之具，亦可以成矣；亲戚之远者，亦可以至矣。是故圣人为之断决，以三日为之礼制也。"人有假死现象，尸放三日而不能复生，乃是真死，就可以入殓。孝子要穿的衣物，用的祭具，在三日内可以备办齐全。在远路上的亲属也可在三日内赶回，见上亡者一面。这些原因才使周先祖确定了三日而敛的规定，这与现今庆阳的风俗完全一致。

亡者去世的第三天，开始举行祭祀仪式，俗称"开吊"。在"开吊"前，举行祭雨师、风伯之神礼,然后在其家门口出讣告(五服子孙皆上讣告)、悬岁纸,告知亲友老人去世的消息,谓之"出纸"。岁纸是用多张白纸剪成相连的纸串抖散开来,悬挂在讣告旁边。同时还出铭旌,竖立在讣告之旁。铭旌,又称铭旌,是表识亡者姓名的旗幡。《仪礼·土丧礼》云:"为铭各以其物。"《礼记·檀弓下第四》曰:"铭,铭旌也,以死者为不可别已,故以其旗识之。"郑玄注:"铭,铭旌也。杂帛为物,大夫士之所建也。以死者为不可别,故以其旗帜识之。"在庆阳,铭旌上不仅写亡者的姓名、享年,而且还要在中间题写谥辞。谥辞,是由主家请具有一定官位和学衔的名人题写的赞美之辞(多为四字),以评价亡者,其后署题写谥辞人的官位和学衔,这叫"题衔"。官名和学衔可以直接用泥金写在铭旌上,题衔人名要写在大红纸上,粘贴在铭旌上。讣告、岁纸要火化,铭旌在出殡时盖在棺柩之上而埋于地下。铭旌随棺柩入土时,将题衔人的名字去掉。

祭祀是在搭建的灵堂里进行。灵堂由供桌、纸活、献饭、供果、香酒纸等组成。在夏、商时代,奴隶主去世后,要用活的奴隶殉葬。到了周王朝,取消了这种残忍的做法,改用泥草做的人、马、鹿、鹤代替活人、活畜殉葬。到了春秋时期,有些诸侯国又改泥草人马殉葬为陶俑殉葬。《礼记·檀弓下第四》加入了孔子一句话,曰:"涂车刍灵,自古有之,明器之道也。孔子谓为刍灵者善,谓为俑者不仁,不殆于用人乎哉!"这句话译成白话即是:用泥土做的车马、草扎的人形,自古就有了,这是明器的来龙去脉。孔子认为用草扎的人形搞殉葬,这是人心的仁善,认为用陶俑搞殉葬,这是人心不仁,因为那太近于用活人殉葬了。明器,就是用于殉葬的假人假马。周时用泥草做,后来纸出现了,而且大量生产,价格低廉,人们改用纸做,成为现在的纸活,这是纸活的来由。纸活,是祭礼上必备的,在祭祀时放在灵堂内,在亡者下葬时于墓地焚化。纸活品种很多,有灵堂、过厅、牌坊、金银斗子、招魂幡、靠山、纸人、纸马、纸鹿、纸鹤,现在还兴小别墅、小汽车、电冰箱、电视机、手机等。阳世间供人享用的大件,庆阳人都要以纸活的形式给亡灵奉献一份,焚化后供亡者在阴间享用。

《礼记·檀弓上第三》云:"朝奠日出,夕奠逮日。"逮日,就是日落。在停丧期间,庆阳礼俗要进行早祭、午祭、晚祭,与《礼记》上规定,仅多一午祭尔。此章还说:夏后氏"大事敛用昏",殷人"大事敛用日中",周人"大事敛用日出"。"大事敛用",就是出殡葬埋人。庆阳人沿用周人习俗,出殡埋人在早晨,最迟要在十二时以前结束。

陶复陶穴，是周人修建的一种民居，流传至今。庆阳农村的民居大部分是陶穴式的窑洞。庆阳人不但喜欢在这种民居里生活，而且还把这种民居推行到阴间。在庆城周围挖的墓坑，共分两部分：一是明坑，二是穿堂。穿堂，就是陶穴，是在明坑下面开挖的小窑洞，是存放亡者棺柩的地方。葬埋时，将窑洞口用土块封堵，然后用土将明坑实填。棺木，大头小尾，双盖。大盖在棺柩下葬后揭开，放在棺柩旁边；大盖下有一小盖，由两页薄木板合口而掩，阻土落入。小盖，庆阳人叫"天花板"。这样做的用意是：防止厚而重的大盖在棺木帮腐朽后落下压在亡人尸骨上。棺木内做天花板，是与这种陶穴的窑洞相配套的。

除祭祀风俗外，存在于现今庆阳的周先祖其他民俗俯拾即是，现仅举三例：

一、男女结亲请媒人的风俗。《诗•豳风•伐柯》云："伐柯如何？匪斧不克；娶妻如何？匪媒不得。"这是中国关于娶妻请媒人习俗的最早文字记载。这种风俗来之于"豳地"。那么"豳地"在何处，是现今的陕西省彬县（即豳县）吗？是现今甘肃省的宁县（南北朝时名为豳州）吗？都不是。西安文理学院老教授董平先生说：从《说文解字》等文字书籍上看，对"豳"字来源的考证，都不能令人信服。他从地形上考察，彬县及宁县的地形都不像。他到了庆城，站在周祖陵山上向北一望，胸中豁然明朗。这个"豳"字就是在庆城产生的。庆城周围的山脉有三条，即：西为太白山脉，东为桥山山脉，中为横断山脉。川有两道：东为东川，即柔远川；西为西川，即马岭川。这三条山脉、两道川恰是一个倒写的"山"字。

二、新媳妇在婚后第二天清晨为公婆做一顿细长面，以考察新媳妇是否勤快灵巧的风俗。这种习俗在《礼记》上可以找到。《礼记•郊特性》云："厥明，妇盥馈。舅姑卒食，妇馂余，私也。"意思是说：婚礼举行后的第二天早晨，新媳妇起床梳洗，然后向公婆奉上亲手烹调的膳食。公公婆婆吃过后，让新媳妇吃公婆尝过的膳食，以示恩宠。

三、《礼记•曲礼上第一》曰："凡与客入者，每门让于客。"曰："尊客之前不叱狗，让食不唾。"曰："离坐离立，毋往参焉；离立者，不出其间。"后面一句译为白话文即是：两人并坐或并立时，不要插身其间；两人并立时，不要从中间穿过。又曰："父子不同席。"这些礼仪仍在庆阳盛行。

从以上分析对照中，我们深切地感受到，以不窋为首的周先祖在庆阳生产与生活过程中所形成的民俗文化,至今仍然影响着这一方土地上民众的生活;我们说这里是礼仪之乡,概源于周祖那个遥远的时代。

此文分期刊载于《陇东报》2008 年 12 月 14 日至 21 日

周

颂

（一）

　　神农稷弃，树麻好种；相地之宜，宜谷稼穑；

　　天下得利，黎庶欢欣；陶唐虞夏，皆有德名。

　　此大段简述稷弃、不窋、鞠陶、公刘四位先祖的功德。

　　此小段述稷弃功绩。内容以《史记》112 页为主，有"相地之宜，宜谷者稼穑焉""后稷之兴，在陶唐、虞、夏之际，皆为令德"句。

　　太康失政，天下纷争；弃子不窋，肩护农耕；

　　干戈戚扬，率众徙豳；复修父业，盛德弥新。

　　此段述不窋的功绩。内容以《史记》112 页为主，有"后稷卒，子不窋立。不窋末年，夏后氏政衰，去稷不务，不窋以失其官而奔戎狄之间。"《诗·大雅·公刘》有"弓矢斯张，干戈戚扬，爰方启行"句。"干"，盾也；"戚"、"扬"，都为兵器类。"豳"，即戎狄之间。

　　鞠陶承继，农牧兼行；七月流火，按季收种；

　　十月陨萚，载缵武功；开启后代，武力强盛。

　　此段述鞠陶的功绩。即他忠实地按其父不窋关于"奕世载德，不忝前人"的教导，继承了农耕，每年按季节耕作,而且吸纳了当地畜牧业生产,做到农牧结合。吃肉,强壮了周人的身体;骑马射箭,提高了周人武力。"七月流火","十月陨萚,载缵武功",均取之于《诗·豳风·七月》。该诗述周人在豳地按季节举行农事情况。"陨萚(tuo 拓)":落叶随风飞扬,季节将进入寒冬;"载缵武功":言在冬季打猎练武状况。

> 公刘嗣响,祖业光弘;地涉泾渭,泽被荒洪;
>
> 百姓怀之,多方来奔;周道之兴,始之于庆。

此段述公刘功绩。内容取自《史记》113 页,有"公刘虽在戎狄之间,复修后稷之业""百姓怀之,多徙而保归焉"。"嗣响":继承前人之业,如声响之相应。"地涉泾渭,泽被荒洪":在公刘时,农耕面积已达泾河、渭河流域,影响四面八方。

(二)

> 桥山余脉,高阜坦平;两水夹流,四山围屏;
>
> 西南原隰,东北山葱;脉气连绵,厚土地灵。

此大段简述周祖不窋修筑不窋城及陶复陶穴概况。

此小段述庆阳地形。庆阳北山与东山为桥山余脉;庆城建于高阜之上。"阜":平坦高地、小土山。"隰"(xi):低下湿地、原上坳埫。"东北山葱":庆城东北为子午山,树木葱茏。

> 斩削为基,版筑成城;形似飞凤,乃觏于京。
>
> 于京斯依,众心安定;京师之野,四处欢声。

此段述修筑不窋城(即庆城)情况。庆城形似飞凤,又名凤城。周人首先在此修筑了京城。"乃觏于京"、"于京斯依"、"京师之野"三句取之《诗·大雅·公刘》。"觏"(guo 构):见也,又同于构成的"构"。"于京斯依":其言有了京城作为依靠。"四处欢声"是从本诗中"京师之野,于时处处,于时庐旅,于时言言,于时语语"化成。

> 陶复陶穴,以纳民众;爰众爰有,均居其中。
>
> 避风遮雨,夏凉冬温;周祖遗风,惠及如今。

此段述周祖为民创修窑洞之功。"陶复陶穴":取之《诗·大雅·绵》:"陶复陶穴,未有家室。"陶复,在地面上堆土做窑;陶穴,挖坑向四面打洞作窑。"爰众爰有",取之《诗·大雅·公刘》一诗:"爰众爰有,夹其皇涧,溯其过涧。"言归顺的人越来越多,在皇涧的两岸都住满了人,有些人跨过皇涧,在对面择地而住。

> 执豕用匏,庆徙成功;幸得佳地,改豳为庆。
>
> 关陕屏障,宁夏锁钥;凤翥龙蟠,天开形胜。

此段述周人庆贺迁徙成功并将豳地改为庆地情况,并说庆城为形胜之地。"执豕用匏"从《诗·大雅·公刘》一诗中"执豕于牢,酌之用匏"化来。"匏"(pao 袍):酒器。"关陕屏障,宁夏锁钥;凤翥龙蟠,天开形胜",取之《庆阳府志》《庆阳县志》。

(三)

> 其军三单,拓土垦壤;观其流泉,相其阴阳;
>
> 载芟载柞,既溥既长;度其夕阳,豳其允荒。

此大段简述周人来庆垦荒种田、播撒农耕火种、喜获丰收情况。

此小段叙述周人垦荒情况,取之于《诗·大雅·公刘》与《诗·大雅·载芟》。周祖将民众编为军队,一分为三,轮换到远方开垦荒地。选择垦地要先察看附近有无水泉,要辨别土地的阴阳。"载芟载柞",见《诗·大雅·载芟》。"载",语助词,无义,用在首句;"芟"(shan 山),割草的意思;"柞"(ze 责),砍伐树木。"既溥既长",见《诗·大雅·公刘》。"溥",大也,开垦的荒地又大又长。"度其夕阳,豳其允荒",同上。"允",信也;"荒",大也。开垦荒地,面积不断扩大,一直向西发展。

> 千耦其耘,彻田为粮;相地之宜,种粮植桑;
>
> 俶载南亩,先阴后阳;播厥百谷,实函斯活。

此段叙述周人种田情况。"千耦其耘",见《诗·大雅·载芟》。耦(ou):两人各持一耜(si 司,农具)骈肩而耕;耘,除草。"彻田为粮",见《诗·大雅·公刘》,"彻",治也;治地为田,播种粮食。"俶载南亩""播厥百谷,实函斯活",见《诗·大雅·载芟》与《诗·大雅·良耜》。"俶"(chu),开始;"载",这里作从事讲;"厥"(jue),尤其;"函",含藏也;"活",生气。耕好了土地后,先从南面即阴地里开始,播种各种谷物,使田野里充满生机。

> 其镈斯赵,以薅荼蓼;荼蓼朽止,黍稷旺茂;
>
> 获之挃挃,场圃墉栉;以开百室,百室盈止。

此段叙述收获粮食情况,见《诗·大雅·载芟》与《诗·大雅·良耜》。"镈"(bo 博),

锄田去草工具;"赵",刺也;"薅"(音蒿),拔除田间草;"荼"(tu 途),苦菜;"蓼"(liao
了),水草;"黍稷旺茂",从"黍稷茂之"化来。"获之挃挃",田野里响起收割谷禾的响
声,"挃"(zhi 至),割取禾穗的声音,"场圃墉栉",场里堆满的禾垛如城墙样高,如梳
发篦子样密,"墉"(yong),城墙;"栉",梳发篦子,"百室",指储藏粮食的仓屋。

> 为酒为醴,烝畀祖妣;杀时犉牡,以续古人;
>
> 有飶其香,邦家之光;周祖遗惠,源远流长。

此段述粮食丰收后不忘祭祀神灵与祖宗,见《诗·大雅·载芟》与《诗·大雅·良
耜》。用收获的粮食酿成酒与甜酒,杀了黄毛黑唇雄牛,供祭祖先。家家有了粮食
和酒香,说明我们兴旺发达。"醴",甜酒;"烝"(zheng 征),进也;"畀"(bi 币),给予;
"妣"(bi 比),去世的母亲;"犉"(run 闰),黄毛黑唇的牛;"牡",雄性牛。"续",嗣续,
"古人",指祖先、神灵。"飶"(bi),食物香气。

(四)

> 豳地原民,史称戎狄;采集狩猎,以此为生;
>
> 居无定所,衣裘食腥;部落多厄,民生艰辛。

此大段简述周祖德服戎狄、实施民族融合、壮大周族势力情况。

此小段述豳地原有居民生活状况,过着采集和狩猎,行无轨,居无定,逐水草
而动的游牧生活。

> 周祖居豳,仁爱为心;讲求忠信,待之以诚;
>
> 教其稼穑,食足衣丰;改善居住,修窑纳众。

此段及以下各段专讲周祖以仁爱之心对待当地居民,教他们务耕种,行地
宜,又帮他们修庄打窑,定居下来,并虚心向他们学习养羊养畜,骑马射箭,在民
族融合、壮大周族势力方面立下了不朽功勋。

> 以狄为师,练骑练射;拜戎学艺,养羊养畜;
>
> 以农为主,农牧并举;流传至今,造福人民。

> 平等相处,尊之其俗;取长补短,兼收并蓄。
>
> 海纳百川,不择细流;周之强大,以此为基。

（五）

> 心善体勤，庆人之风；周祖德行，潜默引领；
>
> 修其训典，有仪有程；礼乐熏化，千年而成。

此大段专讲周祖移风易俗、影响后代情况。

此小段专讲周祖以高尚品德影响和教化民众。《史记》135页有祭公谋父纳谏周穆王，有周祖不窋"修其训典"一句。其意为制定了许多法则制度，以约束民众行为。

> 国之大事，在祀与戎；事神祈丰，福佑苍生；
>
> 慎终追远，以孝为重；禴祠烝尝，明德为馨。

"国之大事，在祀与戎"是义渠人由余对秦王说的一句话：国王主要职责是主持祭祀与军事。周人非常重视祭祀活动，讲求"慎终追远"。"慎终"：就是居者能遵守礼法；"追远"：就是追念先人的恩德。"禴"(yue)：同礿，古代宗庙四时之一。《诗·小雅·天保》："春曰祠，夏曰禴，秋曰尝，冬曰烝。"

> 尊老爱幼，人之常情；两情相悦，以媒配婚；
>
> 迎来送往，礼义相待；济困救厄，情高义重。

这是对庆阳婚娶的最早记载。

> 时序其德，遵修其绪；周祖遗德，教化成风。
>
> 周公编纂，三礼遂成。追根溯源，启之庆城。

《史记》135页有祭公谋父纳谏周穆王，有周祖不窋"时序其德，遵修其绪"一句。"序"，叙也，介绍。这句意思是，不窋来幽地后，时时向当地民众叙述和介绍后稷的道德品行，遵照后稷的遗愿，实行农耕经济来完成其未竟功业。《三礼》是专讲礼治的，是中国奴隶社会、封建社会各种礼制的百科全书。由周成王时大臣周公旦编纂，即《周礼》《仪礼》《礼记》。

（六）

> 周虽旧邦，其命维新。举众迁徙，开拓头功；
>
> 千里跋涉，艰难苦辛；不窋领头，民众归心。

此大段专讲周人不断开拓和创新的精神。

《诗·大雅·文王》:"周虽旧邦,其命维新。"

> 黍稷麻豆,携来新种;播之陇亩,庆地农兴。
>
> 陇原关中,地气不同;反复试种,五谷丰登。
>
> 春日载阳,养蚕植桑;染绩授衣,载玄载黄。
>
> 农耕狩猎,相得益彰;德睦戎狄,福泽同享。

《诗·豳风·七月》:"春日载阳""八月载绩""九月授衣""载玄载黄""我朱孔阳"等句,是描述周人制衣、染色等情况。

> 伟哉周祖,史著昭彰;肇周八百,万年流芳。
>
> 陵庙巍巍,皇城苍苍;世代俎豆,服畴馨香。

庆城有《肇周圣祖》牌坊,"肇"者,始也。庆城东山,有周祖陵。明诗人李梦阳云:"庆阳亦是先王地,城对东山不窑坟。""皇城":庆城北关城名为皇城。"俎(zu 阻)豆":俎与豆都是古代祭祀用的礼器,引申为祭祀、崇奉之意。清邑人韩观琦《重修公刘庙碑记》曰:"迄今肮肮周原,力勤稼穑,而黍馨香,服畴食德者几千余年,则其德其功之深入人心者,宜何如也。"

2011 年 7 月 3 日撰

129

周道之论

『周道之兴自庆始』论

这原是《史记·周本纪第四》上的一句话:"周道之兴自此始"。此者,不窋、公刘在庆阳活动的时期也。

在夏帝太康失位政衰之际,周先祖不窋失去了管理全国农业的官职,带领其子鞠、其孙公刘,自窜于戎狄之间,即今庆阳一带。他们继承其父后稷弃的遗德遗志,奉行敦笃忠厚的品行,取信于当地居民,在庆阳立住了脚跟,并积极拓土开疆,开垦土地,教民稼穑,积蓄粮物,吸纳来归的百姓,使周族不断壮大,为后人开创八百年的王业奠定了坚实的基础。所以史书说:周族的兴盛从这一时期开始了。

周先祖创业最著名的时期有两个:一个是前面说过的不窋、公刘时期,一个是以后的古公亶父、周文王时期。这两个时期有其共同的特点,都是"复修后稷之业,积德行义",争取民心,壮大周族势力。由于有了这两个时期的发展壮大,积蓄了力量,才有了周武王伐纣,代殷而王,成就了八百年的王业。周人对这两个时期推崇备至,在庆阳与岐山修建行宫,祭祀不绝。但是,这两个时期也有区别。前一时期是初兴阶段,加之,他们来到戎狄之间,人少力薄,困难就显得大一些;后一时期是中兴阶段,岐山又靠近其老家邰即今陕西武功,而且这时的周族经过几代人的努力,已非常强大了,因此困难就显得小一些。二者相比较,对前一时期,我们更应该重视。试想:没有始兴,何以有中兴?譬之如建屋、植树,无基、无根,何以成屋、成树?

实际上,古人对前一时期的评价是非常高的,在庆阳的古物遗迹中,充分反映了这种情况。如古人把不窋称之为"肇周圣祖",曾建有牌坊,以示纪念。肇者,创建也、初始也;圣者,通也、神也。庆阳城之东北五十里有"公刘庄",相传为周发祥地。"发祥"与"始兴"虽是不同词语,但表达的意思完全一致,都说明,周族是从这里开始兴盛的。史书的评价与民间的赞誉,何等相似乃尔!

既然如此,今人为什么只知周族西出岐山,而不知周道的初兴呢?这与我们研究《史记》过少,宣传工作没有赶上去大有关系。试问:我们有多少人读过《史记》?有多少人熟知这一段历史?又有多少人著书立说宣传过不窋、公刘在历史上的功绩?笔者不才,撰此文以抛砖引玉,但愿有更多更好的介绍不窋、公刘的文章出现。

1996 年 10 月 29 日晨

周祖农耕文化的历史蕴含与影响

  周祖不窋率族奔戎狄之间即今庆阳,拓土开疆,教民稼穑,开创了庆阳的农耕生产,从此庆阳一带才有了真正意义上的农业。虽然庆阳的农业生产境遇在历史上有过多次的反复,但农业火种未熄,绵延数千年,养育了成千上万的民众,其功德永炳史册。农耕文化经过周祖几代人在庆阳的积累、发展,又随周人西出岐山走向了全国。

一、始祖后稷对农耕生产的贡献

  后稷是周族的始祖,被人们当作神农而祭祀。俎豆馨香,血食千年。历史传说中有两个神农,早于后稷上千年时间的神农为烈山氏,即炎帝,据说他发明了农业。但烈山氏是部落的名称,有姓无名,可以看作是一个集体。作为一个集体发明了农业,合情合理,与我们考古得出的结论基本相符。后一个神农,就是后稷,他姓姬名弃,是一位实实在在的人物。他对农业的贡献,不是有人所说的由他发明了农业,而是由他改进了农业的原始耕作方法,推行了一套新的耕作技术,使农业生产获得了大增收,大发展。

  在姬弃之前,农业还处于刀耕火种、自然发展的阶段,这时的农业已不能满足日益增多的人口食用的需要。正如《史记·五帝本纪》中说:"舜曰:'弃,黎民始饥,汝后稷播时百谷。'"(《史记》38页,中华书局1959年版,下面未注明的引言均引于此书)弃接任后稷职务后,开始推行了一套新的耕作技术,这就是"相地之宜,宜谷者稼穑焉,民皆法则之。"(112页)即:根据不同的土地,选择不同的农作物;根据土地的阴阳,决定农作物播种的先后。这套耕作技术现在看来非常简单,但在那时要突破很不容易,经过几千年的努力,才在后稷弃时解决了。这一项难题的破解,初步解决了广大民众的饥饿问题。从此以后,我们的农业就是按照这种"相地之宜"的办法耕作的,一直延续到了今天,可见其影响之大之深。不仅如此,因地制宜的思想由此产生,不但影响着农业,而且影响到各个行业上。这是后稷弃的第一个贡献。

后稷弃的第二个贡献,就是重农思想。《史记·周本纪》说"弃为儿时,屹如巨人之志。其游戏,好种树麻、菽,麻、菽美。及为成人,遂好耕农。"(112页)他的一生,都是围绕着推广农耕生产而奋斗。在年少时为个人喜好,在成年后转变为重农思想。由于他竭力推广新的耕作技术,"帝尧闻之,举弃为农师,天下得其利,有功。"帝舜为了奖励他,"封弃于邰,号曰后稷,别姓姬氏。后稷之兴,在陶唐、虞、夏之际,皆有令德。"(112页)这里,我们明确地知道,由于弃的努力,解决了民众的吃饭问题,弃不但得到了封地"邰",获得了后稷这个专有名号,而且在一定程度上促使当时最高统治者帝尧、帝舜及帝禹,在思想认识上重视了农业生产。这个意义非同凡响,关乎以后整个社会的发展问题。

后稷弃的第三个贡献,在于他不墨守成规、因循守旧,而是大胆创新,勇于改革。他的这套耕作技术就是他创新的结果。他的创新精神对后世影响很大,周人就是在不断创新中前进、发展、壮大的。后人总结他们的经验时说:"周虽旧邦,其命维新",充分肯定了周人的这种创新的精神。无论是从历史的角度来看,还是从现实情况来看,后稷的这种创新精神,难道仅仅影响了周族的后代和庆阳这一方土地上的民众吗?

后稷弃的第四个贡献,是他驯化了麻、菽等农作物。菽,即今豆子的古称。同麻一样,原是野生的,由弃从小在晋南开始播种、驯化,最后成为人们口粮的一种,为人类增加了粮食品种。菽及黍、稷由周祖不窋带到了庆阳,庆阳开始了黍、稷与菽的播种。《诗·豳风·七月》一诗中说:"七月亨葵及菽。"由此可见,庆阳在周先祖时就开始种植大豆了。经过几千年的播种，豆类在庆阳发展到二十多个品种，品种之多，成为各种粮食之冠。明嘉靖年《庆阳府志》载，豆子当时就有"黑、黄、青、白、绿、江、扁、小豌、羊眼、鸡头、滚、罗、带、刀、角、圆，大凡一十七种。"现在增加的品种更多，极大地丰富了人们的食品。

菽，又以庆阳作为其出发点之一，推广到全国，传到了国外。公元 1804 年传到了美国。世界卫生组织将大豆蛋白定为甲级蛋白；美国食品和药物管理局将大豆定为保健食品。由于世界卫生组织的大力提倡，大豆食品发展很快，可以说已经风靡全球。

同时，据《史记》上载，后稷弃还协助大禹治理水患，建立了功勋。因此，后稷被后世尊为神农，祭祀几千年，当之无愧。

二、圣祖不窋在庆阳保留了农耕火种

《史记·周本纪》云："后稷卒，子不窋立。不窋末年，夏后氏政衰，去稷不务，不窋以失其官而奔戎狄之间。"（112 页）在后稷去世后，其子不窋担任起了管理全国农业的重任。这时，不窋不能再称为后稷。因后稷这一官职名称已赐给了弃，成为弃的专用名，所以不窋所担任的职务只能称为农官，这与以后各地建立的"八位庙"内祭祀的"先啬（即神农）一，司啬（即后稷弃）二，农官（即不窋）三"是相符的。

不窋末年，即不窋老年时代。按《史记》记载推算，不窋年龄在八十岁以上，已到了年老体弱的时候。在这个时候，"夏后氏政衰"，是指夏朝政权发生变故，已不属于正常。说"政衰"不一定指每一朝代的末期，凡是帝王荒淫无道、朝政不振，太史公都以"政衰"等词语表示。如殷王朝到第八代帝王雍已是"殷道衰"，这是殷的初期；第十二代帝王河亶甲是"殷复衰"、第十八代帝王阳甲是"殷衰"，这是殷的中期；周王朝第六代，"懿王之时，王室遂衰，诗人作刺。"这是周的初期，如此等等。这里所说的夏后氏"政衰"，说的是夏朝第三代帝王太康。帝太康爱好游乐，不务正业，常离开帝都，在洛河沿岸狩猎游玩，引起后羿等人的不满，起兵反叛，占据了京城，使帝太康不能回京主政。反太康与拥太康的军队在中原包括关中一带争战，和平的环境遭到了破坏。在这种情况下，农业赖以生存的和平环境被破坏，搞农耕生产已不可能。因此"去稷不务"者，应该是帝太康。而有些学者将"去稷不务"的罪名安在不窋的头上，不窋实在是冤枉。不窋乃太康手下的农官，一切听太康的，他根本无权也无能力使天下民众"去稷不务"，如果他主张"去稷不务"，他何以又要奔戎狄呢？《史记》上明确地说"去稷不务"者，是因为"夏后氏政衰"，责任在夏太康，并非农官不窋的过错。

不窋作为夏后氏政权中的农官，有一定地位，虽然他因为夏太康帝的去位丢掉农官的位置，但在"邰"还有封地，生活是不成问题的。正如《诗•大雅•公刘》一诗中开头描述的那样，他有大小田亩，场地、仓库里堆满了粮食。加之他年事已高，身体状况不允许他做出其他决定，他完全可以留在邰地，教儿弄孙，安度晚年，但他却做出了出奔的决定。祭公谋父还说他是"自窜于戎狄之间"，这说明不进行远途迁徙是可以的。那么他为什么不顾自己年高体弱而要主动举族迁徙呢？既有客观原因，又有主观原因。客观原因：就是中原大乱，农耕生产赖以生存的和平环境被破坏了，要么放弃农耕生产，要么离开是非之地，重找新地，继续农耕生产。从中国历史上看，中国农耕文明的迁徙，在一定程度上是政治大动荡所造成的。不窋率族迁徙，是这种情况的开端。他的这种为农耕事业不辞辛苦、执着追求的精神，值得我们学习和继承。主观原因：是不窋不愿意让其父开创的新兴农业在自己手中丧失。不窋是个孝子，他深知为父尽孝莫大于继承和发扬父亲致力于一生的农耕事业，他明知千里跋涉对于即将百岁的老人来说绝非易事，但他还是要去做，这说明不窋举族迁徙，已把自己生死置之度外，要千方百计地离开中原这个是非漩涡，寻找一块安宁之地将其父的农耕事业继承下来，这就是不窋举族迁徙的主要原因。人际关系最亲莫亲于父子，他们的父子关系促成了不窋必须这样做。他的这种思想与行为可以称之为"尊亲继业"的主体观念和行为。这种观念，在中国几千年的农耕社会中，逐步形成了"百善孝为先"的价值观念体系；这种行为，影响和感动了周人的后代，把他尊为圣祖。周祖不窋陵牌坊额题："肇周圣祖"。

不窋举族迁徙，起初并无具体目标。东面是战乱的中心，去不成；南面是秦岭大山，去不了，只能向西向北。在迁徙的过程中，经过了几个大原，但因无水泉供人们生活，就放弃了（《诗•大雅•公刘》："逝彼百泉，瞻彼溥原。"）。最后来到"戎狄之间"即今庆阳城，见这里有一高阜，可以安居防敌；两水夹流，就近能取水饮用；东、西、南三面为宽阔肥沃的河川地，可供耕地种田，是开展农耕生产的理想之地，就停了下来，安家落户。古人以水为居，一般都生活在河川的二级台地上，周祖不窋选择庆城为其落脚地，就是古人这种习俗的具体印证。有趣的是有关周祖的传说大都集中在庆城周围及东川,而西川则无,是因为东川的水甜能吃,西川水苦咸不能饮用,这又印证了有关周祖传说并非全是虚妄。

庆阳早在 10 万年前就有人类居住。到了周祖不窋举族来到这里后,一方面率领本族人拓土开疆,从事农业生产,另一方面又教导当地人学习稼穑。当周族人将第一把粮食种子洒向了被开垦的土地后,庆阳才有了真正意义上的农业。对于庆阳,周祖不窋带来了农业,开创了庆阳农耕生产的新纪元;对于全国,周祖不窋在庆阳保留了农耕生产的火种,为以后将农耕生产推向全国奠定了基础。不窋的历史功绩正在于此。

不窋这个人不简单,在他的身上集中了中华民族的优秀品质。首先他有不安于现状,不贪图享乐,勇于开拓进取的精神。他率族奔戎狄,就是这种勇于开拓精神的体现,在他来到庆阳后,正如祭公谋父赞扬的那样,“不敢怠业,时序其德”(135 页,下同):就是说他不敢懈怠其父后稷弃所倡导的农耕事业,而时时向本族人和土著人叙述和介绍后稷弃的道德品行与新的耕作技术,扩大后稷弃的影响。“遵修其绪,修其训典,朝夕恪勤”:他更注重于用实际行动,遂照后稷弃的遗愿,坚定实行农耕经济来完成其未竟的事业。为了保障这一目的的实现,他利用多年任农官的经验,制定了许多规章制度,约束和激励民众的行为;他虽然已是耄期老人,还起早睡晚,在田野里辛勤劳作,起带头模范作用。“守以敦笃,奉以忠信”:在与当地土著人交往时,他奉行的是老实诚信的品德,取得了当地人的依赖,他们和谐相处。“奕世载德,不忝前人”:他不但自己这样做,更为重要也最值得人们称道的是,还教育后辈儿孙要一代一代地将重农思想和后稷弃的优良品德承传下去,不辜负前人即后稷弃的期望。他的这些品德,对后世都是一种宝贵的精神财富。也正因为他的奔戎狄和对儿孙们谆谆教导,后稷弃的农耕事业和对人类的几大贡献才传承到后代,走向了全国。他的功绩举世瞩目,永垂青史。

不窋在庆阳生活的时间不长,去世后葬于庆城东山之巅。公元 1995 年 3 月,在修建周祖陵园的八卦亭时,出土一批周祖陵遗物,各历史年代的文物都有,其中有许多仰韶文化晚期的陶器,尤以大型橘红色陶鬲引人注目,将周祖不窋率族奔戎狄的事实与时间进行了无言的作证。

三、老王鞠陶是一位承上启下的人物

“不窋卒,子鞠立。”(112 页)不窋与鞠的父子关系,史学界没有疑义。在不窋去世后，子鞠继承了周族部落的首领。不窋的"不"字，是"大"的意思，"窋"，意为"窑"；鞠又一名为鞠陶。他们父子的名字都与"窑"有关系，说明庆阳最早的"陶复陶穴"的习俗是由他们的时代开创的。这种遗风一直流传至今，遍及于黄河中游的黄土高原上。这也是他们对后世的一大贡献。

周族举众向北迁徙，首领是年迈的不窋，实际工作都由年富力强且有丰富经验的鞠陶来完成。鞠陶实际上是不窋一切主张的执行者，不窋的言传身教必然对鞠陶有着很大的影响。在不窋去世后，他牢记其父"奕世载德，不忝前人"的教诲，毕生致力于农耕生产，让其父在"戎狄之间"点燃的农耕火种世代承传下去。他是这种承传的第一棒。

播入庆阳土地的黍、稷与菽等粮食种子是由不窋及鞠陶他们带来的。关中距庆阳有六七百里之遥，说起来不远，走起来不近，且土地、气候、水质不尽相同，有一定差异，如何使已习惯于关中土地、气候与水质的黍、稷、菽与其他粮食种子适宜于庆阳的自然条件，在播种的技术上要做许多试验、改进的工作。不窋在有生之年做了些，大量的工作归鞠陶来完成。鞠陶承担了这一重任，而且完成得很好，并积累了丰富的经验。有许多经验变为农谚，流传至今，我们还在使用。周人发展农业，是在逆境中进行的，这就由后稷弃所培育、不窋所继承与发展的不断改革和创新的精神在他们身上发挥着实实在在的作用。

庆阳为"戎狄之间"。戎与狄是对游牧的少数民族的称呼。务稷一族的周人与土著的游牧民族朝夕相处，产生一定的影响和融合。周人教土著人学习稼穑，土著人教周人驯服牲畜，这是很自然的事。传说中不窋在庆城之北的刘八沟驯服白马和在城东鹅池洞养鹅等事，足以说明周人开始接受了畜牧生产。但做到农牧结合、粮畜并茂的阶段，还是在鞠陶时期实现的。鞠陶的历史功绩就在于面对实际，对自己的生产与生活方式进行了重大调整。这种调整是适时的、恰当的，反映出了周人因地制宜思想的正确性。2009年6月初，在与西北农林科技大学研究员樊志民先生讨论此事时，他说：庆阳处在中国农业区与畜牧区相交接之地，做到农牧业并举本是此地的强项。如果周人长期居住在关中一带，没有庆阳这时的农牧并举的阶段，未必能迅速强大，以取代殷商。我非常赞赏这一观点。

鞠陶不但是农耕生产的承传人物，也是其祖后稷弃因地制宜思想的实践者、发展者。

四、以公刘为首，数代周王不失时机地发扬光大了农耕生产

不窋的"奕世载德，不忝前人"的教诲一直被周族的历代首领忠实地遵循着，其中最出名的就有公刘、古公亶父与西伯侯姬昌。

经过不窋、鞠陶两代人的言传身教，农耕思想已深入人心，农耕生产的基础已完全夯实。公刘是不窋的孙子，到了公刘时期，农耕生产已是蓄势待发、伺机壮大。公刘在此基础上，不失时机地对农耕生产进行了竭力扩大，扩大的面积是非常可观的。现在从庆阳、平凉、固原等市的许多《县志》上看，都把公刘作为本地古代名人而记载，可见公刘扩大农耕面积已到达了这些地区。有人还说，公刘已将农耕生产推广到今陕甘宁三省的广大地区。《史记》上说他："公刘虽在戎狄之间，复修后稷之业。"（112 页）"复修后稷之业"一句，不是说他才开始搞农耕生产，而是在其祖不窋、父鞠陶创建庆阳农耕生产的基础上，发展了它，壮大了它，具有了引人注目的规模，才有了这么一句。这与后文所说"古公亶父复修后稷、公刘之业"意思是一致的。在公刘年代，周人出外办事有充裕的资财，居住在家中有丰厚的积蓄。"民赖其庆"一句就是这个意思。庆阳原来又称为"豳"地，周祖不窋为了庆贺举族迁徙成功，将"戎狄之间"的"豳地"改为了"庆地"。这不但可以从"民赖其庆"这句话中得到证实，而且公刘为出生在庆阳的其子起名为"庆节"之事，亦可以得到确认。

由于周族人因农耕生产很快富裕起来，加之公刘的英明领导，许多外族人闻名迁家来归，使周族部落人员逐步增多起来。公刘是周族兴盛的关键人物，人敬称他为老公，庆阳南原即今温泉乡有老公殿。《史记》说"周道之兴自此始，诗人歌乐思其德。"就是说，周族人现在开始兴盛起来，因此诗人作歌颂扬公刘，这个歌就是《诗经》中的《大雅·公刘》篇。这首诗歌是后人追述之作，每句诗的起头都以"笃公刘"开始，因此人们又把这首诗称之为《笃公刘》，"笃"，厚也，就是说公刘厚于国人，即在公刘的领导下，"行者有资，居者有蓄积"，给国人带来许多利益。

这首诗，主要描述了周人的第一次也就是不窋领导的迁徙和来到"戎狄之间"所开始的农事活动情况。从这首诗中，我们可以了解周人早期活动的许多信息：一、周人离开封地"邰"时，有着许多大小田亩、场地，仓库堆满了粮食，但为了避开战争而寻找承担起继续农耕生产的历史重任的新地，不得不痛下决心舍弃了它们；二、周人的迁徙是以军事方式进行的，"弓矢斯张，干戈戚扬，爰方启行"；

三、寻找可以从事农耕生产的新地,要"相其阴阳,观其流泉",以有无饮用水为先决条件;四、在迁徙过程中,有吃不了苦而落荒逃离的人,也有慕名新参加进来的人,走的人少,来的人多,大家情绪非常高涨;五、迁徙时,公刘还很年轻,显得英姿飒爽,与众不同;六、来到戎狄之间,先是搞陶复陶穴,以临时住所容纳民众,而后很快修建了京城,这就是不窋城,唐代《括地志》云:"不窋故城,在庆州弘化县南三里";七、在京城里,首领民众同坐在一起,吃肉喝酒,共同庆贺这次迁徙成功;八、一切安顿好后,开始了农耕生产,他们把军队分为三部分,轮换着去远方开垦荒地,治地为田,播种粮食;九、一面开荒种地,一面建造房屋,他们派人渡过渭河,到秦岭山中寻找建造房屋的工具;十、闻风而来投靠的人很多,河川的两面住满了人,说明周族部落日臻兴盛。

民歌是活的化石,从《诗·大雅·公刘》《诗·豳风·七月》《诗·周颂·载芟》《诗·周颂·良耜》等诗中,我们可以了解周人进行农耕生产的状况及农耕生产为周人带来兴旺的情景。

在公刘的末年,犬戎不断骚扰,周人的农耕生产受到影响,开始南迁。先迁往宁县,建立了公刘邑;又迁往今陕西省的彬县,他的儿子庆节在彬县建立了国都。古代地名随人走的现象很普遍,豳地的名称也随周人南移到了今彬县。

又经历了八九代人的承传,到了古公亶父时,他又是一个有别于其他周王的优秀人物。《史记》说古公亶父:"复修后稷、公刘之业,积德行义,国人皆戴之。"(113页)这时,薰育戎狄攻之,要他的财物、土地和人民,他是一位以民众安危为重的和平主义者,不主张为了权力争斗而伤及百姓,"乃与私属遂去豳,度漆、沮,逾梁山,止于岐下",即今陕西省岐山县定居了下来。当他到了岐下时,他原来的属下民众举国扶老携幼"尽复归古公于岐下。及他旁国闻古公仁,亦多归之。"可见他的人格魅力。周人的第二次迁徙就此完成了。这次迁徙不同于前一次,是逐年进行,经数代人完成的。我们注意:《史记》在记述古公亶父的作为时,写到"于是古公乃贬戎狄之俗,而营筑城郭室屋,而邑别居之,作五官有司。"这是说,古公亶父根据新居的形势,对在庆阳所形成的农牧并举的生产及生活风俗作了一定的改变,将京城与普通老百姓的居住条件作了区别,并设立了管理民众的分支机构。这种做法,是因地制宜与不断改革思想的延续和发展,为以后的灭商作了准备。歌曰:"后稷之孙,实维太王,居岐之阳,实始翦商。"

到了西伯侯姬昌时代,更是重视农业。首先把稼穑作为第一要务来抓,鼓励百姓耕地种田,收获粮食,严禁大田荒芜,用来打猎。其次,施行裕民政策,使民富裕。《康浩篇》说:'惟文王之敬忌,乃裕民。"所谓"裕民",就是减少租税的征收,让农家有些蓄积,对农业生产产生兴趣。第三,他们又针对殷商诱纳奴隶招致小国怨恨的做法,定出一条"有亡(奴隶逃亡)荒(大)阅(搜索)"的法律,规定谁的奴隶归谁所有,不许藏匿。这条法律对争取周边小国的拥护起了很大的作用。与此同时"文王卑服,即康功田功。"就是文王俭朴勤奋,穿着普通人的衣服,到田地上劳作,借以知道农夫的辛苦。这与不知稼穑之艰难的商王形成鲜明的对照。

从公刘的"虽在戎狄之间,复修后稷之业,务耕作,行地宜",到古公亶父的"复修后稷、公刘之业,积德行义",再到西伯姬昌"遵后稷、公刘之业,则古公、公季之法,笃仁,敬老,慈少",划出了一条清楚的承传周祖农耕事业的轨迹。这条轨迹的进一步延伸,逐步使周族人强大起来,最后取代了殷商,有了八百多年的江山社稷。

五、周王朝通过"三礼"将周祖农耕文化的遗风推向全国

周王朝建立后,肯定对于使他们强大起来的农耕生产更加重视,采取各种措施向各地进行推广,以此造就一幅民富国强的形势。周祖农耕文化起之于晋(弃幼年时),行之于秦(弃任后稷时),兴之于陇(不窋、鞠陶、公刘在庆时),遍及于天下(周建国后)。"兴之于陇",即是"周道之兴自此始",是周代最重要的阶段。周王朝之所以能有八百年国祚,庆阳这一段历史功不可没。

同时,他们还学习周祖不窋"修其训典"的做法,制定了《周礼》、《仪礼》、《礼记》等三部典记,规范人们的礼仪与行为。"三礼"是专讲礼治的,是中国奴隶社会与封建社会各种礼制的百科全书。其中《周礼》侧重于政治制度,《仪礼》侧重于行为规范,而《礼记》则侧重于对礼的各个分支做出的理论说明。"三礼"纵贯中国两千多年的历史,其影响相当深远,无法估量。说中国为"礼仪之邦",主要是"三礼"执行的结果。然而,我们对"三礼"追根溯源,盖源于周祖不窋在庆阳的那个时代是不容置疑的。因为"三礼"内容的主要来源是对周先祖农耕生产所形成的"事神致福""祭祖祈丰"等风俗习惯的继承与深化。什么是礼?《说文解字》说:"礼,履也,所以事神致福也。"可知礼起初与宗教祭祀有关。众多的史料表明,早期周族人在从事农业生产和喜获丰收时,不忘祭祀神灵和祖宗。这种行为在《诗·小雅·

大田》等许多诗歌中都有记载。祭祀神灵和祖宗,如何能达到无过不及,恰到好处,这就产生了一定的要求和仪式。起初,祭祀的要求与仪式是简单的,并无等级制度和伦理道德方面的意义,只有到了阶级社会,人类开始有等级之分,宗教祭祀也随之出现了身份的限制和划分。到了周武王伐纣灭殷成功后,为巩固周王朝的江山,周公旦便在周先祖长期逐步形成的祭祀礼仪的基础上,吸收殷商的一些做法,全新制订礼乐,将作为社会身份意义的"礼"制度化、系统化,这就形成了"三礼"。在春秋战国时,以孔子为首的儒家又向"三礼"中注入了儒家思想,加速了"三礼"的传播与流传。至今"三礼"在许多方面仍影响着广大的民众,这就是中国许多地方的风俗大同小异的根本原因。由此可以看出,在庆阳形成的周祖农耕文化对全国的影响。

此文曾载于《陇东报》2009年9月20日第四版

论述周圣祖不窋的人格魅力

　　庆城东山之巅有周祖陵，埋葬的是周人先祖不窋。他是将农耕文明带到庆阳的领军人物。《史记》上对他的记述有两处，仅一百多字，但我们从这些简短的记述中，感觉他是一位伟大的人物，在他的身上闪烁着中华民族的优秀品质，其性格极具诱人的魅力。

　　首先，他对农耕文明的执着追求，令人折服。在他继承了其父的农官职务而担负起管理全国农耕生产的重任时，他干得怎么样，史书上没有任何记载，我们不敢妄断，但在他年老时，天下大乱，"去稷不务"（《史记》中华书局 1982 年 11 月版 112 页）（种不成庄稼的意思），他不顾自己年老体弱，率族北迁，来到荒蛮的"戎狄之间"即今庆阳一带，拓荒开垦，教民稼穑，在这块黄土处女地上播撒下了第一把粮食种子，庆阳才有了实质意义的农业。他开创了庆阳农业的先河，没过多少代，农业又随着周人的逐步南迁及西出岐山而走向黄河流域，走向了全国。不窋的历史功绩正在于此。

　　不窋之所以能做到这一点，主要在于他对农业这个新兴产业的执着追求。《史记》中说："后稷卒，子不窋立。不窋末年，夏后氏政衰，去稷不务，不窋以失其官而奔戎狄之间。"（112 页）这是说：在不窋的末年，夏后氏政治衰败,已经搞不成农业了,这时不窋才奔戎狄的。末年,就是老年,离去世不远了。不窋已年老体弱,是享受晚年安乐的时期。在这个时候,作为一般人,都是无所事事、助儿弄孙、安度人生的最后时光,谁还会为事业操心冒险、长途跋涉?那是青壮年人的事,要不就是生活难以为继而迫不得意的人所做的事。作为不窋,既不是青壮年人,又不存在后一种情况。他是夏王朝的农官,有一定的待遇,还有其父在邰的封地,基本生活是不成问题的。他完全可以在邰地过上无忧无虑的安逸生活,只要他向反叛者低头称臣。中国历史上不乏见风使舵、左右逢源、转换几个朝廷、永保富贵之人。但不窋不是那样的人,他不但具有一定的气节,更重要的是操心于自己所从事的农耕事业即将因战乱而毁于一旦,使广大民众陷于饥饿之中。是事不关己,安享晚年,还是不顾年老体弱,拯救农耕事业于危难之中?不窋抛却了私利而选择了后者。

在不窋生活的夏王朝时期,社会上存在两种经济形态:一种是采集、狩猎或游牧经济,一种是农耕经济。采集、狩猎或游牧经济是固有的经济,农耕经济是新兴的经济。农耕经济由帝尧、帝舜时代的大力提倡,已成为逐步上升的经济形态。但情况有反复,在夏王朝初年,因帝太康"盘于游田"、"去稷不务",加之后羿的起兵造反,中原大乱,农耕生产赖以发展的和平环境遭受严重破坏,农耕事业就有夭折的危险。作为夏太康朝中管理农业的大臣不窋看在眼里,急在心上。他充分认识到:农业生产是当时最好的生产,是解决天下黎民百姓吃饭问题的最有效途径,因此他采取各种措施要保农耕经济的火种不灭。他作为去职的农官和面对国破家毁、生灵涂炭的现实,继续在中原进行农耕生产已无可能,只能通过率领族人迁徙到一个地肥水美的新地才能确保农耕经济得以继续和发展。他明知千里奔波跋涉对于一个老年人和一个团体绝非易事,而且前进的道路上会遇到什么困难和陷阱都一无所知,但他还是毅然决然地率领族人踏上了征途。当他们千辛万苦经过长途跋涉来到庆阳后,面对的是狩猎游牧的原野、狩猎游牧的民族、狩猎游牧的生活,他要搞农耕生产,谈何容易!但他不灰心、不退缩,排除万难,从零做起,硬是将农耕生产在庆阳这块荒芜的黄土地上恢复了起来。试想,这要付出多大的决心和力量?仅此一点,还不能说明不窋对农耕事业情有独钟、执着追求吗?当然,不窋对农耕事业执着追求的韧力,来源于他对农耕事业的正确认识,来源于他拯救民众免于饥饿的公心,还来源于他竭力对父亲的尽孝。

其次,他忠实地继承和光大了父亲的遗业,其孝心可鉴天日。不窋的父亲就是后稷弃。《史记》上说:"后稷卒,子不窋立。"后稷,从《史记》的上下文看,就是弃。帝舜曰:'弃,黎民始饥,尔后稷播时百谷。'封弃于邰,号曰后稷,别姓姬氏。后稷之兴,在陶唐、虞、夏之际,皆有令德。"从这些文字中我们看出,后稷弃一生致力于农耕事业,并建立了功勋。他的功勋在于试验成功了"相地之宜,宜谷者稼穑焉"之法。此法就是根据不同的土地耕种不同的农作物,根据土地的阴阳播种有先有后。这一耕作技术在现在看来极为简单,但在那时要突破并不容易。农业不是由后稷开创的。在后稷之前,有神农氏;再从考古成果看,农业早已有之,不过那时的农业还处于耕作技术相当落后的状态,产量很低,还不能满足于日益增长的人口的生活需要。《史记·五帝本纪》记载,帝舜代理帝尧治理天下,给下面大臣分配工作时说:"弃,黎民始饥,汝后稷播时百谷。"翻译为白话文:弃啊,黎民百姓开始饥饿了,由你担任后稷职务来管理种植庄稼的事。在弃任后稷职务后,他向全国推广了"相地之宜"的耕作技术,使粮食逐年增加,解决了民众的吃饭问题,因此建立了功勋。帝舜为了酬谢他,将"邰"这块地方封赏给他;将"后稷"这个官名也赐给他,成为他的专有名号;黄帝子青阳与苍林二人姓"姬",青阳即玄嚣,其孙为弃,帝舜将"姬"姓赐给他,今后他的子孙可以姓"姬",其他人的子孙都不能姓"姬"。

弃去世后,子不窋继任了后稷之职,但这时不窋已不能再称为后稷了,只能称为农官。不窋在农官的职位上,大力推行其父的耕作技术,继续保持着农业发展的好势头。但好景不长,遇上太康这位荒淫无道、沉溺于游玩、不务政事的帝王,被起兵造反的后羿率兵赶跑。太康失国,不窋去职。在这种情况下,后稷弃所开创的新的农耕事业面临夭折的危险。

一个人尽孝,不仅仅在于为其父母亲创造良好的生活条件,使他们颐养天年,更重要的在于热爱其父母亲所开创的事业,并千方百计地将其继承下来,发扬光大,尤其是对那些事业有成的父母更是如此。不窋正是这样做了。他不但在正常的情况下,利用农官的职权大力推广新兴的农耕技术,而且在去职后,农耕事业面临夭折覆灭的特殊情况下,不顾自己年事已高而采用长途跋涉、徙族于新地来继续实施其父所开创的事业。这在一般人是做不到的,而不窋毕竟通过艰苦卓绝的努力做到了,而且做得很好,这难道不能充分证明不窋的孝行感天动地吗？

不仅如此，祭公谋父在纳谏周穆王时说："昔我先王世后稷以服事虞、夏。及夏之衰也，弃稷不务，昔我先王不窋用失其官，而自窜于戎狄之间。不敢怠业，时序其德，遵修其绪，修其训典，朝夕恪勤，守以敦笃，奉以忠信。奕世载德，不忝前人。至于文王、武王，昭前之光明而加之以慈和，事神保民，无不欣喜。"先看"不敢怠业，时序其德，遵修其绪，修其训典"几句。"序"，叙也，介绍；"修"，前一个作"实行"讲，后一个作"制订"讲；"绪"者，前人未竟的功业；"训典"，法则，制度。串起来讲：不窋不敢有丝毫的懈怠，经常不断地向族人和当地土人介绍其父的功德品行，动员和领导民众实行其父的未竟功业；为保证农耕事业的实行与发展，他还制订了一些规章制度。他不仅这样做，而且教导后辈儿孙要"奕世载德，不忝前人。"就是说：要将农耕事业一代一代承传下去，不能辜负了前人即后稷弃的希望。

不窋的后代忠实地遵照他的遗训做了，将农耕事业传承了下去，最为突出的后辈是公刘、古公亶父、姬昌。公刘是不窋的孙子，他"虽在戎狄之间，复修后稷之业，务耕种，行地宜，自漆、沮度渭，取材用，行者有资，居者有蓄积，民赖其庆。百姓怀之，多徙而保归焉。"古公亶父是不窋的第十一代孙。"古公亶父复修后稷、公刘之业，积德行义，国人皆戴之。"（113 页）姬昌即西伯侯，是不窋的第十三代孙。"西伯曰文王，遵后稷、公刘之业，则古公、公季之法，笃仁，敬老，慈少。礼下贤者，日中不暇食以待士，士以此多归之。"从这些记载中，我们可以清楚地看到周人历代继承后稷弃的农耕事业的轨迹。不窋的后辈儿孙正是按照他的教导，以他为榜样，忠实地将先祖的遗业继承了下来，才逐步使周族部落强大起来。

孟子说："事，孰为大？事亲为大；守，孰为大？守身为大。不失其身而能事其亲，吾闻之矣；失其身而能事其亲者，吾未之闻。"孟子这句话是在不窋去世两千年后说的，是对先人"德行"的概括。不窋正是孟子所称赞的既能"守其身"、不趋势权贵，又能"事其亲"、千方百计光大其父遗业的古代圣人。我们还可以这样说，由于不窋的身体力行，模范带头，形成了"百善孝为先"的价值观念体系。

第三，不窋以高龄参与农业劳作且"朝夕恪勤"，为后人树立了勤奋的榜样。按《史记》记载及与同时代名人比照，不窋在"奔戎狄时"年龄已近百岁，是耄期老人。因为其父弃和当时的帝尧放勋是一父两娘，分别为帝喾的元妃姜嫄与次妃陈锋氏之子。帝喾在位 70 年,活了 105 岁;帝尧 16 岁升为天子,在位 70 多年,在他末年由舜摄天子位,28 年后崩,活了 118 岁;帝舜 61 岁践天子位,39 年后崩,活了 100 岁;帝禹接位后 10 年而崩,传位于儿子启;启也是称帝 10 年后崩,将帝位传给儿子太康。从帝喾到帝太康,历六位帝王,计 217 年。不窋是帝喾的孙辈,如果在帝喾末年有了不窋,那么不窋到帝太康时就一百多岁了;如果在帝尧时才有不窋,那么到帝太康时代,不窋也近百岁。这里有个问题,这些帝王何以都长寿,年龄上百岁?有两个解释:一是记载有误;一是那时执行的年历不是现在的年历,一年很可能不是 12 个月、365 天,而是月、日都很短。不过再怎么解释,不窋到庆阳年龄已很大已是事实,不然《史记》不会说"不窋末年"。因此,我们说不窋"奔戎狄"年近百岁是合情合理的。

作为一位年近百岁的老人,不但率族长途跋涉,而且在到达庆阳时仍能起早睡晚参加农业生产,可见他是一位多么勤奋的老人啊。他的行为感动了当时的族人,也感动了后代。过了一千多年,他的后人周穆王的大臣祭公谋父称赞他"朝夕恪勤"。就这四个字的评语,将一位勤奋爱劳的老人的光辉形象活脱脱地描绘了出来,令人敬仰之情,油然而生。

作为一位部落的族长、一位年近百岁的老人为什么要这样做呢?一是一生养成爱劳动的习惯,二是为了树立榜样,让后人更好地继承和推广其父的农耕事业。他的身体力行并没有白费,后人们忠实地承继了他的这种德行。史书载:"文王卑服,即康功田功。"(见《尚书·无逸》篇载周公训诫成王说)说的是已经是西伯侯的姬昌俭朴勤奋,穿着普通人的衣服在田地里劳作,借以知道农夫的辛苦。姬昌亲自耕种,与不知稼穑之艰难的殷纣王形成鲜明的对照。他因此而赢得了民众之心,壮大了周族人的势力。到儿子武王姬发时,伐纣代商,有了八百年的江山社稷。

第四,不窋"敦笃"、"忠信"的品德和谐了族人与戎狄的关系,至今仍有现实意义。祭公谋父说不窋在戎狄之间,"守以敦笃,奉以忠信。""敦笃",是忠厚老实的意思,这是不窋立身的原则;"忠信",是忠实诚信的意思,这是不窋交友的信条。他就是以这种优良品质来处理周人和处理与戎狄关系的。

到达庆阳后,他作为周人的首领,不可避免地要与当地的戎狄打交道。打交道的类型与方式方法很多,但主要有两个方面,不是敌对便是友好。不窋同他的儿孙能在此地待几十年,甚至上百年,说明他与戎狄是以交友而和睦相处的。对戎狄以诚相待,不欺不骗;允诺之事,千方百计办到,以信誉取得信赖。这才取得了戎狄的信任,和周人互不侵犯,和睦相处。他还积极地教戎狄学习农业,掌握稼穑之术,使戎狄在野生可食用的植物和野兽日益减少的情况下,学会了种植粮食,解决了食物匮乏的问题,戎狄人自然高兴,都与他们友好相处,许多人还加入了他们的族落,壮大了他们的力量。学习是相互的。他们在与戎狄交往和教学稼穑过程中,又以戎狄为师,学习他们训育野牛、野马、野羊、野猪的技术,学习他们骑马射猎的本领,这对周人的发展壮大的作用不可估量。如果不是不窋这些优良的品质使然,周人在此立足都难,何论其他?

第五,不窋所具有的开拓、创新精神,与现今时代精神完全合拍。中国农耕文明的迁徙,在一定程度上是政治大动荡所造成的。不窋率族北迁,虽然是后羿用武力赶走了帝太康,造成了中原社会的无序而采取的一种无奈之举,但和他那与生俱来的开拓精神不无关系。举族北迁本身就是一种开拓,当他来到庆阳后,一切都是陌生的,面临着许多困难需要去克服解决。他非常清楚:生存的环境是艰苦的,只有不断开拓,才能改善自己的境遇。周民族在不窋的率领下,披荆斩棘,勇往直前,克服了一个又一个困难,最终在此立住了脚跟,开辟了一个崭新的生产和生活的环境。

农业生产是以生物的自然再生产为基础,它直接在自然的环境中进行,自然环境为农业生产提供了赖以开展的地盘。在一般情况下,自然条件好,就利于农业生产的发展,自然条件不好,就会影响和阻碍农业生产的发展。另一方面,农业生产并非单纯的自然再生产,它本质上是一种经济再生产,以人类对生物自然再生产过程中的干预为其特征。因此,人们在农业生产中,一要适应自然条件,二要能动地改造自然条件。当然这种改造不能脱离原来的基础,不能超越自然条件所许可的范围。我们把这种对自然条件的适应与改造统一称之为"应对"。庆阳自然条件与周围地区相比较,是优越一些,但与中原大地、关中地区相比,就差多了。年降雨量并不充沛,且分布不均匀;春季是农作物播种和生长期,但多风干旱,秋季是农作物成熟期,但多雨洪涝,这些都对农作物生长不利。不窋等周族人原来所具有的农业生产技术适应于关中的自然条件,而不完全适宜于庆阳的自然条件,这是他们推行农业经济的最大障碍,也是他们遇到的最大困难。但他们不为困难所吓倒,而是想方设法去解决它。巨大的不利迫使他们发挥人的能动作用和智力,积极改造农业生产的许多环节,以适应于庆阳的自然条件。这种改造,就是一种试验、一种探索、一种创新。没有这种试验、探索与创新精神,自然条件所形成的障碍就无法排除,农耕事业就难以继承,周族人也就在庆阳站不住脚跟。

正因为不窋有这么多的优良品质,周人对他十分崇敬,尊他为"圣祖",周祖陵山上有"肇周圣祖"牌坊;从周王朝开始到目前,对他祭祀不绝。现在每年对他的祭拜更胜于以前,这充分反映人们的崇拜之情经久不衰。

2009 年 11 月 19 日

承上启下的周老王鞠陶

《史记·周本纪》云:"不窋卒,子鞠立。鞠卒,子公刘立。"(司马迁《史记》,中华书局 1959 年 9 月版 112 页)这就是说鞠是周祖不窋的儿子,是公刘的父亲。不窋、鞠、公刘是祖孙三代人,鞠居于中。

鞠出生后手掌有纹,形似"鞠",故名"鞠";又因他出生在土窑内,"窑"通"陶",又名"鞠陶"。周族后人将后弃称为"始祖",将不窋称为"圣祖",将鞠陶称为"老王",将公刘称为"老公"。从周人兴起的农耕事业上讲,鞠陶是一位承上启下的人物,其历史功绩不亚于不窋与公刘,只是人们不了解而已。

鞠陶在戎狄之间即今庆阳生活的时间较长,留有许多传说及传说中的遗址。如庆阳城之南的崾山湾,庆阳城之东北——今华池县城壕乡境内的天子坳即周老王游行处,庆阳城之西——教子川沟垴的天子穴。关于崾山湾,本来是"周老王坐庆阳,龙脉斩断",但民间传说为"周懒王坐庆阳,龙脉斩断。"将周老王传成了周懒王,而且将东山上的不窋坟也说成周懒王坟,山也成了周懒王山。张冠李戴,讹误流传。历史上并无什么周懒王,周懒王是周老王的讹传。天子坳是周老王游行处,这在《庆阳府志》《庆阳县志》都有记载。从称呼上看，这可能是最准确的记载，也说明周人到周老王时期，经过多年的努力奋斗，事业有成，安居乐业，有了悠闲游乐的时间了。天子穴，明嘉靖年《庆阳府志》说："周老王墓，在城西南二十里龙泉坡东岭，莫考周何王，居人号为天子冢。"（《庆阳府志》，甘肃人民出版社 2001 年 12 月版 401 页）天子穴与天子冢是一回事。周先祖在庆阳生活了四代人，第一代是圣祖不窋，他去世在庆阳，埋在了东山上，人所共知。第二代是老王鞠陶，也去世在庆阳，不知埋于何处。第三代是老公公刘，他年老时，因犬戎的侵扰，率族南迁，离开了庆阳，去世在了豳州，即今陕西省的彬县。那里有个龙高村，有公刘墓。第四代即在庆阳出生的公刘的儿子庆节，随父南迁了。由此看出天子穴埋葬的恰好是周老王，只能是鞠陶了。另外，有些民间传说主人是不窋，但我们按常理推测，可能是鞠陶。关于不窋在刘八沟降服白龙马的故事，这个传说影响很大，在庆阳、华池二县生发出许多地名，如白马河、玄马湾（陷马湾）、马镫砭、白马原、白马庙、白马乡，等等。我们仔细考察这个传说，有错误。史料说，不窋到庆阳时，年龄已很大了，所以他没有那个体力降服烈性的野白马，而有这个体力和经验的只能是鞠陶了。

鞠陶的传说与传说中的遗址何其多？这说明鞠陶在庆阳建有丰功伟绩，民众感恩于他，自觉不自觉地流传他的故事，让世代人记住他。正史不载，民间流传，更能体现鞠陶在民众心中的地位。

鞠陶的历史功绩可概括为一句，即：他将农耕的火种忠实地承传给了下一代，而且在许多方面有新的创造，新的发展。

1、实际组织和主持了周族人的北迁。

《史记·周本纪》云："不窋末年，夏后氏政衰，去稷不务，不窋以失其官而奔戎狄之间。"（112 页）不窋末年，即留给不窋在世的时间不多了，是不窋年老的时候，按他是后稷之子，又长期任夏朝的农官，在他率族北迁时，已是耄耋老人，做出北迁的决定是可以的，但要具体组织领导，亲自解决迁徙过程中的具体问题，显然是力不从心，这些工作由谁来搞，只能是年富力强的儿子鞠陶了。鞠陶按照其父不窋的意愿，实际组织领导了这次周族人大规模的长途迁徙工作。也就是说，周族人这次迁徙，鞠陶出了大力，建立了功勋。

2、陶复陶穴,鞠陶妥当地安置了迁徙和投奔而来的民众,也造福于后人。

当周族人来到戎狄之间即今庆阳城时,他们一无所有,首先的问题就是创造居住条件,安置好他们。建房舍,一无材料二无工具,一时办不到,只能是靠土崖开挖窑洞了。古人将这种居住形式叫陶复陶穴。陶复,是在地面上堆土营造窑洞;陶穴,是就地挖坑然后向里开挖窑洞,又称之地穴居住式样。从西安城东的半坡遗址中挖掘出的古人住宅,似这种形式。周人从关中来,采用这种方式来解决民众的居住问题,我们就丝毫不感到奇怪了。庆阳与关中相比,多山多崖,开挖窑洞就不需要就地挖坑。相比较,陶复陶穴比半坡古人的地穴式住宅前进了一步。这种陶复陶穴的修建住宅方式,本为解决周人居住问题而采用的权宜之计,但窑洞住宅本身所表现出来的优点与它在西北黄土高原上的适应性,使它为历代民众所认识,所喜欢,以至于流传几千年,直至如今。这是周人及鞠陶始料不及的。也许后人为了感念鞠的这一历史功绩,将鞠与窑洞联系起来,在他名字后面加一"陶"字,称他为"鞠陶"了。

鞠陶还积极协助不窋,亲自率领周人修建了不窋城,防备外族的侵袭。不窋城建在一高阜上,背靠北山,当两川之口,风水极佳。他们斩削为基,版筑为城,既有利于防守,又便于取水,是人类良好的居住与生活地。正因为如此,不窋城即后来的庆阳城烟火不断,从未被遗弃荒芜过,历来为郡、州、府、县所在地,充分显示了不窋的高瞻远瞩。

3、奕世载德,忠实地承传了农耕事业的火种。

不窋在离世前叮咛他的后辈儿孙要"奕世载德,不忝前人。"(135页)奕世,就是一代接一代的意思;载,孔安国传:载,事也,引申为从事;德,后稷弃的道德行为及农耕事业;不忝,不辜负;前人,即后稷弃。执行不窋遗嘱的第一人就是鞠陶。他接过了其父农耕事业的承传棒。不窋来到庆阳不长时间就去世了,在庆阳建立农耕基地的工作是由鞠陶来完成的,如果没有鞠陶这一时段的打基础和向下承传,就不会有公刘后来的"虽在戎狄之间,复修后稷之业,务耕种,行地宜"(112页)的行为,就不会在公刘时代大张旗鼓地扩大农耕面积。有人说鞠陶懒得很,不搞农业生产了,所以人称"懒王",实是无稽之谈。不搞农耕生产,周人何以为生?农耕技术何以能传下去?鞠陶承上启下转传农耕事业接力棒的历史功绩,不能也不应该被后人遗忘。

4、不断试验探索,使农耕种子适应了庆阳的土壤与气候。

如何使关中的粮食种子适应于庆阳的气候与土壤,就要进行反复试验。也许这种试验事前并无意识,可能是从多次失败与成功、减产与增产中总结出来的,可能从不窋来庆阳初期就开始了,但为时不会太长,只有在鞠陶时期经过长期的、反复的试验探索才得以完成,从关中带来的粮食种子完全适应了庆阳的环境。在这个过程中,人们将一些成功的经验总结出来,编成顺口溜,代代口头相传,又不断增加新的内容,这就成了农谚。我们翻阅《诗经》,上面有些农谚,与现在庆阳农业生产的一些内容很相似。如《诗•豳风•七月》说:"黍稷重穋。"(程俊英《诗经译注》,上海古籍出版社 1985 年 2 月版第 265 页)"重穋"是什么意思?毛传曰:"后熟曰重,先熟曰穋。"黍即糜子,为穋,先熟先收割;稷即谷子,为重,后熟后收割。这同庆阳关于糜谷播种与收割的情况相同。农谚,是古人从事农业生产的经验总结,是古人智慧的结晶,有着很强的地域性,指导着当地后人的农耕生产。从庆阳一些农谚内容可以证明:周老王鞠陶在庆阳搞农业试验、探索,是客观存在的,并非主观臆断。

5、相互学习,做到农牧结合。

周人来庆之前,庆阳一带居住的是游牧民族,过着"逐水草,习射猎"的生活,用狩猎、采集方式获取生活食品。周族人来了后,这里人才知道有些生活食品可以种植,多了食品的来源,而且较之狩猎,获取食品更容易些。他们积极向周人学习耕种与收割,周人也为他们教授这方面的知识和技术,这就是"教民稼穑"。稼,就是耕种;穑,就是收割,收藏。当地人拥有了这种技术后,逐步定居下来,变成了农业人口,壮大了周族种群数量。周人又虚心向当地人学习狩猎,不但学会了骑马射箭,锻炼了武功,而且食用野生动物强壮了身体。这个意义非常重大。其次开创了中国农牧结合的先例。周人与当地土著人相互学习,取长补短,相互融合,不断壮大,就是在周老王鞠陶时期完成的。我们后人在研究这一段历史时,忽略了这一点,甚至有些曲解。

6、休养生息,为下一步大发展奠定了基础。

周人初到庆阳人数并不多,力量很弱小。要在这里立住脚跟,有许多事必须要做,而且要做好。如前文所说的,要陶复陶穴,修建居所;要修筑城池,建立根据地;要开荒种地,教民稼穑;要交好土著人,和平共处,等等。这都是基础工作,有些是鞠陶协助不窋做的,大部分是在鞠陶时期完成的。特别是与当地土著人和睦相处,非常重要,这不但吸收了一部分人参加到周族人队伍中,而且在几十年内周族人在和平环境里,休养生息,繁衍后代,为以后大发展储备了庞大的人力。如果没有鞠陶这一时段打的基础,公刘就很难有大的作为,所以公刘是站在其祖、其父肩上的历史巨人。当庆阳的农业生产在公刘时期获得大发展、周人"行者有资,居者有蓄积"(112页)、"故诗人歌乐思其德"(112页)时,不能也不应该忘记鞠陶辛勤打基础的功绩。

综上所述,我们说鞠即鞠陶是一位承上启下有着重大历史功绩的人物,值得我们纪念。

2012 年 11 月 5 日

发展农耕事业的周老公公刘

公刘，不窋之孙，鞠之子。《史记·周本纪》曰："公刘虽在戎狄之间，复修后稷之业，务耕种，行地宜，自漆、沮度渭，取材用，行者有资，居者有蓄积，民赖其庆。百姓怀之，多徙而保归焉。周道之兴自此始，故诗人歌乐思其德。"这段文字，言简意赅，将公刘的历史功绩和他在民众中的威望讲得清清楚楚。

有人说，公刘就出生在庆阳县。这种说法可以存疑。但肯定的一点，他的一生大部分时间是在庆阳度过的，至今庆阳还存留有他生活过的遗址遗迹。如庆阳县城之北四十里地刘八沟，沟内有俗称"天子掌"的地方，民间和文史资料称之为"公刘庄"，是公刘生活过的地方，故名。从地形及留有的痕迹看，这里曾有过一泓湖水。这里曾山清水秀，风景优美。古人也有享受美好环境的意愿。从传说中看，此地可能先为其祖父所选，后为鞠与公刘享用，自然公刘享用的时间要长些，因此定名为"公刘庄"。在"公刘庄"东北方向不远处，有一地名称为"天子坳"，传为周老王鞠游行处，与"公刘庄"联系在一起，同为父子游行处。什么是"湫"？就是时下所说的"堰塞湖"。在沟壑的沟垴中，往往有一水泉，形成一条或大或小的溪流。溪流旁一段黄土崖突然崩塌，堵住了流水，形成一摊积水。由于有水泉和雨水的不断补充，天长日久，水面不断扩大，就形成了"湫"。因有湫水的滋养，周围草木旺盛，山清水秀，成为人畜宜居之地。所以，不窋及子孙常到这里游览、生活、休闲。

周人奕世传承的还有圣祖不窋讲求的"恪勤"性格。公刘大量的时间还是操心于农耕生产。

《史记•周本纪》又说：公刘"复修后稷之业，务耕种，行地宜"。"务耕种，行地宜"，这是后稷弃所倡导的"相地之宜，宜谷者稼穑焉"的耕作技术的简要说法，公刘忠实地继承了下来，而且向本地区推广。我们知道，其祖不窋、其父鞠到庆阳，要适应环境，对拓荒垦土、和睦当地土著人，以及对带来的农作物进行耕作试验等等，要做许多基础性工作。他们的农耕生产仅能满足于本族人的需求，还无精力向外推广，所以影响不大，不为外界所知。这是其一。我后来知道了另一件事：据南京有一专家研究，在四千年左右，中国出现过一段"冰河期"气候，就是那一段时间的平均气温比以往低几度，使种植的庄稼大部分不能成熟。这段"冰河期"恰恰就在他父亲鞠任酋长期间。

这段"冰河期"经过几年肆虐后结束，公刘也代父成为周族部落的首领，便雷厉风行地开始了全面恢复农耕生产的工作。他将周族人已有的势力范围划分为众多个"里"，命之以名，实施管理，不失时机地恢复农耕生产。庆阳城之西南，平坦如砥，最适宜农耕的周原（现今董志原），命名曰"周都"里，先是"其军三单，度其隰原"，以军队形式开垦荒地，而后安置了许多民众，就地从事农耕生产。这里顺便解释一下"都"。"都"并非是首都，从《诗•大雅•公刘》上看，周人称首都曰"京"。"都"是与"里"同级的区划名称。《管子•乘马》曰："四乡命之曰都。"清楚了"都"的含义，再请看在今董志原上公刘庙（俗称老公庙）里所立的由清朝庆阳府安化县（今庆阳市）贡生韩观琦撰写的《重修公刘庙记》，以了解当时农耕盛况及对后世的影响。

宏化（即清代"安化"）南原去县治八十里有公刘庙，里名周都，良有以也，不知创于何年。忆自庆节迁邠，土人思其德，立庙以祀，理宜然也。公刘，复修先业，务耕种，辨土宜。自漆、沮度渭，取材用，民赖其庆，故以诗歌其德。迄今膴膴周原，黍稷馨香，服畴食德者几千余年，则其德其功之深入人心者，宜何如也！适逢春社,里中人鸣鼓笛,奉牲礼以报赛,亦犹然朋酒羔羊,跻公堂而祝万寿之遗意也。

由此可见周人及其后人对公刘功德的肯定与崇拜。

投靠周族的人越来越多,房屋或窑洞越来越不够用,急需增加和扩大。公刘解决了吃的问题,又着力解决住的问题。他派人去渭水南岸的秦岭山中采取糙石,锻造成工具,加快修窑建屋的速度。为了方便去渭水的采石人员路途中吃住,他又在路的中途修建了驿站,命名为"豳亭"。由于大力发展农耕生产,周族人首先富裕起来。出外的人有资产即"盘缠",在家的人家中有粮食与财物的储蓄。周人过上了不愁吃不愁穿的温饱生活。其功德远播四方,周围外族部落的民众纷纷前来投靠,而且有部落要求周人到他们那里传播农耕技术。公刘审时度势,大刀阔斧地向四周,特别是向泾河、洛河流域,甚至向渭河流域推行农耕生产及其技术。经过多年的努力,农耕生产的地域不断扩大,粮食产量不断增加,受益民众越来越多,公刘的名望传播越来越远,更有许多民族整部落地前来投奔。这就是"百姓怀之,多徙而保归焉"。

老百姓知恩图报。凡是吃到农耕事业甜头的地方,像当地周人一样,为公刘建庙,将他当神来奉祀。除前面所说的董志原上的公刘庙,现存留的还有泾河南岸的崇信公刘庙。我于2014年去平凉市崇信县参加一个研讨会,就亲眼看见了县风景区龙脉山上的公刘庙。解说员说,是对古代公刘庙的复建。

除建庙外,大量的民众自发地编歌,用歌唱手段来颂扬公刘的功德。正如《史记·周本纪》说:"周道之兴自此始,故诗人歌乐思其德。"当时编唱的歌可能很多,因年代久远,流传下来仅一首,即被孔子收录在《诗经》中的《大雅·公刘》,又称《笃公刘》。

周人在农耕实践中,逐步形成了一定思想观念,总结出了许多经验教训,同时还制订了一些管理方面的规章制度。由于当时生产力低下,认识能力差,他们将每年获得的丰收,归功于上天的恩赐和先祖的保佑,所以对于上天与先祖的祭祀与礼拜非常勤快,唯恐不虔诚不周全,自然建立了一定的程序与规定。这样,周道之兴自此始。周道是什么?概括起来讲,大体有以下几方面内容:就是周人推行农耕事业坚定不移的意志;不断改进耕作方法以适应大自然运行规律的做法;还有答谢祭祀神灵的规章制度。对于周道的内容,除祭祀方面的规定外,据我研究,可从以下列几条理解:一、坚信农耕生产是当时解决黎民之饥的最有效的办法。

要为民着想,千方百计提倡与推广。二、搞好农耕生产就要推行始祖后稷创造的"相地之宜,宜谷者稼穑焉"之法。这实际是"因地制宜"哲学思想的发端。三、周人最讲孝道。认为百善孝为先,对父母尽孝不仅使父母衣食无忧,更重要的是对父母所开创的事业要千方百计发扬光大。不窋之所以千方百计到"戎狄之间"推广农耕事业,就是这种孝道使然。四、对农耕事业要"奕世载德,不忝前人",世代传承下去,"不敢怠业,时序其德,遵守其绪",坚定信念,不可中断。五、倡导革故创新,不断向前发展。"周虽旧邦,其命维新"就是这种思想的高度概括。等等。周道,是前人经验的总结,后人行动的指南。周道起之于生活在戎狄之间的公刘祖孙三代,传播到实施农耕事业的各地。

周人认识到:周道比每年的粮食丰收更为重要与宝贵。粮食生产虽是周人生存之本,但粮食生产仅以一年为限,虽有歉年,但也有丰年。这年歉收了,下年可以补充上。周道是周先祖用亲身经历总结出来的成功的经验和失败的教训,是引领后人发展前进的方向与行事之规,会使周族不断发展、壮大。周道不明或不遵,就会走向毁灭之地,所以格外重视,认真遵循,不敢丝毫违背。周道如此重要,他们将"周道之兴"统一算在了公刘的账簿上。

《诗·大雅·公刘》实是首叙事诗歌,记述了周族人从后稷弃的封地邰,即今陕西省武功向北迁徙的经过。这次迁徙的领导者是不窋,具体组织实施者是鞠,并非是公刘。那时公刘还很小,在诗中有三句诗是描述他的。即:"何以舟之,维玉及瑶,鞞琫容刀。"就是说,公刘深得祖父的喜爱,用各种玉器装饰他,显得年轻华贵,引人注目。有人说,公刘不是迁徙而来的,是在"戎狄之间"即庆阳出生的。这种说法可以探讨辩论,但我认为他是随着其祖与父从邰地迁徙而来的。所以,此诗歌颂的应该是不窋与鞠,是不窋与鞠举行了这次大迁徙,将周族人从战火纷飞的关中带到了相对和平安宁的豳地,过上了安定无忧的幸福生活。那时公刘虽然参加了这次迁徙,因年龄小,无能力组织和领导这次大规模迁徙。但诗并未提及不窋与鞠,却每段以"笃公刘"起句,显然是歌颂公刘的。这又是为什么呢?一是这首诗是写于公刘在世时代,可能为"多徙而保归"的外族人为感谢公刘的英明领导而创作的。那时他们只知有公刘,少知有不窋与鞠。二是这首诗是后代人写的,因公刘名声太大了,也因诗句需要简洁,只提了公刘。三是周人在公刘执政时,又举行过迁徙,索性将三次迁徙都算在了公刘身上。从各种情况看,公刘代表了周先祖。

　　周民族在庆阳繁衍生息了四五十年，逐步壮大和富强起来，既吸引部分民族来归，也引起部分民族的敌视。有个名为犬戎的游牧民族不时来袭，抢夺民众与财物，搅得周族不得安宁。周人是个爱好和平的民族，公刘奉行其祖不窋的"耀德不观兵""以文修之，使之务利而避害，怀德而畏威"等遗训，不为土地与财产较一时的短长，做出多次退让。但犬戎并未停止侵扰，公刘便在晚年决心举族南迁。先迁到了距庆阳城南二百里地的今宁县，在宁县之西、马莲河畔之东岸，今称为庙嘴子的地方修了座城，居住下来。后人将这座城称之为"公刘邑"。公刘邑，同不窋城一样，都在川道，一面靠山，三面环水，吃水是方便的，川道里有大量肥沃的川地。在邑之西，是周原之南部，在邑之东，又有仅次于周原的早胜原。这些都是可供开垦的沃地，也可以说这里早已属于周人农耕之区。

　　这次南迁，是由公刘决定，由其子庆节组织实施的。这可以说是周人第二次迁徙，与第一次迁徙相比，距离较短，仅二百里路，是在周人势力范围内的迁徙，困难相对要小些。但周人在这里居住的时间并不长，犬戎贪得无厌，又跟踵而来，抢夺财物，残杀周人，使公刘忍无可忍，举行了第三次迁徙。即放弃公刘邑，向南迁到了原来周人去渭水路途中间所建的驿站豳亭。这也是一次短距离的迁徙，同样是由公刘决定而由庆节组织实施的。

　　在公刘的一生里，参与过三次迁徙。除第一次外，后两次迁徙都是由他决定的。他为什么对犬戎一让再让？是他考虑到：一是搞农耕生产需要的是和平环境，打仗总是两败俱伤，使周族元气受损。二是周部落还不怎么强盛，其武力不足以抵御犬戎的侵袭。三是战争对农耕事业伤害极大，先祖是为避战争而北迁的，他同样不能让战争伤害已成气候的农耕事业。四是人是宝贵的，为避免周人因战争而受到伤害，为保护人民的生命财产，宁愿退让而不去逞强。他的退让原因，其后代古公亶父说得更为明白。要提这句话，就得提周人的第四次迁徙。在公刘之后，即历庆节、皇朴、差弗、毁隃、公非、高圉、亚圉、公叔祖类等代，到古公亶父时期，又发生了类似犬戎侵扰不窋城及公刘邑事件。《史记·周本纪》曰："熏育戎狄攻之，欲得财物，予之。已复攻，欲得地与民。民皆怒，欲战。古公曰：'有民立君，将以利之。今戎狄所为攻战，以吾地与民。民之在我，与其在彼，何异。民欲以故战，杀人父子而君之，予不忍为。'乃与私属遂去豳，度漆、沮，逾梁山，上于岐下。豳人举国扶老携弱,尽复归古公于岐下。及他旁国闻古公仁,亦多归之。"古公亶父所说的话,完全代表了不窋、公刘等先祖的思想,是公刘多次退让最好的注释。

公刘迁徙到豳地不久就去世了。《史记·周本纪》曰:"公刘卒,子庆节立,国于豳。"公刘去世后,葬埋于今陕西省彬(豳)县龙高乡土陵村(见《彬县志》)。

有宁县一些学者说,公刘南迁到宁县后再未南迁,而留在宁县过了九世后才到了今彬(豳)县。根据是宁县城南有条九龙川,应为"九陵川",葬有周九代先祖,当然包括公刘、庆节。年代久远,后人将"九陵川"叫成了九龙川。九龙川即川内有九条支流,两条支流之间就有个山峁,这是自然之理。但九个山峁内是否就埋有周先祖,那就不得而知了,还得挖掘考证,只能存疑。故此,本文还是以《史记》记载为准。

2021 年 6 月

在庆城出生的庆节

　　庆节,公刘之子。《史记·周本纪》曰:"公刘卒,子庆节立,国于豳。"史书上对庆节的介绍仅十个字,实际庆节也是位了不起的人物。他承上启下,干了大量的传承农耕事业的实际工作,是隐藏在其父公刘身后的一位默默无闻的先祖。在公刘担任周族首领后,他已是青壮年,正是干事的年龄,成为公刘的臂膀。公刘许多谋略与主张,都要由他去实施,所以公刘的功德内含有他的血汗,不可埋没。周族人第二、第三次迁徙,虽然是公刘领导的,但组织实施却是庆节。

　　我今天主要是探讨他的名字的由来。

　　周先祖,也可说古人,起名与出生时的情况大有联系。庆节的名字是怎么来的呢?庆节出生于庆阳,当时地名叫"豳"。"豳"是个象形字,是"山"中有两个"豕"字。"豕"就是猪。在历史上,先后称"豳"的地方有三处:一是现在的陕西省彬县,原为豳县,又写为邠县,"邠"同于"豳",因"豳"字难写难认,现改为"彬"字。一是甘肃省的宁县,在南北朝时,曾名为"豳州"。再是甘肃省庆阳县,亦为豳地。为了区分,又将庆阳称为"北豳"。这三地的地形哪一个更像"豳"字呢?西安文理学院八十岁的董平教授是位著名的范仲淹研究专家,自费沿范仲淹任职足迹

163

进行考察。他断定："豳"字就产生于庆阳城，这与周圣祖不窋率族迁徙到庆阳城，又埋骨于庆阳城东山之上的情况相吻合。他又说，地名随人走的现象在古代普遍存在。"豳"字原为庆阳古名，后随周人南迁，先到了宁县，最后落脚到了今彬县。史书所说庆节"国于豳"，这个"豳"，是指周人第三次迁徙落脚点即今陕西省彬（豳）县。

既然今庆阳城在古代名为"豳"，那么又与庆节名字有何牵连呢？

庆阳城原名豳地，到周圣祖不窋率族到来后，他们深感这次迁徙路途长，千辛万苦，确实不易。他们为能完成这次跋涉而庆幸，为能选择庆阳这块水土丰美之地而满足，为建立新的京城有了依靠而高兴。为此，他们举行了盛大的庆祝会。《诗·大雅·公刘》曰："于京斯依，跄跄济济，俾筵俾几。既登乃依，乃造其曹。执豕于牢，酌之用匏，食之饮之，君子宗之。"就是说，他们在新建的京城里，摆好筵几，召集来很多人，按照尊长老幼位次坐好，汇聚一堂，相互道喜；又拉来肥猪，端上美酒，共享喜宴，进行庆贺。不仅如此，他们还乘机通过众议，将此地的"豳"名改为"庆"字。一为庆贺，二图个吉利。这次改名，虽无历史文字记载，但可以出生的公刘之子起名为庆节而证明；同时还有《史记·周本纪》中"民赖其庆"之语坐实。"民赖其庆"，就是说周人能过上"行者有资，居者有蓄积"的富庶生活，就是仰赖了已建立名为"庆"的这块根据地。

2016年6月初，我们赴河南省汝州市考察那里一座"古庆阳城"。在座谈时，当地学者郭鸿志先生说："汝州的庆阳城是周赧王末期由西周公仿照甘肃庆阳城建筑的（座谈会上另一汝州市专家认为汝州庆阳城就是周赧王修筑的），企图借周先祖的洪福恢复濒临于灭亡境地的周王朝。"他对周先祖在庆阳那段历史有非常深入的研究。他认为在周先祖不窋时，已将"豳地"改名为"庆地"了。证据他没有说，而是读了《史记·周本纪》表述公刘业绩的一段文字。当读到"民赖其庆"一句时，就戛然停止，其意是让庆阳来客自己去想，无须多说。

"豳"已改名为庆地，那么在庆地出生的公刘子便名为庆节，这就是庆节名字的由来。有了庆地之名，豳地之名就闲置了，被向南迁徙的周人带到了宁县、彬县，最后落在彬县。这不是顺理成章的事吗？

2021年6月

周祖文化源远流长——诠释周祖文化

生命脆弱,自不待言;物虽恒久,但终有损坏之日,只有人类的文化和精神长存。周祖文化对后世的影响远超前代,本章专论周祖文化。

周祖文化,就是周祖不窋及其子孙们在庆阳生活的阶段⸺所创造的文化。周祖文化起源于农耕又不限于农耕,所涉及的面超出了农耕范围。它既包括由于不窋等周先祖积极推广农耕生产所创造的物质财富,更有由于在其创造物质财富过程中所孕育的精神财富。物质财富可以消耗殆尽,需要再生产,而精神财富永远不灭,影响千百年,成为无时间界限、无民族界限、无国际界限的永久性财富。现在,我们距周祖不窋时代已逾四千年之久,但周祖文化对我们的影响还很大,并且还将继续影响我们的后一代。

什么是文化?文化的概念可为大概念与小概念。从大概念上说,文化是指人民群众在社会历史实践过程中所创造的物质财富和精神财富的总和。从小概念上说,专指社会的意识形态,以及与之相适应的制度和组织机构。我们在一般情况下所说的文化,是指小概念文化而言。文化是一种历史现象,每一个社会都有与其相适应的文化,并随着社会物质生产的发展而发展。作为意识形态的文化,则是一定社会的政治与经济的反映,又给予巨大影响和作用于一定社会的政治与经济。文化有显态和隐态之分。显态文化是文化的表象,如风俗、服饰、语言、生活方式、建筑、艺术等;隐态文化是文化的精神,包括价值观、道德观、审美观、思维方式等。

庆阳这块黄土地在周祖不窋到来之前的经济形态是狩猎、游牧和采集植物。在这种经济形态的基础上,这里的人们过着衣裘食腥、逐水草而动的生活,他们的文化只能是狩猎文化、游牧文化。只有到了周祖不窋率周族人来到这里后,农耕使这里的原始生活方式受到极大的冲击,发生了重大变化。生产的对象不同了:原来面对的是野兽和驯化的家畜,现在面对的是黄土地和在黄土地上生长起来的农作物;使用的工具不同了:原来使用的是石块、弓箭、绳索,现在使用的是耒(lei 垒)、耜;生产方式不同了:原来是逐水草而动,行无轨,居无定,现在是固守在一处土地上作长久性的耕耘。这一切变化,冲击和改变着人们的生活习惯与思维方式。在这种情况下,周族文化就产生了。当然这种产生是在毫无意识的情况下开始的,是在潜移默化的形式下发展的,是在几十年、几百年乃至上千年之中逐步形成的。我们站在二十一世纪的时空之中,洞穿四千多年的历史迷雾,回顾它、审视它、总结它,才能看清楚它的产生和发展的脉络,才能寻找出它的核心内涵。

文化既有自身的发展,又有外来因素的融合,这正是人类能够逐步前进的原因。显然,周祖文化是由于周祖不窋将原产生于中原的农耕生产带到庆阳而逐步形成的,其根来自中原。但周祖文化在产生、形成的过程中,又无可避免地受到了本地的狩猎文化、游牧文化的影响和当地地理环境的制约,使它具有一定的地域特色。

由于历史记载极为简略,我们已无法知道周祖文化的全貌,但它所表现出来的部分内容和精神,我们还是能够看到和感受到它的存在。

正如前文所述,黍与稷,即糜子和谷子,在庆阳播种已有四千多年的历史,是周祖不窋从中原带到庆阳的农作物品种。庆阳的地理环境与中原大地的地理环境并不完全相同,存在着一定差异。黍与稷能在庆阳生长,是周祖不窋和他的后人在庆阳做了长期试验,总结出了许多有关黍稷播种、管理、收割方面的经验。这些经验,有些被归纳成顺口溜流传后世,即成为农谚。这些农谚又经过几千年的应验、修改、定型,流传到了如今,仍然发挥着它的作用。如农谚中说"黄壤糜子湿壤谷",是说谷子下种时对土地墒情要求高,而糜子下种时对土地墒情要求并不高,仅为黄壤就可以了;"深谷子,浅糜子",是说谷子要种得深些,而糜子要种得浅些;"小满糜,顶破皮",是说糜子在"小满"节气时下种最好;"糜要种成,谷要锄成"、"谷子锄三遍尽是米,糜锄三遍尽是秕",这是说糜子要种均匀、种好,谷子要多锄,锄好;"糜子见穗不见叶,谷子见叶不见穗",是糜、谷大丰收的景象,这与《诗·王风·黍离》"彼黍离离,彼稷之苗……彼黍离离,彼稷之穗……彼黍离离,彼稷之实"的情景差不多;"秋分糜子寒露谷",是说"秋风"时节收割糜子,而到了"寒露"时分才能收割谷子,这应了《诗·豳风·七月》一诗中所说的"黍稷重穋"一句。从后两句我们可以看出这些农谚的历史渊源。这些适应庆阳气候、土壤的关于种植黍与稷的农谚,无疑是周祖文化的有机组成部分。

《诗经》中的"风",起初可能就是多地民众自编的小调。有人说:"劳动人民途谣巷讴,劳呻康吟,一唱而群和,词或不工,而音发于情,情合于理,比焉兴焉,纯乎天籁,远则国风所采,近则明人所谓真诗在民间,现代所谓群众口头创作者,均属此类,乃诗之真者也。"这些小调因是民众自己的创作,更能代表大众的心声,曲调优美者为大众所喜爱,被相互传唱。代代传唱,在传唱的过程中又不断修改、增添,又有新的歌谣出现。一直传到了周王朝中后期。有关方面用文字把它们记录了下来,编入了中国第一部诗集《诗经》。现在我们看到的《诗经》中收录的"豳风",以及"周颂"、"大雅"、"小雅"中,就有起源于周祖时代的歌谣。如《诗·周颂·载芟》、《诗·周颂·良耜》、《诗·大雅·公刘》、《诗·豳风·七月》等等。这些歌谣不但充分展现了周人在劳动过程中的喜悦心情,而且为后人留下了一些极为珍贵的史料。有人说:"《诗经》大体上反映了周代的社会面貌和人民的思想感情,读它就好像读了一部周族从后稷到春秋中叶的发展史。"诚如斯言。

在庆阳民间至今流行一种土乐器,我们叫它为"哇唔"。"哇唔"为陶乐器"埙"的变种。"埙"在中国仰韶文化遗址中出土过,可见其历史悠久。但庆阳的"哇唔"为泥做。先将土胡基削成一个拳头大的圆球作为模子,用黄土杂以头发,和成稀泥将其包裹,待泥稍微变硬后,刀剖泥壳为两瓣,取出模子,再用稀泥将泥壳粘住,成为一个空心圆球。在圆球上画等腰三角形,于角尖各钻一个小洞,待其阴干后即成。用时,嘴对上洞用力吹,两手拇指托哇唔,两食指按压其余两洞,便发出

"哇唔、哇唔"的响声。技术高超者,可以吹出曲调来。以"哇唔"与"埙"相比较,前者未经过烧制,显得简陋。这是周族人来庆阳之后,因条件不具备,便因陋就简创造了"哇唔"这种形似"埙"的古乐器。吹奏"哇唔",以助歌乐。

有人说,流行于庆阳民间的剪纸和刺绣也来源于周祖时代,或者比周祖时代迟一千年的周代。这种对剪纸的说法纯属牵强附会,不足为信。纸的出现,在后汉以后;周时无纸,何以有剪纸?至于说刺绣出现在周代,还可以说得过去,因为那时人类已开始了栽桑养蚕的农事活动。不过从剪纸和刺绣的诸如"抓髻娃娃"、"人头蛇"、"人面鱼身"、"麒麟送子"、"生命树"等作品中看,这些民间艺术透露出远古思想信息和心灵轨迹,保留着古老的风俗习惯和文化内涵,是深受了周祖文化影响的。

民俗,是历史的"活化石"。目前,在庆阳民间,仍然流传着周先祖时的风俗习惯。如在男婚女嫁中,即便是自由恋爱,也还得请个媒人。过去请媒人,主要是起穿针引线的作用;现在请媒人,是对有关事项起说合作用。这种请媒人的风俗就源自于周时的庆阳一带。《诗经·豳风·伐柯》云:"伐柯如何?匪斧不克。取妻如何?匪媒不得。"这是中国有关媒人的最早记载。

又例如目前风行在庆阳城乡间的祭祖风俗,就是周代慎终追远风俗的延续。什么是"慎终追远"?"慎终",就是指居者能遵守礼法;"追远",就是追念先人的恩德。在周祖那个时代,每当粮食获得大丰收,人们都看作是神灵和父母亲在天之灵保佑的结果,必然"为酒为醴,烝畀祖妣,以洽百礼"(《诗·周颂·载芟》),必然"杀时牛享牡,有捄其角,以似以续,续古之人"(《诗·周颂·良耜》),也就是要用黍米做酒或醴(甜酒),杀掉长有弯弯长角的公牛,祭祀神灵、祭祀父祖,保佑来年风调雨顺,五谷丰登。这种周先祖的"事神致福"、"祭祖祈丰"的风俗一直流传至今。

庆阳近代流传的许多风俗,带有"事神致福"、"祭祖祈丰"的烙印。据《庆阳县志》载:立春前一日,官府迎春于东郊。备春牛,鼓乐结彩,杂陈百戏,士女倾城出观。是日,鞭春牛至碎。公民争抢春牛碎片,得少许,埋于耕畜槽底,谓当年平安畅旺,岁丰畜壮。二月一日,祀土神,祈丰年,由是农事开始。十月朔日,举行"耕藉(jí)礼仪"。庆城北关西隅,建有先农坛。庆城北关还建有八位庙,定期祭祀。八蜡神祀"先穑一,司穑二、农三、邮表四、猫虎五、坊六、水庸七、昆虫八等。周祖不窋作为夏初主管五谷的农官而内祀,后被移出,独立建庙而祀之。"耕藉礼仪"和祀八蜡神,从《礼记》上看,在周代就有了,一直流传到清朝末。虽然有许多地方也举行这种礼仪,但尤以庆阳为盛。

另外,在民间,每当长辈去世后,都要设灵位,祭祀送终。丧葬期间,庆阳人服孝,戴的孝帽子式样是戏剧中皇帝在后宫戴的软王帽,拿的是丧棒也称为丧杖。这是从周代流传下来的习俗。《礼记•王制》中说:"周人冕而祭,玄衣而养老。""冕",就是王冠。丧葬期间戴王冠式孝帽,这只是庆阳人的特权,在庆阳周围地区都无这种特权,这是因为庆阳是周先祖生活过的地方。《礼记•问丧》说:"或问曰:'杖者从何为也?'曰'孝子丧亲,哭泣无数,服勤三年,身病体羸,以杖扶病也。'"这也说明,庆阳人在丧葬期间持丧棒,也是从周代传下来的。还要在去世后的每年忌日,继续设灵祭祀,而以第三年最为隆重,俗为"过三年"。在丧葬和"过三年"的过程中,都要请礼官和祭礼先生根据亡者生前的生平事迹,书写楮文,赞颂亡者生前的恩德。这种"慎终追远"的习俗极为普遍,在陇东,百分之九十的家庭都这样搞,不然,无法表达后辈儿孙的孝心。另外,每当重大节日来临时,各家都在主窑或主房的客厅里,献饭设祭,敬祀神灵和祖宗,已成定制。

由周祖不窋时代形成的"事神致富"、"祭祖祈丰"的习俗,经过上千年的流传,在周王朝后期便形成了"三礼",即《周礼》、《仪礼》、《礼记》等三部礼典。"三礼",是专讲礼治的,是中国奴隶社会、封建社会各种礼制的百科全书。其中《周礼》侧重于政治制度,《仪礼》侧重于行为规范,而《礼记》则侧重于对礼的各个分支做出的理论说明。"三礼"纵贯两千多年的历史,其影响是相当深远的,至今在许多方面仍发挥着作用。然而,我们对"三礼"追根溯源,它起源于周祖不窋时代是无可置疑的。因为"礼":"所以事神致福也"。起初就与宗教祭祀有关。众多的史料证明,周族人在从事农业生产和喜获丰收时,不忘祭祀神灵和祖宗。祭祀神灵和祖宗,如何能达到无过不及,恰到好处,这就产生了一定的要求和仪式。起初,祭祀的要求与仪式是简单的,并无等级制度和伦理道德方面的意义,只有到了阶级社会的出现,人类开始有等级之分,宗教祭祀也随之出现了身份的限制和区分。到了周武王伐纣灭殷成功之后,为巩固周王朝的统治,周公旦便在以前礼仪的基础上,全新制订礼乐,将作为社会身份意义的"礼"制度化、系统化,这就形成了"三礼"。春秋战国时期,以孔子为首的儒家又向"三礼"中注入了儒家思想。现在,我们已无法确切地认定"三礼"中那些制度和规定来源于周祖不窋时代,但

《史记》上关于周祖不窋"修其训典"行为的记载和周人"事神致福"习俗的流传，使我们完全有理由确信，"三礼"中有许多内容来之于他那个时代。周祖不窋时代周族人生活的情况与"三礼"的形成有着千丝万缕、不可割断的渊源。

另外，庆阳人现在还有百分之七八十的农户住在以窑洞为主体的民居里。

以上所述，仅为周祖文化表象中的一部分，而我们更看重于周祖文化的精神。周祖文化的精神，是其灵魂，根据我的认识，可以概括为：尊亲继业的主体观念，重农养生的先进思想，艰苦创业的维新精神，因地制宜的科学方法。

一、尊亲继业的主体观念。不窋是个大孝子，他对其父后稷弃非常尊重敬爱。他的这种孝行，充分表现在了对其父所开创的农耕事业的继承和发扬光大上。一个人的尽孝，不仅仅在于为其父母颐养天年，更重要的在于热爱其父母所开创的事业，并千方百计将其继承下来，发扬光大。不窋正是这样做了。他不但在夏王朝的帝启时代和帝太康的初年继任其父后稷职务时这样做了，而且难能可贵的是：当帝太康被后羿赶跑、天下大乱、农耕生产赖以存在的和平环境被破坏后，他仍然能想方设法，通过率领部族远途迁徙的办法来继续实施其父所开创的事业。这对于一般人来说，是做不到的，但不窋来做到了，而且做得很好，难道不能充分证明不窋的孝行可以感天动地吗？

不窋明知千里跋涉绝非易事，而要付出非常艰苦的奋斗才能成功。这正如我们通常所说的：明知山有虎，偏向虎山行。那么，他采取这种大无畏行为是为了什么？说到底是为了把其父的遗业继承下来，发展光大。所以后人对他的评价是"奕世载德，不忝前人"。前人是谁？就是其父后稷弃。同时，不窋视先父遗业为自己的生命线，千方百计地去继承它，发扬它，而且又身体力行，教导后辈儿孙也要像他那样，把后稷弃所开创的农耕事业毫不动摇地流传下去。他的后辈儿孙也正是按照他的教导，以他为榜样，忠实地把先祖的遗业继承了下来，才逐步使周族部落强大了起来。孟子说："事，孰为大？事亲为大；守，孰为大？守身为大。不失其身而能事其亲者，吾闻之矣；失其身而能事其亲者，吾未之闻。"孟子这句话是在不窋去世两千年后说的，是对先人"德行"的概括。不窋正是孟子所称赞的既"能守其身，不趋势权贵，又能事其亲"千方百计发扬光大其父遗业的古代圣人。

二、重农养生的先进思想。在周祖不窋生活的夏王朝初期，社会上存在着两种经济形态。一种是狩猎或游牧经济，一种是农耕经济。狩猎或游牧经济为固有的经济,农耕经济是新兴的经济。农耕经济经帝尧、帝舜时代的大力提倡,已成为逐步上升的经济形态。但情况有反复,在夏王朝初年,因帝太康"盘于游田"、"去稷不务",加之后羿起兵造反,中原大乱,农耕经济赖以发展的环境被破坏,农耕经济就有夭折的危险。作为夏太康朝中管理全国农业生产的大臣不窋看在眼里,急在心上。他不仅因为农耕事业为其父所创,不能在自己手中夭折,更重要的是他充分认识到农业生产是当时最先进的生产力,是解决天下黎民百姓吃饭问题的最有效途径。因此,他决心采取各种措施要保农耕经济火种不灭。他作为去职的农官和面对国破家毁、生灵涂炭的现实,继续在中原进行农耕生产已无可能,那么只有通过率领族人迁徙的办法才能确保农耕经济得以保存和发展,因此,重农养生的思想是他率领民众迁徙的又一重要原因。

三、艰苦创业的维新精神。周族人在不窋的带领下,排除万难,成功地开发了庆阳这块黄土地。这块黄土地也像慈母一样用自己的乳汁养育了他们,使他们繁衍生息,积累财富,创造文明。不同的土地孕育不同的民族性格。黄土地孕育的周民族的性格是"恪勤"、"敦笃"、"忠信"。特别是他们所具有的不畏险阻的艰苦创业的维新精神,才使这个地区的经济得到充分发展,同时也使周民族得以强盛起来。认真研究剖析周祖艰苦创业的维新精神,其表现主要有以下四个方面:

1. 对事业执着追求的精神。由于不窋具有尊亲继业的主体观念和重农养生的先进思想,因此他对农耕事业情有独钟,执着追求。他不因为帝太康"盘于游田,不恤民事"和"去稷不务"而对农耕事业失去信心,也不因为中原大乱、难以存身而对农耕事业有所放弃,又不因为他所迁徙到的地方是戎狄之间,一切要重新做起而改弦更张,更不因为自己的年高体弱而对农耕生产有所荒怠。他放弃了优厚的生活条件而甘愿受苦受难;他不顾年高体弱,跋山涉水,历尽艰难险阻;他"朝夕恪勤",以身作则,亲自下田劳作,这些都是为了什么?为的是把其父所开创的农耕事业传承下去。他这种对事业的执着追求确实感人至深。正因为他的这种执着精神,大大影响和启发了后代,使他的后代把农耕事业像接力棒一样,一代一代传了下去。如果没有不窋当初对事业的执着追求,就没有周族后代的"复修后稷之业",更不会有周族人的强大。不窋对农耕事业的执着追求,是周族得以发展壮大的最基本的精神支柱。

2. 勇于开拓的精神。周祖不窋在北迁之前既是夏王朝的农官,又是周族部落的首领,同时又继承了父亲弃的封地邰,相比较而言,其生活的条件是不错的。如果他能安于现状,随波逐流,那么他是可以安度晚年的。中国历史上不乏这种左右逢源、纵横捭阖,立身于几个朝代而安享富贵之人。但不窋不是那样的人,在他的身体里奔流着其祖黄帝和其父弃的不满现状、勇于冒险、积极进取的热血,因而他对帝太康"盘于游田、不恤民事"的行为不满,对后羿不顾平民百姓的死活、热心于政治斗争的行为不满,对于其父奋斗一生、自己也献身多半生的农耕事业因政治纷争遭到破坏而不满。这种不满的情绪,才促使他决心放弃优越的地位和条件,率族北迁。率族北迁本身就是一种开拓。事实上,中国农耕文明的迁徙,在一定程度上是由政治大动荡所造成的。不窋率族北迁,虽然是后羿用武力赶走了帝太康,造成了中原社会的无序,但埋藏在不窋内心的"三个不满"和他那与生俱来的开拓精神发挥了根本性的作用。与此同时,周族人从肥沃的中原大地北迁到戎狄之间。面对这荆棘丛生、虎狼出没的蛮荒之地,退路是没有的。只有披荆斩棘,克服各种困难,才能改善自己的境遇。从此,强大的农耕文明冲击着庆阳这块蛮荒之地,使庆阳从"逐水草、习射猎、忘君臣、略婚宦、驰突无恒"的游牧阶段进入了"有城郭之可守,墟市之可利,田土之可耕,赋税之可纳,婚姻仕进之可荣"的农耕文明阶段。

3. 积极创新的精神。农业生产是以生物的自然再生产为基础的,它直接在自然的环境中进行,自然环境为农业生产提供了赖以开展的地盘。在一般情况下,自然条件好,就利于农业生产;自然条件不好,就会影响和阻碍农业生产的发展。另一方面,农业生产并非单纯的自然再生产,它本质上是一种经济再生产,以人类对生物自然再生产过程中的干预为其特征。因此,人们在农业生产中,一要适应自然条件,二要能动地改造自然条件。当然这种改造不能脱离原来的基础,不能超越自然条件所许可的范围。我们把这种对自然条件的适应与改造统一称之为"应对"。应该指出的是,人类适应与改造自然的能动性之发挥,并不以优越的自然条件为前提。马克思曾经说过:"过去富饶的自然,'使人离不开自然的手,就像小孩离不开引带一样。'它不能使人的发展成为一种自然的必然性,因而妨碍人的发展。"可以这样说,相对不利的自然条件反而更能激发人们适应与改造自然的勇气和才智。庆阳自然条件与周围地区相比较,是优越一些,但与中原大地、关中地区相比,就差多了。年降雨量并不充沛,且分布不均匀;春季是农作物播种和生长期,但多风干旱,秋季是农作物成熟和收获期,但多雨洪涝,这些都对农作物生长不利。不窋等周族人是从关中来的,他们原来所从事的农业生产技术适应于关中的自然条件,而不完全适宜于庆阳的自然条件,这是他们推行农业经济的最大障碍,也是他们遇到的最大困难。但他们不为困难所吓倒,而是想方设法去解决它。巨大的不利迫使着他们发挥人的能动作用和智力,积极改造农业生产的许多环节,以适宜于庆阳的自然条件。这种改造,就是一种探索,一种创新。正是有了这种人的能动改造,才使由关中所形成的农耕事业在庆阳这个边远的荒蛮地区得以生根。

4. 较强的团体精神。周族人在长途跋涉过程中,尽管一路上有湍急的河流、险峻的山峰,还有许多数不清的艰难险阻,但他们不散、不乱,以惊人的毅力跨越千里,踏入了庆阳地界。与此同时,又能在戎狄的包围之中,长期立足,靠的是什么?靠的是他们很强的团体精神。这种团体精神主要来源于不窋的人格所产生的凝聚力。不窋这个人很不简单,既有丰富的管理农业生产的经验,而且具有高尚的品德。《史记》上说他"朝夕恪勤",就是说他非常勤奋,能事事以身作则,亲自去干,为大家树立了良好的榜样;说他"守以敦笃"就是说他生性忠厚,待人宽容,以仁爱之心驭众,深得部众的拥戴;说他"奉以忠信",就是说他讲究诚信,以诚交友,以信树誉,所以很快赢得了"戎狄之间"的狩猎、游牧民族的信赖。他的这三个品德是祭公谋夫在纳谏周穆王时专一道明不窋之名而提出来的。不窋的这些高尚品德,说到底,就是古人所说的"德政"。他是以德立身,用"德政"驭众的。对于这一点,祭公谋夫还说:"先王之于民也,茂正其德而厚其性,阜其财求而利其器用,明利害之乡,以文修之,使之务利而避害,怀德而畏威,故能保世以滋大。"这里所说的先王,指周武王之前的周人的先祖,当然包括不窋在内。先王对待民众,努力端正他们的品德,使他们性情纯厚,增加他们的财富而又不断改善他们劳动生产的工具。让他们辨明善恶,以礼乐教育他们,使他们专心致力于有利的事情而躲避有害的事情。心怀德政而惧怕刑罚,只有这样才能保住先王所创立的事业并且不断壮大它。不窋正是这样做的,这才有了周族人较强的团队精神。

四、因地制宜的科学方法。从《史纪》的记载中看,不窋的父亲后稷弃对农业生产的最大贡献在于"相地之宜,宜谷者稼穑焉",用现在的话说,就是能因地制宜,根据土地的条件选择适宜种植的谷物。现在看起来,这是非常简单的事,但在那时,是农业生产的一个大突破,是一种按科学办事的行为,更是中国因地制宜哲学思想的最初发端。现在有科学,过去也有科学。科学,就是正确反映客观世界某一领域内的客观规律的知识体系,也可以说是在某一领域内按自然规律办事的学问。"科"字,从"禾"从"斗",就是从农业上来的。所以我们断言:那时后稷弃就能讲科学,以科学的态度从事农业生产。我们这么说,一点也不为过。正因为后稷弃能按科学的方法从事于农业生产的研究,才"百谷时茂",解决了黎民百姓的吃饭问题,同时,"民皆法则之","天下得其利"。后稷弃的这种"相地之宜,宜谷者稼穑焉"的科学方法被其子不窋忠实地继承了下来,而且发扬光大。不窋在庆阳秉承其父的这种科学态度,根据庆阳地理条件、气候的变化,积极探索,不断创新,总结出了一套适应于庆阳地理、气候条件的农业耕作技术,才使农耕经济在庆阳扎下了根。不窋又通过言传身教,将其父的这种科学方法流传后代,才有了公刘的"务耕种,行地宜"之举,也有了西伯侯姬昌的"遵后稷,公刘之业"的行为。采用因地制宜的科学方式从事农业生产,是周祖文化的一个非常重要的内容。

此文刊载于《陇东报》2006年5月24日第三版

儒家的『礼』发端于周先祖时代

　　周祖农耕文化与其后发展起来的儒家思想有着密不可分的渊源关系。儒家最初的一些思想就源于周祖在庆阳生活的那个时代，经过好多代人的传承、补充、提炼、完善，到周公时代形成了集三代思想之大成的儒家思想和礼制，在春秋战国时代形成了更为完备的儒家思想。

　　一、儒家的"礼"由周先祖时代的"事神致福"发端

　　儒家思想的核心是"仁"。何谓"仁"？孔子曰："克己复礼为仁。"（见《论语·颜渊第十二》）可见，"礼"在儒家思想中的地位。要做到儒家大力提倡的"仁"，得先从"礼"做起。

　　《说文》载："礼，履也，所以事神致福也。"履，是一个比喻，就是脚上穿的鞋子要合脚；"履，足所依也"（许慎《说文解字》），引申为凡所依皆曰"履"。礼，起先从祭祀神灵和祖先的事上来。在周祖不窋举族迁徙到戎狄之间即今庆阳时，面对的是陌生的环境、荒芜的土地、多变的气候、狩猎的民族，没有城郭可以防守保护，没有温暖的房屋可供居住，没有充足的食物储备，没有供生产的必备农具，一切从零开始，困难重重，险象环生，要开荒种

175

地、生产粮食、繁衍生息、长期生存,谈何容易。所以他们乞求神灵和先祖保佑,在开荒播种前和喜获粮食丰收后,都要举行大型祭祀神灵和祖先的活动。这种活动在《诗经》收录的描述周先祖农事活动的歌谣中都有记载。如《诗·周颂·载芟》云:"为酒为醴,烝畀祖妣,以洽百礼。"《诗·周颂·良耜》云:"杀时犉牡,有捄其角,以似以续,续古之人。"《诗·豳风·七月》云:"朋酒斯飨,曰杀羔羊。跻彼公堂,称彼兕觥,万寿无疆。"《诗·小雅·大田》云:"来方禋祀,以其骍黑,与其黍稷。以享以祀,以介景福。"等等。从这些诗句中,我们不但看到了"礼,履也,所以事神致福"的初期情况,而且也反映出在祭祖事神中对祭品的要求。这是"礼"的雏形。

随着时间的推移,社会的发展,周族对祭祀有了新的要求,必须严格遵循一定仪规。主要包括三方面内容:一礼物,包括祭室、衣服、器皿及其他物质;二礼仪,就是使用礼物的仪容、动作;三礼意,由祭祀人通过礼物和礼仪所表达的内容、旨趣或目的。这要求礼物和礼仪必须适当,无过不及,恰到好处。这是"礼"的发展中期阶段。考察周先祖生活过的陇东现今逢年过节、丧葬和过三年(谭祀)等祭祀活动,都履行着关于"事神致福"、"祭祖祈丰"这三方面的要求。

进入周武王建国时期,阶级社会已经出现,赋予"礼"以新的内容。这时,"礼"有两重属性。一是政治等级制度方面的属性,二是伦理道德方面的属性。作为等级制度的"礼",强调的是"名位"。所谓"名位不同,礼亦异数"(《左传·庄公十八年》)。而"名位",即是《国语》所说的"诸侯春秋受职于王以临民,大夫日恪位著以儆其官,庶人、工、商各守其业以共其上,尤恐其坠失也,故为车服旌章以旌之,为班爵贵贱以列之,为令闻嘉誉以声之"。这就是孔子所谓的"君君、臣臣、父父、子子"(《论语·颜渊第十二》)。作为伦理道德的"礼",是要人们按照"孝、慈、恭、顺、敬、和、仁、义"等来修身养性。如《左传·昭公二十六年》载:"君令臣共(恭),父慈子孝,兄爱弟敬,夫和妻柔,姑慈妇听,礼也。君令而不违,臣共(恭)而不贰,父慈而教,子孝而箴,兄爱而友,弟敬而顺,夫和而义,妻柔而正,姑慈而从,妇听而婉,礼之善物也。"(《左传·昭公二十六年》)

由于"礼"的两个属性,历来为统治者和儒家所推崇,对"礼"宣扬有加。认为"礼,所以经国家、定社稷、序民人、利后嗣也"(《左传》)。"夫礼,所以正民也。""夫礼,国之纪也。"(《国语》)尤其是孔子更加推崇"礼",他认为"礼"是治理国家的重要手段之一:"是故礼者,君之大柄也……所以治政安君也。""安上治民,莫善于礼。""凡治人之道,莫急于礼。""治国不以礼,犹无耜而耕也。"在强调礼的第一属性外,又强调"礼"是人们修身养性的必由之路:"礼之于人也,犹酒之蘖也。""礼义也者,人之大端也。""人有礼则安,无礼则危,故曰,礼者不可不学也。"(以上见《礼记》)要求人"非礼勿视,非礼勿听,非礼勿言,非礼勿动"(《论语·颜渊第十二》)。"今人而无礼,虽能言,不亦禽兽之心乎?""为礼以教人,使人以有礼,知其别于禽兽。"(《礼记·曲礼》)儒家将"礼"推崇到无以复加的地位。

二、历代周先祖对"礼"进行了传承和发扬

历代周先祖对"礼"进行了积极的传承和发展。

周先祖不窋曾是夏朝的农官,有地位名望;他继承了其父后稷的封地邰,衣食无忧;他是在其末年遭遇战乱的,已为耄耋老人。他舍弃富贵,不顾自己年高体弱,率族千里跋涉,由邰迁豳(今庆阳)。他为什么要这样做?很明显,其目的是继承其父农耕的遗业不致中断、夭折。在这里,不窋将自己的孝心表现得淋漓尽致。

不窋来到戎狄之间,面临两大问题:一是加强周族内部团结的问题;二是与当地游牧、狩猎民族和睦相处的问题。这两个问题都涉及后来儒家提倡的"仁"。不窋怎么解决这两个问题呢?请看《国语·周语》中的一段记载。周大臣祭公谋夫劝谏周穆王时说:"昔我先王世后稷,以服事虞、夏。及夏之衰也,弃稷不务,我先王不窋用失其官,而自窜于戎狄之间。不敢怠业,时序其德,纂修其绪,修其训典,朝夕恪勤,守以敦笃,奉以忠信,奕世载德,不忝前人。"(见《史记》)从这段引言中,不窋表现出一种忠于职守、丝毫不敢懈怠农耕事业的态度,其次他采取了三种措施。

"时序其德,纂修其绪":就是说,时时处处介绍其父后稷的德行,教育民众要实施农耕生产,将农耕事业不断发扬光大。这反映出周先祖时就开始用典范和榜样影响人、吸引人、团结人、凝聚人。"夫民,教之以德,齐之以礼,则民有格心。"(《礼记·缁衣》)这就是儒家的"教之以德"的雏形。

"修其训典":就是制定一些规章制度,用制度约束、规范民众的行为。《论语·为政》:"齐之以礼。"朱熹注:"礼,谓制度品节也。"就是说,礼教是要用实际的制度来管理人的,不尚空谈。由此看出,儒家的这种"齐之以礼"的做法,亦来源于周祖不窋时代。

"朝夕恪勤,守以敦笃,奉以忠信":不窋从自身做起,不顾自己年迈,早出晚归,勤奋劳作于田间,起带头作用;同时,又保持原来忠诚老实的本色,以诚信仁义的态度对待"戎狄",同他们建立起一种相互信任的关系。这是一种"修身"行为,不窋将"修身养性,礼行天下"做得十分完美。孔子:"居处恭,执事敬,与人忠;虽为夷狄,不可弃也。"(《论语•子路第十三》)我们有理由说,这句话是对不窋思想与行为的总结。从不窋的行为中我们看到了后来儒家大力提倡的"修身、齐家、治国、平天下"的萌芽。由于不窋采取了这三种措施,使周族人内部团结一致,与"戎狄"和睦相处,才在庆阳立住了脚跟,农耕事业得以继承和发展。

不仅如此,不窋还要求后代"奕世载德,不忝前人。"(《史记》)就是说要一代一代将后稷的德行和农耕事业传下去,不能辜负前人的希望。

当然,由"事神致福"而形成的"礼"也一并流传了下来,周族的后人正是按照他的这种教导不折不扣地执行了。如公刘时期,"公刘虽在戎狄之间,复修后稷之业,务耕种,行地宜,自漆、沮度渭,取材用,行者有资,居者有蓄积,民赖其庆。百姓怀之,多徙而保归焉。周道之兴自此始,故诗人歌乐思其德"。在古公亶父时期,"复修后稷、公刘之业,积德行义,国人皆戴之"。"民皆歌乐之,颂其德。"在公季时,"公季修古公遗道,笃于行义,诸侯顺之。"在周文王姬昌时,"遵后稷、公刘之业,则古公、公季之法,笃仁,敬老,慈少"。时代进入到周武王时,周武王"昭前之光明而加之以慈和,事神保民,无不欣喜"。(以上引言均见《史记》)这些记述,将周先祖传德行礼的行为画出了一个清晰的轨迹,使我们确信,"礼"就是不断被历代周先祖实践、继承、完善、发展,才有了后人将"礼"制度化、系统化的行为。周代近千年的发展,将礼乐仁术发展得比较完备,儒家思想已见雏形。

关于"三礼",据说由周成王时的大臣周公旦根据治国御民的需要,组织人力,将周先祖时实行"礼"的各个方面情况收集起来,又吸收了殷商的一些做法,汇编成了《周礼》、《仪礼》、《礼记》等"三礼",成为中国关于"礼"的百科全书。有许多专家研究表明,"三礼"成书不在一个时期,而是跨越了近千年。不论"三礼"成书于何时,但有一点可以肯定,如果没有周先祖这些德行与礼教,"三礼"就成为无源之水、无本之木,就不会有"三礼"。所以说"三礼"的由来概源于周先祖时代,这也是"三礼"前冠以"周"字的原因之一。我们还看到首都师范大学教授赵敏俐先生研究的结果与这个结论是一样的。他指出:"孔子的思想不是他自己创造出来的,而是从历史中继承而来的。孔子思想的核心观都是来自我们这个民族早期发展的历史。从近处说他主要继承了周公的思想，从远处说他继承了三代甚至更远的中华民族的思想。"（方铭《儒学与二十一世纪文化建设》，学苑出版社 2010 版，第 58 页）

三、儒家的"礼"对现今社会的影响

儒家的"礼"来之于周祖那个时代，其后又纵贯中国历史几千年，今天仍然发挥着作用。虽然"礼"中有许多封建糟粕，如等级制度、对父母的盲从、妇女的从一不二，等等，我们要摒弃，但对"礼"中的合理的具有积极意义的一些内容要大力提倡。

儒家根据周祖的德行，将"礼"的两个属性合二为一，为人们提出了"修身、齐家、治国、平天下"的道德要求。我们每一名有识之士都应树立这样的远大理想。先从修身做起，加强自我改造，将自己改造成"一个高尚的人，一个纯粹的人，一个有道德的人，一个脱离了低级趣味的人，一个有益于人民的人，"（《毛泽东选集·纪念白求恩》）然后才能担当大任。这正是孔子所说的"修己以安人。"（《论语·宪问第十四》）不修身，连家都管理不了，何以治国？孔子曰："其身正，不令而行；其身不正，虽令不从。"（《论语·子路十三》）就是这个道理。而且其身不正，从政的地位越高，为害越大。

孔子主张："为国以礼。"（《论语·先进第十一》）即是用礼乐治理国家，包括以德治国。以德治国，重视德行的宣传与教育，引导民众向善，乐于助人。目前社会上出现的假烟、假酒、毒奶粉、瘦肉精、染色馒头、大米等，就是部分企业与个人的道德缺失所造成的。要加强国民道德教育，依法打击坑害人民的不法分子，将以德治国与依法治国结合起来，双管齐下，治理好我们的国家。要用制度管人管事。应该说，我们的制度已不少，但执行得差。

孔子曰："不在其位，不谋其政。"（《论语·宪问第十四》）就是说，你在什么位置上，要做好本分，不要越俎代庖，跳过你的职位去做不该你做的事，这是当代社会特别应该提倡的一种职业化的工作态度。作为一位国家干部，组织分配我们的工作，就要恪尽职守，尽职尽责，认真做好。大家都这样，我们国家不就更好了吗？但我们有些同志，特别是领导同志，在其位不谋其政，饱食终日，无所事事，甚至渎职犯罪，与坏人勾结起来，坑害群众。对于这类干部，除罪行败露严加司法惩处外，大部分要加强党性、党纪教育，还可进行适当的儒学礼教。"己所不欲，勿施于

人"，(《论语·卫灵公第十五》)这是起码的常识，我们一些党员干部都做不到，实在可悲。

孟子曰"仁也者，人也"(《孟子章句集注》)，孔子曰："仁者爱人"。(《论语·颜渊第十二》)"仁"的本质意义是，作为一个人，要有爱心，要爱人，珍惜人的生命，这是人类心灵的最高境界，也是一个人最起码的德行。爱人就是要尊老爱幼，扶危济困。"老吾老以及人之老，幼吾幼以及人之幼"(《孟子章句集注》)这是古人提出的道德观念，但现今的部分人做不到，或不愿做。如在公共汽车上让座的事，本是举手之劳，却形不成习惯和气候。更有甚者，为了私人赚钱，开黑煤窑、黑砖厂，肆意践踏弱者、贫者生命，令人愤慨。对于这些人和事，我们要"教之以德"，就是鞭挞丑恶现象，树立好的典型，以先进人物与动人事例教育人、引导人。这方面我们做得很到位，不要说运用其他宣传手段，仅中央电视台在黄金时段的综合新闻栏目中每隔一段推出一位先进模范人物供人们学习，而且还组织宣讲团到各地宣讲。形式很到位，但是效果并不佳。往往是听了感动，回去不动。杨善洲的事迹动人不动人？有几个干部学习了？干部尚且如此，遑论平民百姓。这说明仅"教之以德"不行，还要"齐之以礼"。"齐之以礼"，就是注重行为实践。要用制度、规定强制推行好的做法，使每个人动起来，从我做起，从小事上做起，就像二十世纪六十年代学习雷锋那样，形成气候，形成声势。因此，"教之以德"、"齐之以礼"要紧密结合，双管齐下，才能人心向善，万众归心，我们的社会才会变得更加美好。

儒家思想，博大精深，影响深远，不但渗透到个人道德、家庭伦理、人际关系方面，而且影响到国家的典章制度以及国际交往，其涉及面之广，无与伦比。儒家思想为传统的社会秩序提供了一个稳定的精神基础，是我们中华民族传统思想的瑰宝。我们要在学习共产主义思想理论的基础上，研究它，继承它，发挥它的更大作用。

（此文载于《儒源新探——周先祖与中国文化》一书中国社会科学出版社 2012 年 7 月版第 112 页。）

庆城古名不窋城

不窋城的具体位置

不窋城在哪里?答曰:今庆阳城就是不窋城。

有人说:唐李泰编著的《括地志辑校》曰:"庆州弘化县:不窋故城在庆州安(弘)化县南三里,即不窋在戎狄所居之城也。"以此推断,不窋城应在莲池一带,但这里无城的任何痕迹。又有人说,斩断山尾部现今称麻家堡子即是,但这里面积太小,仅能住五六家人,只能称堡,不是城的规模。既然史书上说不窋城在安(弘)化县南三里,那么考证一下唐宋时期的安(弘)化县衙在哪里。明清的《府志》、民国的《县志》言语不详。二十世纪七十年代,庆阳县进行石油大开发,长庆油田石油勘探指挥部设在庆阳县城,来往车辆多。田家城农民田俊仁擅长电焊、修理,在田家城东、赵志沟西畔城墙下开挖窑洞,准备做修理铺,在挖窑时,出土了一通石碑。碑长 37.9 厘米,高 51.5 厘米,厚 7.1 厘米。碑上刻《安化郡修城铭》,为宋庆历六年之物。

安化郡修城铭　僧惠则刻字

庆州北垒,初不甚高巩(同巩),方面以中和之月,集保毅、保捷兵四十都,移邠庆路护军彭城刘温润伯珪、洛阳王正伦平叔、监郡禅将等增葺之。先是,二公度土广狭,计工盈缩,傅力均于人而赇不及下,既而各输禄给数十万以犒其众,自经始至讫事,役兵未有被刑扑者。君子谓二公:卫社以忠,抚士以义,一举而具有之。治粟习纷,从事征府,预陪其属,因书事于板筑之内。

炎宋庆历六年丙戌岁清明日记

庆阳城共有三座城池:首先是本城,形似凤凰,又名凤城。其次是在庆城北门外有一圈城墙与本城北城墙东西相接,这叫北关城,一说这里曾有周王朝修建的禘祀行宫;另一说,明王朝的庆靖王在这里修有王宫,故名皇城。第三,在北关城之北,又有一座圆形城墙,与北关城北城墙外的东面相连,叫田家城。现城内居民多田姓,据说是唐代田承嗣之后,故名。石碑既然出土于田家城,就说明是修田家城而立的碑子,不会是修北关城或本城。

田家城的城墙随庆阳县的扩建,城墙大部分拆除,仅在西北部留了一小段。2015年,我们请陇东学院历史地理教授张多勇先生考察庆阳城,顺便考察了田家城剩余的城墙。从城墙剖面看,唐宋两代都重修过此城墙。城墙里面夯土层薄,细密,为平面锤子夯的,是唐代层;外面的夯土层厚,土粗,有圆形夯窝,明显为宋时修筑的,很可能就是修城铭所属的庆历六年,为"方面"即知州施昌言令刘温润、王正伦负责修筑的。修筑的这座城内设有安化郡衙门,所以石碑称为"安化郡修城铭"。当时,安化郡称为安化县,是庆州属下县。安化县在唐代曾称为安化郡、弘化郡,又曾在唐肃宗时御改安化郡为顺化郡。郡为尊称,故宋代称安化县为安化郡,并不怪味,正如现在将庆城称为"庆州城"一样。碑文开始就说"庆州北垒,初不甚高巩。"说明安化郡城在庆州城的北面,即在今田家城。而田家城南三里恰是本城,那么本城,也就是凤凰城即为不窋城,还有什么疑问?

本城即不窋城与东山不窋坟端对,距二里,《元和郡县图志》云:"不窋墓,在县东二里。"这又证明庆阳城就是不窋城。

184

周祖斩削为城

　　夏朝太康年间,天下大乱,农业赖以存在及发展的和平环境遭破坏,继其父后稷弃任农官而主管全国农业的不窋,为使新兴的农业不致夭折,不顾年老体弱,率族北徙至戎狄之间即今庆城。观北山延伸下高阜可供居住,察周围土地广阔肥沃宜于耕种,又有两河就近饮水,便驻足下来,教民稼穑,发展农业。当周祖将第一把黍或稷的种子撒向庆阳大地时,庆阳才有了真正的农业。那时生产力低下,还无铁器,他亲领大家使用硬木工具,因弯就势,斩缓为陡,削坡为崖,觐建成城,并设为京。立城于夏代,即为夏城;后人又称此建城方式为"斩削为城"。唐《括地志》云:"不窋城在庆州弘化县南三里,即不窋在戎狄所居城也。"唐时,弘化县衙当在今田家城,故庆阳本城即为不窋城。

　　庆城南门外雕塑再现了那时建城的情景,中立者为周圣祖不窋。

2018 年 7 月

庆阳城为夏城

　　庆阳城为今庆城县城,是在夏代修建的城池。

　　庆城原名不窋城,为周族先祖不窋所修建。《史记·周本纪》云:"后稷卒,子不窋立。不窋末年,夏后氏政衰,去稷不务,不窋以失其官而奔戎狄之间。"(112 页)其所建城池就是在今庆城所在的位置。不窋来"戎狄之间"不久就去世了,埋葬在今庆城东山之巅,现为周祖陵。这又证明周祖不窋是来庆城了,而不是去其他地方了。

　　周祖不窋是率周族部众一起来的。当他们来到了庆城的河川里,见这里地形优越,水草丰茂,就止了步。水是人类生活的必备条件。在生产力不发达的古代,人们多将生活居住地选择在近水的河川二级台阶上。一方面为了取水方便,另一方面又要注意避免水灾。庆城在山之南、水之北的一个高台上。两河夹流,在台南汇合,既有取水之便,又有防止水灾的功能,所以周祖不窋将新的居住点选在了这片土地上。为了防止当地土著人的侵袭和野兽的伤害,在今庆城的位置上修建了城池,容纳随他迁徙而来的民众。因为是不窋领导大众修建的城,所以后人称之为"不窋城"。

　　不窋是什么时间来"戎狄之间"的?有人说是在夏初的太康帝年间,又有人认为他来的时间应该为夏末倒数第四代帝王孔甲时代。无论是夏初来的还是夏末来的,可以肯定,是夏朝时期来的,那么由他率众修建的城池即是夏城。

中国的夏朝时代,还属于新石器时代的中后期,虽然开始了修筑城池的活动,但很不普遍,而且遗留下来的更少。据我所知,目前通过挖掘考古,国家确定下来的夏城为河南省洛阳市东偃师县的二里头古城。据专家考察,这座古城为夏朝的都城。这座古城位于平原之间,而且已全毁,不留痕迹。经过开挖和考证,得出圆满成果。为了保存这一珍贵的古遗址,在考察工作完成后,又将其用土覆埋,允许当地群众在覆土上耕种庄稼,不允许盖房、打井、挖坑、蓄水和有损遗址的行为。2013年我曾去考察,那里是一大片麦地,在其旁边立有直立的巨石,上刻“二里头遗址”五个大字,除此之外,再看不到什么。

庆城作为夏城,有两个显著特点:一是斩削为城。因城建在一高阜之上,城的形状为不规则,因势走向,斗折蛇行,形似飞凤。古人将坡度平缓的地方,斩削取土,变缓为陡,阻止野兽和土著人攀登。这种方法很适合于庆城的地形,又符合铁器还未出现的生产力低下的时代。二是城建成后一直有人居住,直至如今,从未废弃过,而且许多时间为郡、府、州的治所。这得益于庆城地理位置优越,是人类生活的好居处;在冷兵器时代,又是座军事要地,人们不愿废弃。有时惨遭战争的破坏和瘟疫流行,已是十屋九空,荒无人烟,但事过不久,人们又从四面八方汇集而来,再创家业,繁衍生息。早的说不清,清同治年间的战乱,使庆城“附城一带杳无人迹,城内荒草成林,骨骸堆积,奇禽猛兽相聚为薮。”但城终未废弃,不到五年时间里又恢复了正常。

考证一座特定时代的古城要具备以下条件:一是城的残形。这点,庆城原貌还在,不存在任何问题。二是挖掘地下生活遗层,用碳–13测定年代。这问题很大。问题出在庆城一直有人生活,后代人为了生活,无意识地对前人的生活沉积层进行破坏。如我家,原住在庆城北大街东面,要维修房屋,得取黄土,就在后园子挖土坑,往往挖数丈深才能取出黄土。黄土取完后又将生活垃圾填入。我家就挖过几个土坑。家家户户都这样做,而且千百年来都这样做,古人的生活层早被搞乱了,怎么能考察出结果?陇东学院历史地理专家张多勇教授问我庆城内有无基建工地。恰好在十字街东北角历来设县衙的地块给了县农副公司。县农副公司在企业改制后,将地皮出售给人搞房地产开发,正在搞基建。我们到达农副公司院内,房产开发商准备建两幢商品住宅楼,第一幢地基已回填了一半。坑内施工,我们不便下去考察,仅在坑南堆放的挖掘出来的一大堆土上捡了十多个瓦片和陶器、瓷器残片。当时在捡的过程中,张教授就为我讲瓦片与瓷片的一些知识。庆城周围还没有比庆城更古老的城池。这些垃圾说明,不要说在唐、宋、元、明、清,就在先周时,在战国、秦朝、汉朝时,庆阳城就已存在了,这里就有人生活,产生了这些垃圾碎片。这就是庆阳古城的证据,铁的事实,谁也否定不了。三是城郊要有墓葬。周祖陵山上的不窋墓就是一座。在庆城北区开发时,挖出许多古墓葬。在稍北有麻暖泉遗址,为仰韶文化与齐家文化混合型。在修建周祖陵时,在八卦亭处出土了许多古文物,各时代都有,最早为新石器时代的陶罐、陶片。这些文物都存放在周祖陵山的管理房内。四是有历史文献记载。秦始皇一把火,烧了许多文献。唐李吉甫撰的《元和郡县图志》卷第三"庆州·顺化"曰:"周本纪曰夏氏政衰,后稷子不窋奔戎、狄之间,今州理东南三里有不窋故城是也。"又曰:"不窋墓,在县东二里。"(见(唐)李吉甫《元和郡县图志》,中华书局 1983 年 6 月版第 66–68 页。)还有明嘉靖时和清乾隆时《庆阳府志》、民国时《庆阳县志》等都有类似的记载。

　　文献中说不窋城在弘化县南三里,有人就否定现庆城不是不窋城。那么在现庆城南三里即今莲池一带有无旧城址?有点痕迹都算,遍找而无。有人说崭山湾河西的麻家堡子就是。由东山延伸下来的一条山梁将马莲河阻住,河水不能直下南川,要向西绕行,流水不畅,常闹水灾。古人将东山梁一段挖断,就在河西留下了一段小山梁。因是山梁的末端,面积很小,且呈驴脊梁形,根本容纳不了多少人。在明清和民国时期斩修为堡子以躲土匪,上住一户麻姓人家,故名。现在仅在山梁南北两侧挖窑住了二三户人家,何能算个城?何能容纳下随不窋迁移来的周族民众?请注意,文献中说在庆州的"州、县南三里"或"州理东南三里",在"州、县"后面并未写"城"字,那么这样的措辞是不是指"州治""县治"即其衙门所在地呢?庆城有三座城相连,从南向北依此为本城,又名凤城、北关城、田家城。在宋元明清时,州府衙门在庆城的南街,县衙门在庆城东街。宋代以前,州、县衙门就不知设在何处了。好在 1971 年 2 月在田家城东城墙上出土了一块《安化郡修城铭》,起句"庆州北垒,初不甚高巩",说明当时县衙门就在田家城。那么唐代呢?从《括地志》与《元和郡县图志》看,弘化郡就是安化郡,在唐时为州一级,与庆州名互换,到宋时,安化郡才为县一级名称。州衙门会不会也在田家城呢?如果这两个衙门都在田家城,那么南三里不就是本城即不窋城了?

由此观之,庆城就是"不窋城",就是在夏朝修建的城,即为夏城。

2009年,在庆阳市第二届农耕文化节研讨会上,我抛开原准备的论文,另讲了两个观点,其中之一就是庆城为夏朝人不窋所修,即为夏城。我的观点得到大部分参会人的赞同。会议主持人、武汉大学陈望衡教授在研讨会总结时说:"我完全同意刘先生讲的观点。我对庆城非常感兴趣,每次来庆阳都要去庆城一次。这次到周祖陵山上祭祖后,还带领这次参会的外籍专家到庆城看了一圈子。"最后他高声说:"庆城是天下第一城!"庆城是不是"天下第一城",另当别论,但它为夏城,却是事实。

庆阳古城考察纪实

　　2016 年 5 月 21 日，我们对庆阳古城进行了考察。
参加的人员有张多勇、缪喜平、张晋荣及我。

　　张多勇，华池人，原为陇东学院历史文化学院教授，
现任陇东学院科技处副处长，庆阳市范仲淹研究会副会
长。他的研究及教学专业为历史地理。他考察遍庆阳市
境内及周边地区的古城池，写有许多专著，在学界引人
注目，常外出参加全国有关学术研讨会和讲学，是业内
著名专家。虽然目前担任行政职务，但其专业研究继续
不辍。这次来庆阳古城之前，刚从山东讲学归来。缪喜
平，环县人，为陇东学院历史地理学院(原历史文化学
院)优秀学生，现已考上西北师范大学历史文化研究生，
庆阳市范仲淹研究会理事。这次作为张教授的临时助手
参与考察。张晋荣，庆城三十铺人。庆城县教育局干部，
庆阳市范仲淹研究会理事。他热衷于庆城城墙的维修工
作，工作之余多次对庆阳古城墙现状进行观察、测量、考
察，提出了维修的建议。他还自费赴宁县政平古城、陕西
省潼关古城、河南省汝州市"庆阳故城"遗址进行考察，
与庆阳古城墙相比较，积累了不少情况。

　　我根据《史记》的记载，提出庆阳古城为夏城，得到
许多专家与学者的肯定。但确定一个城池的历史年代，

要具备四方面证据支撑：一、史书记载。这不在话下，《史记》《括地志》《唐元和郡县图志》上都说明，庆阳古城原为"不窋城"，为周先祖不窋在夏代修建。二、城周围要有古墓葬。庆阳古城周围墓葬较多：西川有汉初公孙昆邪墓，蔡家庙有汉墓多座；城南有十里坪和梁坪墓葬群；城北二谷原山下有大量古墓，有1965年7月出土的唐右神策军庆州右厢马步都兵马使安逾岭墓，2001年出土的武则天时期的游击将军穆泰的墓和大量的明清的墓葬；西山上有汉义阳侯傅介子墓和宋枢密副使王庶的墓。最能说明问题的是东山之巅有周先祖不窋墓，在这里曾出土属于齐家文化的陶罐、陶鬲等物及宋、明时的残碑。三、要有古遗存。城池本身就是古遗存，还有东山的周祖陵，东城边最迟为唐代修建的鹅池洞等等。还有庆阳城东北三里地的麻家暖泉出土的大量仰韶文化和齐家文化的陶器及残片。四、要有历代生活沉积物。庆阳城虽为古城，但一直为历代民众居住，从未废弃过，历代生活层叠压应该连续而且丰富。但历代居民修建住宅取土及在取过土的土坑填埋生活垃圾，越向后越严重，这样造成历代生活层的混乱。不过，历代生活垃圾有些腐烂化为灰烬，有些如砖瓦、瓷器、金属还存在，可以证明它生产的年代。金属已很难寻，但在20世纪80年代，在今农副公司东南角即庆城供销社地基上出土了一大批汉王莽时的五铢钱(部分存于县博物馆)，在城西三号居民楼开挖地基时及城北文广局街面楼基建时出土了大量北宋时钱币。瓦片较多，因瓦片各代的纹饰不一，很能判断其生产和使用的年代。还有瓷器残片，都是可靠的证据。为了取得以上生活残物，我曾建议县上聘请考古专家来庆城考古挖掘，但因故未能实现；我曾邀请张多勇教授来此考察，他答应，但一直未来。所以，四项条件，前三项具备，仅后面一项需要做工作弥补。

这届县上领导班子很有眼光，对恢复庆阳古城非常热心，启动了维修庆阳古城墙工作。县教育局干部张晋荣做了大量工作。庆城能有这样的热心青年，值得庆幸。目前面临古城墙修缮，提前作调查极为必要。所以，我又邀请张教授来考察，5月21日为星期六，他牺牲休息时间，选历史地理学院的应届毕业生缪喜平为助手来庆城。我发短信邀来张晋荣作导引，前往考察。

共进行了两项考察，先为古城墙考察。

张晋荣引导我们到城西南张银民家院内考察。这里是南城门瓮城西城墙外，有一马面。马面高耸，倾斜三十多度，附接在西城墙上，全为夯筑而成，夯层在下面裸露，十分明显。有夯层为 7 至 8 厘米，为平底锤子夯实，深褐色，干净，少有瓦片嵌入。张教授发现了夯土层中有一瓦片，用他带的工具小心取出，瓦片为细布纹，他说是唐代的。取下的小块夯土层，用手指扣很坚硬，可能在夯筑时做了专门处理。这些情况都反映出，这一马面为唐代修筑，嵌附在瓮城城墙外。张教授在这里取了几个样品，又让小缪用坐标仪测了具体位置。

张晋荣又引我们登上瓮城城墙，向南走到南城门西城墩堡上。墩堡内修有地道，当地人叫飞机洞，是解放战争时期国民党修的，准备阻止人民解放军攻城。但在解放战争后期，国民党军队兵败如山倒，此工事未用上，后成为小孩在此玩耍的地方。我曾多次钻进去过，有明道、暗道和通道、死道，还有指挥室等。地道不仅在此有，城墙下面还有贯通的地道。这些地道是古人修的，还是国民党时新修的军事工程，或者是国民党在古人修的地道中改造的，已不得而知。张晋荣钻进去过，说成面有砖瓦。张教授进去捡了一块瓦片，为细布纹，是唐代的。在南瓮城第二道城门(早已拆除)西边城墙裸露处，古代生活层明显。

我们在张晋荣带领下，转到城墙东南部。这里民房已被拆除，城墙根裸露在外，而且有几孔在城墙上打的窑洞，方便考察。我们看到，这里土层很平整，中间有一层很薄的十分坚硬的物质。张晋荣说，这里可能是用大型碌碡碾压而成的夯土层，但张教授认为这里为自然土层(也可称为原始土)，可能原为道路。后又说为河道冲积层，中间薄的为沙砾层。我们又转到永春门即东南城门北面的城墙下。这里有二十世纪七十年代初石油开发时期依城墙开挖的窑洞(城墙外侧的窑洞都是那时开挖的)。窑洞共两层，人家已搬空。我们到下一层窑洞外察看，这里虽然位于城墙三分之二以上，但仍为自然土层，为沉积而形成很整齐的土层，中间夹有极薄的沙砾层。有人疑问，河水有那么高吗？有。从河对面的药王洞台地看，同属于一个高度，为河水冲积而成。以后河水逐步下切，才形成了现在的河床。这里为水冲积成的原始土层，说明庆阳城墙不完全是从最低层夯筑上去的，有部分是在中间层已有的原始土的基础上再向上夯筑，而其下面以斩削原始土形成陡崖，与上部夯筑部分形成一个整体。过去我们说周祖不窋时生产力水平低下，在庆阳这个高阜上，只能用硬木头和石块削制而成的工具斩削高阜，形成高崖，以此为城，也就是所说的"斩削为城"。现在看到的这些实际情况，充分印证了这种说法正确无误。

其次，我们在农副公司院内基建工地上考察了历代居民生活层。

这时天下起小雨，已到下午 5 时多。张教授问，目前城内有无基建工地？我说有，在原农副公司院内正在建商品住宅楼，前一段挖掘地基，现在回填了没有还不知道，要去看看。张教授的意思我清楚，是想在工地开挖的土坑内，察看历代居民的生活层，这正合我意。我们驱车到城内十字街，原农副公司在十字街的东北角，南面为东街，西面为北街。这里近代为县衙门所在地，1949 年后，仍为庆阳市人民政府所在地。大门原开在东街，向南开。1955 年后，又将大门开在北街，大门向西。

我们到达农副公司院内，捡了十多个瓦片和陶器、瓷器残片。当时在捡的过程中，张教授就为我讲瓦片与瓷片的一些知识。他对捡到的两块稍带碗帮的瓷碗底解释说，这两个瓷碗，一为宋朝制作的，一为西夏国制作的。宋朝制作的，打开茬口为灰色，西夏国制作的，打开茬口为白色。我们打开一看，果然如此。捡到一块瓦片，一面为方格纹，一面为布纹，他说是秦朝的。他又说战国时的瓦片，两面都为方格纹，果然又捡到战国时期的残瓦。我们捡到几片瓦，一面无纹，一面有布纹，有的布纹粗，有的布纹细。他说粗布纹的是汉代的，细布纹的是唐代的。还捡到瓦里面的纹路为突起的小点，他说那是雨点纹，是宋代的瓦。还捡了些瓷片，多为宋代、元代、明代、清代的。还捡到两块先周时期的陶器边沿残片。我们是在土堆表面上随意拾捡的，并未深翻，就将从先周时期下延至战国、秦、汉、唐、宋、元、明、清等九个朝代的瓦片及瓷片都捡到了。如果深挖土堆，或将回填下去的那一部分土再作清理，会捡到多少历代遗留下来的瓦片和瓷片？今天在张教授现场指导下才认识了它，有相见恨晚之感。这些垃圾，就产生在这个城里，不会是从外面运进来的。这些垃圾说明，不要说在唐、宋、元、明、清，就在先周时，在战国、秦朝、汉朝时，庆阳城就已存在了，这里就有人生活，产生了这些垃圾碎片。这就是庆阳古城的证据，铁的事实，谁也否定不了。有人说庆阳城古老，但找不到唐朝以前的遗存。不是找不到，而是你没找，就下断言，太主观！今天的事实说明，唐以前的遗存俯拾即是，大量存在，这为论证庆阳城是座历史古城提供了第四个证据。四个证据形成的链条就完全了，也为我县向上申报历史文化古城提供了很实很硬的证据。所以说这次考察成绩很大，这些"垃圾"实为宝贝的说法一点也不夸张。

这次考察有张多勇教授亲自参加，考古界是认可的。当然考察还要进行，要走的路很长，要做的工作还很多。张教授叮咛下一幢楼开挖地基时通知他一下，他再来考察，可以按地层剖面取样本，作描述。

这时下午六时多了，我们去十字街老街坊饭店吃饭。饭后，将捡拾到的瓦片等按朝代归类，摆放在地面上，一一拍了照，然后将实物交给我和张晋荣。他们乘车回西峰，张晋荣购了白胶带，在不同瓦片及瓷片上贴了标签，分为两份，我们各保存一份。

多半天的考察结束，我们带着累累硕果归家，心情十分愉快。

2016 年 5 月 23 日

河南省汝州市有个『庆阳故城』

河南省汝州市有个"庆阳故城"，引起我极大的兴趣，组团进行了实地考察。

一、电脑误输引出个"庆阳故城"

庆城县政协委员、教育局干部张晋荣年纪很轻，热心于庆阳古城的研究。他向电脑中输入"庆阳古城"四字，准备搜寻有关资料时，屏幕闪出"庆阳故城"四字，后面文字说明这个"庆阳故城"是在河南汝州市境内。今年"五一节"假期，他与妻子驱车前往考察，因人生地不熟，未见其城，但带回了信息，确认有这个故城，还从网上下载由汝州市人民政府树立的于1986年11月21日公布的河南省文物保护单位"庆阳故城"的碑牌照片，并提供了当地流传的一句"周赧王坐庆阳"的民谣；又据说该城建在一台地之上，四水环绕。他讲这件事及让我观看下载的照片，立即引起我的极大兴趣。我从未听过除甘肃省庆阳城外，中州大地上还有座庆阳城！所传的民谣同庆阳所传的民谣"周老（懒）王坐庆阳，龙脉斩断"竟然如此相同，地形也极为相似，真是匪夷所思。我立即查阅司马迁《史记•周本纪》，上写："周君、王赧卒，周民遂东亡。秦取九鼎宝器，而迁西周公于惌狐。后七岁，秦庄襄王灭东周。东西周皆入于秦，周既不祀。"文后注明，西周公为

195

周君即周武公长子;东周公迁阳人聚。又据(唐)李泰《括地志》说:凫狐聚、阳人聚都在今汝州市即古梁城境内。汝州境内这些古城都与周王朝有关,作为周祖文化研究爱好者必然不会轻易放过这些信息,决定亲赴汝州市一看究竟。我打电话邀请原庆阳地委副秘书长、政研室主任王钊林先生,陇东学院历史地理学院院长马啸教授参加考察,他们也极感兴趣,欣然接受邀请。参加考察的人员还有庆城县党校副校长杨万林、县教育局干部张晋荣、县文广局干部冯瑞祥及庆城县博物馆馆长贺兴辉、干部张志升、俄志义等,共九人组成考察团。县政协很支持,用我县政协原主席的名义与汝州市政协联系,于6月2日分乘两辆车直赴汝州市。汝州市政协的两位张姓副主席、石秘书长及办公室、文史委员会的同志给予了热情接待和大力配合,使这次考察取得丰硕成果,达到了预期目的。

二、考察与座谈

6月3日,我们进行了一整天的考察与座谈讨论。上午先考察"庆阳故城"。故城在今汝州市区西南大约九千米处,坐落在汝河南岸与芦沟河(原称梁河,庆阳城一段称为康河)之间的二级台阶上。地址为长方形,东西长2600米,南北宽1300米,总面积338万平方米。城垣现存东、南、西三面,尤以西南角楼废墟地势较高,北城垣已被汝河冲毁。东南处城墙基残存一层瓦片,马啸、张晋荣等人挖掘,多为粗布纹瓦。据陪同考察人员说,原在北、南靠城修有两段渠道,将汝河与芦沟河连通,成为水围城形制,现芦沟河与两条渠道均已干涸。在城区内设五个村子,村名前冠以姓氏,后一律以"古城村"命名,即樊古城村、杨古城村、王古城村、叶古城村、任古城村,同属于王寨乡政府管辖。在城中道路边树立省级文物保护单位名碑。碑后不远处建有一高大跨路的牌坊,上书繁体楷书"庆阳古城"四字。牌坊内外有许多民居和食品摊点。附近有几位老人转悠。我问他们庆阳古城是谁建的,名称怎么来的?他们说,是周赧王为他自己建的,他起的名称。他们还说起"周赧王坐庆阳"民谣。陪同考察的樊古城村党支部书记王书平同志介绍说,四位老人分别叫王秋发,86岁,樊老末,80岁,杨太海,65岁,王次会,70岁。

汝州政协同志说,周朝最后一位帝王赧王驾崩后埋葬在本市境内。我们提出前去拜谒,他们欣然同意。赧王墓在蟒川乡寺上村,此地与宝丰、鲁山二县接界,有鸡鸣三县之说。地形为小盆地,群山环绕,峰峦突起。前有蜗牛山、虎头山、蜈蚣山,三山对峙;后有青龙岭、马鞍山相连;左有鸡冠山相衬,右有荞麦山相映。蜗牛山、虎头山、蜈蚣山、鸡冠山、荞麦山，总称为五垛山。春来五山绿树叠翠，夏深碧水四面汇流；河水从鸡冠、荞麦山之间的石门向南挂瀑奔涌，蔚为壮观。内建有简陋的千年禅寺，寺坐南向北。斜对面的蜈蚣山下，传为周赧山墓地，深入山底，外无墓冢。东北青龙岭上有一齐崖，如斧砍刀削般。相传：秦人为防止周王朝复起，从此处将龙脉斩断，形迹宛然。

下午召开座谈会，因市政协文史资料委员会王铎主任临时有事，委托由文教卫体委员会苏光清主任主持。会议中期，王铎主任赶来参加。参加座谈的人员除我们九人外，有汝州市政协文史资料委员会、市文广局、文物管理局等负责同志与王寨乡樊古城村的党支部书记王书平为首的四位年老村民，还有对汝州市历史有很深研究的地方专家，共二十八人。先由主持人苏主任致欢迎词并介绍了汝州市的社会与经济发展状况。接着我发言，讲明了这次考察的起因和要考察的内容，再简单地介绍了周先祖在甘肃庆阳活动的情况。下面发言开始，先由张志升老先生发言。因汝州市原为梁城或梁县之地，他代表一位已去世、曾任教育局长、宣传部长名叫高山的老先生宣读写在笔记本上的、题名《梁古城寻古》的文章，对古梁县的历史沿革考证情况作了介绍。接着由原市纪委常委郭鸿志先生发言，他是听到这个座谈会后，连夜写了发言稿。他的发言很重要，有几个要点：一是梁城在战国时为周王畿之地，建有庆阳城，但庆阳城不是赧王建的而是由西周公建的。那时赧王已是末代帝王、亡国之君且年纪已老，无力建城。秦灭周后，迁西周公于惌狐聚，这是《史记》等史书上记载比较清楚的史实。惌狐聚就是庆阳城。二是他对甘肃省庆阳城的历史沿革说得非常清楚、准确，连我们都感到吃惊，说明他对庆阳城非常关注且有较深的研究。三是说甘肃省庆阳城是周先祖居住地，是周族发迹之所。他引用《史记·周本纪》之语："后稷卒，子不窋立。不窋末年，夏后氏政衰，去稷不务，不窋以失其官而奔戎狄之间。不窋卒，子鞠立。鞠卒，子公刘立。公刘虽在戎狄之间，复修后稷之业，务耕种，行地宜，自漆、沮度渭，取材用，行者有资，居者有蓄积，民赖其庆。"他读到这里，再不读了，说，其意你们知道。在座谈会后，我问他"民赖其庆"的意思，他说从这句话中可以说明"庆阳"的"庆"字就产生在周先祖生活的时代，地点就在你们那里。这同我的观点不谋而合。他又说先有你们那里的庆阳城，后才有我们这里的庆阳城。关于他所说赧王无力修建"庆阳城"的观点，在座的市第一高中教师、语文教研组长李国现老师不同意，驳斥说赧王虽为周朝末代帝王，但在位 59 年，时间最长，完全有能力和时间修建"庆阳城"。

我说，既然汝州市为历史上梁城、梁县之地，并纵贯两千年，这在史书上记载是清楚的，而"庆阳城"在史书上并无记载，仅为口头民间传说而已，那为什么向省上申报省级文物保护单位时，不报梁城却报了"庆阳故城"？报批"庆阳故城"的依据是什么？在座的市文化广电局纪检组长郭云洁女士答复说：报批省级文物保护单位时，梁城的历史沿革还不太清楚，就未报。当时报了两个城，其中之一是"庆阳故城"，两个城都批了，上级未要根据。为什么要报个"故城"而不报为"古城"？她解释说，是因为庆阳城已毁，不复存在，仅留残基。下面发言的是市广电局总台人事科科长、市炎黄文化研究会会长尚自昌先生。他昨天晚上就参与了接待工作，是个"汝州通"，与我们交谈了许多情况。上午陪同考察，并带有汝州市的大幅地图，为我们在现场解说"庆阳故城"。从他那里我们还了解到在汝州市境内还有个崆峒山，是黄帝向广成子问道的地方，同平凉的崆峒山的名字与故事完全相同。又说"庆阳城"下面有九条龙，不能动。这种说法，与宁县九龙川亦有相似之处，等等。这些都令人惊喜。原政协文教卫体委副主任、中国散文协会会员、汝州市作家协会主席彭中彦先生则提供了流行于当地的完整的"周赧王坐庆阳，龙脉斩断不久长"的民间故事。这故事情节很有意思：相传投降于秦庄襄王的周赧王，却夜夜做着复兴周朝的迷梦。一天夜里，他在居住地做了个梦，梦见周先祖点拨说："朝着西南走，两河平行流，中筑庆阳城，复我周王侯！"赧王醒悟，第二天就顺着汝河一直下行，过崆峒山南行半个时辰，来到了汝河与梁河（卢沟河）并行的一片高地上。这地方和梦境中的地方一模一样，又与先祖在西北所建的庆阳城的地形相似。赧王高兴极了，于是在两河之间的高地上筑土为城，并沿用了先祖所建的"庆阳城"的名称。庆阳城夹河而建，坚固无比，至今还有个叫夹河史的古村落。一天夜里，庄襄王的属下夜观天象，发现东南方天空瑞星出现，就上奏庄襄王。王闻言大惊，那里刚好是他赐封给周赧王的居地，才知赧王复国之心不死，发兵要灭赧王。赧王手下五位上将决心与秦军死战，老百姓也拥戴周王朝。但赧王为了保护老百姓免受战火涂炭，主动放弃庆阳城，写信给秦军，约他们在城东南的山地里交战。交战中，因寡不敌众，五位上将战死，就地化为五座山峰，起名为五垛山。在追杀中，赧王被飞箭穿心而亡。百姓念其仁义，在秦军退兵后，就地掩埋，不树不封,起名"天子坟"。原来,赧王知道庄襄王不会放过他,在庆阳城设坛祭祖,请先祖点拨。先祖托梦于他,选择城东南五龙聚会的风水宝地与秦军作战,作为自己归宿之地,方能让周人东山再起。风水先生勘察,发现赧王埋在了一块龙脉穴地上。庄襄王派人在青龙山之首劈开一道壕沟,斩断了龙脉。斩首后的龙没了回天之力,于是留下"周赧王坐庆阳,龙脉斩断不久长"的千古传说。

传说归传说,大家在座谈中共同认为甘肃庆城县是周先祖发迹之地,河南汝州市是周王朝最后一位帝王归宿之地,两地有着相同的地名和民间传说,有着一脉相承的周文化,应该加强联系,携手研讨,为继承和发扬中华民族的灿烂文化做出贡献。主持会议的苏主任在总结会议时,引用宋词人李之仪《卜算子》:"君住长江头,我住长江尾,日日思君不见君,共饮一江水"来结束座谈会。比喻贴切,意味深长。

三、结论与建议

通过调查和座谈,产生三种意见:一是按历史记载,此城应为梁城,省上批为"庆阳城",是根据民间传说,不足为凭。梁城是梁姓的郡望,与甘肃省庆阳城无任何联系,仅此而已。二是河南的庆阳城命名与甘肃庆阳城命名各有根据,没有联系,但一脉相承的周文化将两地紧密串联在了一起。王钊林先生主张:以此考察为启机,两地应加强联系,共同研究,遂将先周与周末连接起来,首尾贯通,周文化方算完整。关于斩龙脉的传说,不仅在陇、豫有,而且在秦地也有,出现同义异地、同源异衍或多源合流的版本。这一传说究竟最先起于何地,是先豫而秦而陇的中州中心论,还是先陇而秦而豫的西陲中心说?马啸教授认为从文化发展与辐射规律来说,不言而喻,是中心影响边缘,中原影响边疆,而不是相反。第三种意见是:此城在很长一段时间里为梁城,但在战国时期的一小段时间里改名为"庆阳城",似有可能。虽然依据为民间传说,但绝非空穴来风,而且民间喜用"庆阳城"名称。斩龙脉的传说起源在陇,因传说是周人的故事,周先祖在先,赧王在后,周人是从西陲进入中原的。

关于民间传说的研究,头绪多,一时说不清,但就其产生的根源与基本内容因与此事有关联,还得说几句。民间故事是在广大民众中间生发、流传的。流传并不借重文字而是口口相传,延续至今。民间故事多为神话故事,其产生的时代多为生产力低下的原始社会及其以后相当长的一段时间。所以民间故事多反映的是古代特别是上古时代的故事，而现在编写民间故事的人就少了，即使有，也为文人所为，失去了民间的性质。民间故事以民众口传为主，在口传中不断修改、丰富、发展，又说明形成的时代文化落后，文字书写并不普及。民间故事种类繁多，内容丰富，反映了人民生活的各个方面，而以人物、地名为主的内容不在少数。民间故事中有些情节带有神话色彩，也有荒诞不经之事，但总体是来源于人民生活，许多生活情节是真实的，特别是人物、地名所衍生的传说，如我们这次考察听到的"周赧王坐庆阳，龙脉斩断不久长"的传说，与在秦在陇的传说，都是周王加地名、地形，以浓郁的神话色彩编纂的。对于神话，研究民间故事领域内的"神话学派"的雅可夫·格林说："他们从神话和历史的相互渗透中看到了史诗的本质，认为史诗中结合着神性和人性，神性使它高于历史，人性又使它靠近历史。"研究民间故事领域内的"人类学派"说得更明确，认为神话与原始人的生活及思想有密切的关系；神话故事是在特定的社会环境中产生的，不免会被刻上历史的痕迹。所以"人们对神话的理解不能只停留在表层上，而应深入地挖掘神话的内在含义，即人类的无意识是怎样得到宣泄和满足的。"而且，"收集'活'着的神话材料，把研究的重点放在神话、民间故事和传说为什么能在民间广泛流传，神话、民间故事和传说与文化的关系等方面。"（见徐治堂、吴怀仁《庆阳民间故事研究》甘肃人民出版社 2012 年 4 月版第 5、7、9 页）既然如此，我们对于河南的庆阳城和周赧王斩龙脉的民间传说，应认真对待。再说，史前无任何历史记载，仅靠民间神话故事认识史前历史，如黄帝、唐尧、虞舜、大禹等人物，后代人是靠民间传说了解他们的。有了史书记载后，记载也不可能面面俱到，有挂一漏万的可能。大量的历史事实因为记载人过少而严重流失，湮没在历史的尘埃中，有极少部分以民间故事形式有幸流传了下来，是非常珍贵的资料，对正史有着补充和印证的作用。鉴于此，对于民间传说，我们能对它熟视无睹或另眼看待吗？从民间故事的特性上可以论断，河南庆阳城名称的存在是个历史事实。

关于先有甘肃庆阳城还是先有河南庆阳城的问题，郭鸿志先生在发言中讲清了史书上记载的甘肃庆阳城的沿革：在隋文帝开皇十六年（公元 596 年）在今庆阳城初设庆州，在宋徽宗宣和七年（公元 1125 年）改庆州为庆阳府，金、元、明、清四朝为庆阳府安化县，民国二年撤府存县，改安化县为庆阳县，2002 年 9 月改庆阳为庆城县。这是朝廷或官方的决定。那么在民间呢？《范仲淹全集》上载，范仲淹于庆历三年（公元 1043 年）元月上奏《再议攻守疏》（凤凰出版社 2004 年 11 月版第 654 页）上就说道："臣谓攻近而利者，在延安、庆阳之间，有金汤、白豹之阻。"由此看出，庆阳之名在北宋朝廷确定近百年之前，已在民间和官员的公文中出现了，那么仅仅限于这个时间而不会更早吗？郭先生在后面引用了司马迁《史记·周本纪》"民赖其庆"句，就说明甘肃庆阳用"庆"字在周先祖时已开始了；"阳"字为地理方位词，山之南、水之北为阳，水之南、山之北为阴。阴阳学说早已有之，将"庆"字与"阳"字连在一起是顺理成章之事。何况，甘肃庆阳城的地形符合"阳"字，为原创。河南庆阳城位于汝河之南，并不符合"阳"字的实义，为假借，假借于甘肃庆阳城。我原来研究，庆阳的"庆"字来源于周先祖不窋时代，是因为庆贺远距离迁徙成功而改地名为"庆"。经过多年发展农耕事业，周族富裕起来，出外干事的行者有充足的路费，留在家中居住的有丰厚的储蓄。之所以能做到这点，是因为依赖有"庆阳"这个农耕根据地。这就是"民赖其庆"的意思。郭先生从未同我谋过面，但这一观点同我相合，就是从这句话的理解与公刘为其子起名为"庆节"而达到的。当然还有彭中彦、尚自昌和几位年纪大的当地老人讲的民间故事，都提供了佐证。如故事中两次提到周先祖托梦于周赧王，让他修城，起名"庆阳"，又让周赧王战死龙脉之地，以图复兴，等等。再从历史记载中的蛛丝马迹推断，情况也是这样。周族第二代和第三代先祖率族迁徙到了"戎狄之间"即今甘肃庆阳城，创建农耕事业，最后去世和埋葬在庆阳城附近。周族人伐纣代商，取得江山，不忘先祖的恩泽，制订了三年一祫祀、五年一禘祀的制度。在庆阳原兴教寺的一尊佛像后襟上刻有"周禘祀行宫"字样，说明甘肃庆阳城里原建有"周禘祀行宫"，就是明证。周礼是周人制订的，必然要践行。在周朝兴盛时，如周穆王时代，幅员辽阔，今甘肃庆阳城应在其辖区内。五年一次，派员前往甘肃庆阳城祭祖，祭祖官员回朝后要禀报祭祀情况，也会说起庆阳地名、地形及不窋坟的状况。这些情况会经历代记载或相传，直至周赧王。在周朝衰败阶段，周赧王因各种原因未能到过周先祖创业的庆阳，也无力派员赴庆阳祭祖，但先祖所在地的名称、地形、坟制等基本情况经代代相传或王室记载是清楚的，周赧王不会不知道。所以他在王畿之地建一座形似先祖创业的城，并命名为"庆阳"，企图像先祖那样让周族复兴，完全有这个可能。

考察工作在汝州市政协的大力支持下，经过一整天奔波，圆满完成。考察与座谈,对周人活动的踪迹进行首尾衔接的探究,实是一次难得的文化人类学与田野考察体验,会在文化起源学、传播学、民俗学、地名学、人类学、民间文化等方面激起一点涟漪。我们也期待这次考察仅为开端,随后两地有大批学者、爱好者跟踵投身于更深的研究之中。

2016 年 6 月 12 日,修改于 6 月 14 日

此文刊载于《陇东报》2016 年 6 月 20 日第三版

历史上有无周懒王其人

在庆阳民间，流传着"周懒王坐庆阳，龙脉斩断，周家八百年江山从此完"的传说，庆阳人也习惯将埋葬有周祖不窋的东山称为懒王山。那么，历史上真有一个称之为周懒王的人吗？

遍翻历史书籍，并无一个称为周懒王的人。

周族人称王，当在姬发率领周族人伐纣克商建立了周王朝之后。在此之前，周族人在陕西岐山县的周原建立了诸侯国，其首领称为伯或侯，不能称王。正如古人云："天无二日，土无二王，殷纣尚存而周何能称王哉？"如姬发的父亲姬昌，就称之为西伯侯。只有到了殷灭周立，姬发登上了王位，才称为周武王，追尊其父为周文王，其祖父古公亶父为周太王。其曾祖父公叔祖类被追尊为何王，已不可考，只知他号曰太公。按古时规定，一人登上王位，对上追尊三代，也有五代的，再其上的祖宗便以先王称之，并无具体的王号。在周武王以下，凡是王位继承人才能称王，如周武王的太子俑在其父武王驾崩之后登上王位，称为周成王，而武王的其他儿子及其亲属，还有有功将领，被分封为诸侯国或封地的首领，称之为公、侯或伯，也不能称王。到周王朝末期，诸侯坐大，王权衰弱，作为诸侯国的秦国君主于周显王四十四年首先称王,秦惠公改称为秦惠王,其他诸侯国的君主也陆续称王。周王朝经周慎靓王和周赧王两世就灭亡了。

按以上历史事实看,因周懒王是有具体王号的人,不可能在周武王之前,再查阅周武王之后登上王位的三十七人,也无一个称之为周懒王的人。同时,为王封号(也称谥法),虽有褒贬,但绝不会取一个大不敬的"懒"字。有人说,周祖不窋就是周懒王。从史书上查阅,或从歌颂周祖不窋的诗文看,凡是提到不窋的地方,不是直呼为周祖不窋,便是以王、圣祖等称之,未见有具体的王号,更不可能用"懒"字来亵渎自己的祖宗。清代陈榧诗云:"不窋开基墓亦荒,城市翻成古战场。"苏履吉诗云:"莫道旧邦今已改,城东不窋有遗碑。"

有人说:鞠就是周懒王。鞠又叫鞠陶,是周祖不窋的儿子、公刘的父亲。周族后代有一支以他的名字为姓,这就是鞠姓的由来。他作为周族的第三代先祖,到周武王时,相隔十四代,不可能有具体的谥号。就是有,也不可能取一个像"懒"字这样大不敬的具体王号谥给他。鞠是生活在庆阳,去世在庆阳,也埋葬在庆阳,那么他的墓在何处呢?据《庆阳县志》上记载:"周老王陵,在县城西60里刘家坪北,莫考为周之何王,居人号为天子冢。"《庆阳县志》又载:"天子坳,在县城东北70里。地近东岭,两侧深沟,中央平坦,树木葱茏,宜畜牧造林。相传周老王游行处。或云,名天池坳。"周族在庆阳生活过的先祖,仅不窋、鞠陶、公刘、庆节、皇仆等五人,而公刘、庆节、皇仆在公刘末年就迁往了陕西省旬邑县与彬县交界处,去世后就葬在那里,如公刘埋葬在陕西省彬县龙高乡土陵村。只有不窋和鞠陶二人去世后均埋葬在庆阳。不窋之墓在庆阳市城东山之上,为人们所熟知。但他仅是部族的首领、夏王朝失去职务的大臣,加之当时生产力低下,不可能设置疑冢。因此,在庆阳市城西60里之处的刘家坪埋葬的周老王不会是不窋,而在其后,也再无周族先祖葬于庆阳。因此可以推断,刘家坪埋葬的周老王只能是鞠陶了。老王同先王、圣祖等称呼是一种泛称,并非什么具体的谥号,所以把不窋称为先王、圣祖,把鞠陶称之为老王,是合乎情理的。至于当地居民称为"天子",那是群众的尊称,不能按历史事实来对待。如果以文字的东西把鞠陶说成是周懒王,那就是一种不懂历史常识的臆言,贻笑大方了。

既然历史上没有周懒王其人,庆阳为什么会出现"周懒王坐庆阳,龙脉斩断"的传说呢?有以下三个原因:

一、在庆阳市之南 3 里地处,有一个叫作崭山湾的地名。从这里的地理环境看,曾有一条从东山上延伸向西的山梁将马莲河水拦住,河水不能直下南川,而向西折到莲池滩,注入教子川河口,再来一个 270 度的大转弯流向南川。由于河水七回八折,加之教子川是条小河,河口狭窄,流水很不畅通。当围绕庆城的东西二河在庆城南交汇成马莲河暴涨时,大水浸到了城墙根,直接威胁庆城居民的安全。因此,不知何时,古人将阻拦流水的这条山梁拦腰挖断,使马莲河水直下南川,解除了河水对庆城的威胁。这条山梁低而且长,酷似一条卧龙;在斩断山梁的两边峭壁上各有一个洞,传说龙就在这洞里藏着;河床中心有一块大石头,传说是龙的胆;在崭山湾之南 5 里地有个叫冉河川的地名,河滩上尽是红色石头,传说这是龙血染就的,把冉河川叫成了染河川。凡此种种,庆城之南的地形,为民间创作美丽的传说提供了素材,这与云南的石林一样,一些像人像兽的石头产生出了许多美丽的传说,同出于一个道理。

二、龙是帝王的化身。庆阳市南卧的这条龙,是哪一朝代的帝王化身呢?因周王朝的先祖曾在庆阳生活过一段时间,是周族发迹的初期,而且对后世影响较大,因此,传说中自然而然就将这条龙和龙脉斩断这件事同周王朝联系了起来。

三、龙脉斩断,说明这个朝代气数已尽,所以斩龙脉的这个帝王生活的时代必然是这个朝代的末期。这又一次证明斩龙脉的帝王不会是还未建立王朝的周族人的先祖。周王朝末代帝王是周赧王。周赧王的谥号"赧"字含有惭愧、羞耻之意。周王朝八百年的江山断送在自己手中能不惭愧羞耻?有趣的是:"赧"字读为 nan(难),与"懒"字读音相近。它们韵母同为 an,而"赧"的声母为 n,"懒"的声母为 l。在有些地方的方言中,n、l 的读音是分不清的。虽然庆阳的方言能分清 n、l 的读音,也有时会发生混淆,何况读"懒"要比读"赧"顺口些。另外,人们往往会把地名、人名叫走了音,长期以讹传讹,使以后的读音与原来的读音、含意相去甚远。这种实例很多,不说别的,就说庆城南面的教子川,原来由于这里出了个大孝子,为表彰他的孝行,人们把这条小川叫作孝子川,但人们叫走了音,孝子川变成了教子川,不但音变了,连意思也变了。从这里我们联想到:是不是把斩龙脉的过错算在了周赧王身上?而又把周赧王叫走了音,叫成了周懒王,进而一错再错,误失代数,把埋葬有周先祖不窋的东山顺口叫成了懒王山呢?这,都不是不可能的。然而,周赧王曾在庆阳生活过吗?"斩断龙脉"的主使者果真是周赧王吗?这些还无任何证据。

　　将周祖陵山错称为"周懒王山",在清朝末期之前,未有片言只语记载,这种错称可能出现在民国期间。在那时,也有人发出疑问。如庆城文人杨立程在《怀古》一诗中曰:

　　　　赧王都在东周地,流俗缘何说庆阳?
　　　　只恐误传不窑事,无人为彼证荒唐。

　　古人尚且如此疑问,今人岂能再以讹传讹!以上仅是个人分析,还有待于进一步考证。

1997 年 3 月 28 日一稿

4 月 4 日二稿

卷六

周先祖在庆城的遗址遗迹及民间传说

不窋及其子鞠陶、孙公刘在庆阳生活大约有 60 多年之久，留有丰富的遗迹，现作以简介。

鹅池洞 在庆阳市城东南隅。共有两洞：一洞在上，穿城墙而下，到达城墙外的半城腰。有一平台，原建有楼、台、阁、亭，植有古柏数株。平台中央有一坑洞，为下洞，下穿至柔远河边。洞内有一水池，水甘而冽，可以汲水。相传此处为周祖不窋养鹅之处，后人题咏甚多，不乏佳句。有一对联曰："三至凤城游，对面青山应识我千年鹅洞在，无心流水到何时。"（此对联为清光绪八年安化知县陈阆所题）鹅池洞为庆阳府、县八景之一，名曰：鹅池春水。

昔姬沟 在县城之南五里地。"昔"者，古时也，"姬"者，周之姓也。相传这里住满了随不窋由邰迁庆而来的周族之人，故名。

花村 在昔姬沟之西的山上，相传为周祖不窋种花之地，又名"周祖花园"。

花城 在县城东十里。相传原有牡丹、芍药、荼蘼诸花，香风袭人，为不窋遗园。

延庆城 在县城北 35 里，相传为周祖不窋肇生之处。东留眷马山，西遗手拍墙、天子掌、娃儿岘、砚台冢、圣水塘、白马洞、擂鼓坪等。

圣水塘 在县城北 36 里，刘八沟沟口。上有天圣庙遗址。相传沟内有野马，周祖不窋捕而乘之，至此蹄刨泉出。今清水盈塘，底有蹄印，甚巨。

玄马湾 在县城北 40 里地。相传周祖不窋乘野马从刘八沟而出，至此马蹄陷入泥淖，故名陷马湾，因后人叫走了音，成为玄马湾。

马镫碥 在县城北 60 里地。相传周祖乘马，将马镫丢失在此。

周祖坟 在县城东帽盒山南侧，为周祖不窋的坟墓。明大诗人李梦阳云："庆阳亦是先王地，城对东山不窋坟。"

天子坳 在县城东北 70 里。地近东岭，两侧深沟，中央平坦，树木葱茏，宜畜牧造林。相传周老王游行处。或云：天池坳。（详情见后）

天子穴 在县城西 60 里，疑为周老王鞠陶墓葬处。（详情见后）

公刘庄 在县城东北 50 里。樊家老庄东有腴田数亩，号天子掌，人莫垦者。相传为周发祥地。（详情见后）

周禘行宫在县城北关 周朝都陕时，岁祭遣使礼不窋陵，驻于此。今称北关为皇城，后在其遗址建兴教寺。兴教寺铜像襟铸字云："周禘祀行宫。""禘"（dì 帝），古代祭名。是称王称帝之人的后人对先祖的祭祀，一般为五年一举行。《礼记·大传》："礼，不王不禘。王者禘其祖之所自出，以其祖配之。"也有一说为宗庙四时祭之一，每年夏季举行。《礼记·王制》："天子诸侯宗庙为祭，春曰礿，夏曰禘，秋曰尝，冬曰烝。"

崭山湾 俗言："周老王坐庆阳，龙脉斩断。"斩断龙脉之处称为崭山湾，在县城南三里之处。

周祖庙又名不窋庙 在县治南，祀周祖不窋。明嘉靖初年由知府萧海修建，春秋分两次致祭。塑有神像，两壁画文王以下三十七王像。清顺治四年，分守河西道沈加显重修。五年，知府李曰芳建坊，题"肇周圣祖"及"帝系王风"。康熙二十七年、乾隆二十五年重修。

八位神庙又名八蜡庙 在府治南，原内祀周祖不窋及诸神，共八位。嘉靖初，知府萧海移诸神于北关，名为八位庙，而本庙独祀周祖，春秋致祭。清乾隆二十五年知府赵本植塑像；嘉庆十二年重修，光绪五年，知府李守愚重修。

公刘庙俗呼老公殿 在县城西南八十里高家坳，有宋邑人王庶撰碑文。清乾隆间、民国十二年皆重修。录清乾隆间邑贡生韩观琦《重修公刘庙碑记》：

宏化南原，去县治八十里有公刘庙焉。里名周都，良有以也。不知并刱(创)于何代？忆自庆节迁邠，土人思其德，立庙以祀，理宜然也。粤自不窋失职，来居于此，公刘其孙也。复修先业，务耕种，辨土宜，自漆、沮度渭，取材用，民赖其庆，故诗人歌乐其德。迄今阮阮周原，力勤稼穑，而黍稷馨香，服畴食德者几千余年，则其德其功之深入人心者，宜何如也。时逢春社，里中人鸣鼓笛，奉牲礼以报赛，亦犹然朋酒羔羊，跻公堂而祝万寿之遗意也。且四方之艰于嗣者，咸祈子焉。而梦熊投燕之庆，如愿以予之，樛木瓜瓞，其征应有如此者。报答神庥，亦于是日云集焉。但风雨剥落，庙貌倾颓，无以肃观瞻而钦展拜，里中人士毅然思新之。走募四方，不数月间，而焕然翼然者，巍乎其改观矣。爰镌石以志不朽，命余记之。夫予窭人也，老惫无闻，其言又何能表重其盛哉！第念神之德之灵，如澄潭印月，远既流光于江汉，近岂遗照于溪塘。凡服稼者，仰瞻新宇，而孝弟力勤之念，油油然生于心，有不自知其然而然者，不烦予言为之劝驾也。旧传神像为肉身，是盖欲神其说，以动人耳，乡人惑焉。予谓神之所以神者，在德不在形。如似形也，则荒原之上，累累然而坟起者，皆肉身也，又何以称焉？有识者自能辨之，故并及之。

重
修
的
周
祖
陵

　　"周祖陵"位于庆城县城东山之巅，故山名"周祖陵山"。每当胜春新夏，杏绽芳蕊而柳吐青烟，花香袭人，林韵醉客，游者遣怀寄兴，流连忘返。暮秋初冬，红叶未退而白雪初降，雁鸣山莽，风撼林梢，更觉天高地迥，宇宙之无穷。

　　据出土文物佐证，陵园代有修缮，且数千年香火不断，自古为文人骚客吊古怀今、登临览胜之地。为再现古城风貌，继承传统美德，开发旅游资源，二十世纪九十年代以来，当地政府倡导重修陵区景点，复庙宇、建楼阁、筑亭台、竖碑刻，命名为"周祖陵森林公园"，融人文、历史、自然景观为一体。

　　观光陵园，有两条道路可直达其境。一条由崭山湾处东折沿盘山沥青公路，可乘车直达陵园后门；一条从城区街道向东，跨柔远河至李家后沟，沿山路到达周祖陵山腰八百零八级石阶前。以巨石雕琢的台阶，宏伟壮观，气势磅礴，象征着八百零八载（取吉祥数）的周朝王室。石阶时而平缓，时而陡峭，寓意世事盛衰兴替，变化无常。沿石阶而上，攀越道旁"归秦"、"七雄"、"五霸"、"东始"等石刻标志，直至"镐洛桥"时，游人已越过了寓意东周 514 年的台阶至此稍作小憩,接着攀越"西结"、"中发"、"周兴"等象征着西周 294 年(?)的石阶后,即达山顶陵园。

　　陵园山门为一座三间四柱牌坊式建筑,上刻"肇周圣祖"4 个大字。肇者,始也;圣者,神也,四字的意思自明。左右坊柱联文是:"望天门三皇五帝周祖名峰群仙聚会;思庆州岐傅李米人杰地灵万众来朝"。上句是说"三皇五帝"及这些圣人都来周祖名峰聚会;下句是说:岐伯、傅介子、李梦阳、米万钟这些历史名人都诞生在这里。另一对联是:"绝顶始知世外境,凭栏一望古今天"。山门的两边,左为钟楼,上悬一品铜钟,楼联是:"晨钟警人长励志,暮霭促我惜分阴。"右为鼓楼,上立一面大鼓,楼联是:"烽烟当年擎夜月,鼓角而今颂升平。"铜钟、大鼓,平时专供游人撞敲玩耍。

　　穿过山门,便是一片平坦的院落。花香草碧,风光旖旎殿宇环合,仪伟森然。院内以其独特的文化底蕴,雅而不凡的气势,给人一种深沉、悠远的启迪。

　　一条用红色花地砖铺就的神道直通周祖大殿。神道两边有两块石碑值得一提,左边是"重修周祖陵碑记",右边是"周代世系图表"。浏览了这两通石碑,就对这次重修周祖陵的壮举和周祖的辈分有了大体了解。

　　周祖大殿位于山门子午线尽头,殿宇为庑顶式建筑。面阔五间,回廊宽敞琉璃脊兽,雕梁画栋,庄严肃穆,宏伟壮丽。大红明柱上的联文是:"九万里洪荒自伊以来教民稼穑文明始,八百年江山以此奠基吊民伐罪盛衰终。"殿前坡台"御路",镌刻浮雕蟠龙八盘,活灵活现;两旁雌雄石狮护殿,蔑视邪恶。殿内正面彩塑不窋、鞠陶、公刘神像三尊。宝相巍巍堂堂,神妙庄严,令人崇仰。东西两壁各塑肇周先祖庆节、皇仆、差弗、毁隃、公非、高圉、亚圉、公叔祖类、古公亶父、季历十尊造像,神采各异,栩栩如生。

　　出门向右折行,眼前为长方覆斗形周祖陵。陵周用方砖砌筑,陵顶芳草萋萋。陵前南向建有碑亭,亭前两旁有"太牢"、"少牢"石雕祭品。亭内碑阳大书"周祖陵"三字,为国务院原副总理、人大常委会副委员长耿飚题写,碑阴刻"祭周祖文"。每当游人来此,均不由自主地朗诵道:

　　呜呼!赫赫先祖,不窋贤良,太康失政,迁居庆阳,复稷之业,史著昭彰。奠农耕初基,启戎狄洪荒。鞠陶公刘,三代嗣响,时序其德,祖业弘扬。陶复陶穴,文明肇创;教民稼穑,励精农桑;构筑城池,拓土开疆;革除陋俗,九州崇尚。以天为宗,仁德为上,以祖为宗,孝友为纲。修其训典,泽彼四方;奉以忠信,敦笃其昌。朝夕恪勤,万民敬仰,奕世载德,不忝先王。周道之兴,始于旧邦,周礼美德,源远流长。亘千秋而逾烈,历万世而益芳。时逢盛世,修葺陵堂,以示后人,秉承发祥。敬告先祖,以慰灵光。尚飨!

由碑亭前行偏左,为"览凤亭"。驻足亭内,极目远眺:层峦蜿蜒,莽原叠嶂,林木荫翳,群花烂漫,风景优美如画。俯视鸟瞰:青山围郭,绿水环城,雉堞千寻,广厦万间,气象似腾蛟起凤。一阵清风迎面拂来,顿觉尘念俱消,心酣情畅。

览凤亭之东过子午线,为双重翘檐的八卦亭。亭内以青石刻有周文王的后天"八卦图",重现了文王演八卦、周公作爻辞的史迹。1995年重修周祖陵园时,于今八卦亭附近出土了有代表性的二百多件文物。它的发现,将周祖陵存在的真实性和祭祀周祖的历史向前延伸了近3000多年。沿八卦亭向东数十步为五开间仿古式周王殿,内塑有彩绘的西周、东周三十八王像。

周王殿南北有碑廊,内刻历代名人诗词、文章和今人题词墨宝。书法精湛,各领风骚。南有雕梁画栋的栖凤亭及鉴亭。

周祖陵森林公园以其独特的地理位置、优美的建筑风格、卓尔不群的文化底蕴、与众不同的自然风光闻名遐迩,成为陇东人民向往、游览的胜地。

话
说
周
祖
庙

从 1984 年出版的《庆阳县志》上看,庆阳有周祖庙,是在明嘉靖初年由庆阳知府萧海修建的。他是将原设在县城南街的八蜡庙(也称为八位庙)改建为周祖庙的。废八位庙中的其他诸神,而独祀周祖不窋,移八位庙于北关。周祖庙有塑像,两壁画文王以下三十七王像,春、秋致祭。清顺治四年,分守河西道沈加显重修。五年,知府李日芳建坊,题"肇周圣祖"及"帝系王风"。李日芳有《周祖庙告成诗》:

> 苍苍王气抱孤城,流峙周遭今古横,
> 传子当年测海若,邠人此日忆河清。
> 松声不逐笳声落,山色每随月色明。
> 感慨周家千载业,原陵一片野云生。

康熙二十七年重修。乾隆二十五年知府赵本植重修并重塑神像。嘉庆十二年重修。光绪五年,知府李守愚重修。

以上是初建周祖庙与重修周祖庙的简况。但这个记载是不完全的。据新近翻印出版的明嘉靖年间郡人傅学礼撰著的《庆阳府志》"祀典"一章中载:"不窋庙,在府治南,有塑像,两壁画文王以下三十七像,今剥。"又载"八位庙,在府治南,庙本周祖,后附显圣府君诸神,为八位。

215

嘉靖初,知府萧海废诸神,而独立周祖,春秋修祀。"明嘉靖《庆阳府志》记述同于1984年版的《庆阳县志》,同时也说清楚原来就有周祖庙,不知什么时候变成了"八位庙",后又由知府萧海改了过来。本来事已清楚,但庆阳人张精义在民国二十年撰写的《庆阳县志》上却说:"八蜡庙,即八位庙,在北关。原在县治南,清康熙初,知府李甲声废诸神而独立周祖,移八蜡于北关。"为了说明周祖庙是由知府李甲声从八位庙中移出,又在《职官志》下写道:"李甲声,河南开封拔贡,本籍江南颍州,仕至广东惠州府知府,寻以事夺职。康熙二十七年任。莅位夕,梦绯袍神曰:'幸将醉汉远遣,毋再污我。'次日谒庙,见周祖不窋像适符所梦,因改迁诸行神于他所,捐俸修整,图三十六王于壁,至今以时粉饰之。"后者记述,我们只能作为参考。

八位庙,就是八蜡庙,在各地都建有此庙。八蜡:"古代奴隶主贵族在腊月祭神的名称"《礼记·郊特牲》:"八蜡以祀四方。"郑玄注:"四方,方有祭也。蜡有八者:先啬一也;司啬二也;农三也;邮表四也;猫虎五也;坊六也;水庸七也;昆虫八也。"先啬,郑玄说是神农;司啬,郑玄说是后稷。啬,指稷黍之类谷物。农,农官之神,即周祖不窋也;邮表,农田、田间房舍之神;猫虎,猫虎之神,猫可以吃田鼠,虎可以吃伤害庄稼的其他禽兽;坊,堤坊之神;水庸,沟渠之神;昆虫,管昆虫之神。也有将八位神说为"先啬一,司啬二,百种三,农四,邮表五,禽兽六,猫虎七,坊和水庸八。"大同而小异。其中百种,为谷神;禽兽与昆虫基本同义。把周祖庙改为八位庙,是把周祖不窋作为农官之神而同其他诸神混合祭祀了,没有独祀,可见改周祖庙为八位庙的人,忽略或者淡化了周祖不窋在庆阳的特殊地位,而萧海又将八蜡神改为周祖庙,是认识和突出了周祖不窋发展庆阳农业的巨大功绩。

那么,周祖庙创建于何年代,现在还不好说。不过从1995年在周祖陵山上出土的两块残碑说明,周祖庙在北宋时期就有了。两块残碑属于同一块石碑,一块残碑上分别刻有"大宋"、"周祖庙"等字样,十分清晰。另一块残碑上分别刻有"充龙图"、"安抚"等字样。前一块残碑上的字充分说明,在北宋时,庆阳建有周祖庙,后一块残碑上的字说的是北宋时的官职名,都说明这两块残碑是宋代的,在那时,庆阳就有了周祖庙。

鹅池洞维修碑记

郡城东南隅有古迹鹅池洞焉。洞为二,分上下。上洞斜穿城墙至城半腰土台上,台中掘下洞为井式洞隧外通东河。河虽在外,内能汲饮;洞底凿一池,水甘清冽,取之不竭,供民众挑水食用。谚云:"鹅池洞担水不用詧。"此洞之修为预防兵围城而不致军民干渴。洞创于何时,已不可考。仅传为周不窋养鹅之处。下洞南石壁嵌数通宋明碑刻,其宋熙宁间碑云:洞为唐末李竞新浚。浚者,深也,疏也。诚知洞在唐代已存在。另有宋庆历元年知州范仲淹"飞云破空"碑及七年知州施昌言复修记碑。县志载:土台之东南原有宋代临川阁,后为纪念李梦阳改名空同阁。清咸丰年间,台北建有关帝庙、菩萨庙,南建有药王庙;空同阁改名文昌阁植柏树二十余株。台间,庙宇林立,红檐翘角,翠柏笼掩,极具观瞻。又面对周祖陵青山,下绕漾漾碧水,风光之美,环境之优,擅一方胜景。步游其中,如行山阴道上,使人目不暇接,故府志县志均载入胜景之列,名曰"鹅池春水"。清宣统时,英夷将军布鲁斯过庆城,赞其为"城镇建筑的精华","标志着设计者和建筑者过人的智慧和能力。"此地亦为陕甘宁边区陇东分区保安处外勤组驻地。然二十世纪五六十年代,台上建筑物被毁一空,柏树亦余六株,又修东城墙下公路,将下洞东边墙挖开一壑口,使鹅池洞面目皆非;二十一世纪初,修筑庆华二级公路,取直城墙,拓宽路面,拟开挖东城墙五处,鹅池洞也随之不复存在。余时任县政协主席,邀县人大主任上书省委、省政府,呈说保护城墙及古迹之重要。省领导下令公路在城北封家洞以下不再取直拓展,才使千年城墙与古洞幸免于难。余又多次申报县委县政府修复胜景。葛君宏、梁君世刚先后分任县委书记及政府县长,采纳民议,按"修局部,保原貌"之方针,于 2014 年 7 月 15 日兴工,2015 年 12 月 26 日毕工,固基础、补壑口、箍上洞、修台阶、淘水池、建阁亭,今又复刻范文正公书于此地的《梅花庵》诗、宋知州蒋之奇《鹅池临川阁》遗诗、古今迁客骚人诗赋及对联于其上,犹如锦上添花。县委县政府于鹅池洞之对面,引资修建药王洞新景。新旧景相映成趣,成为庆城旅游佳地。有不游此景,枉到庆城之说。谨记之,俾后之人得有考焉。

2020 年 7 月 19 日

庄重精巧的『周旧邦』木坊

凡是到过庆阳县城的人，都会被耸立在县城南街的那座庄重精巧的木牌坊所吸引。

木坊原是庆阳府衙门之前的建筑，位于东西向的小南街之南，与衙门大门前的照壁隔街相对。木坊坐北向南，原面对南城门。在二十世纪五十年代之前，南大街在木坊之西拐了个直角，擦木坊西侧直通南城门。目前南大街取消拐角而直通南城门，便将木坊摔在了南大街的东边五六米远，不再面对南大街。木坊于明代弘治十八年为庆阳知府郝镒所创建，为门洞式木质结构建筑。四柱三门，高 12 米，宽 14 米，深 4.2 米。由四根明柱直通顶部，明柱上部五层斗拱层叠镶嵌，组合巧妙。如鱼鳞般的层层青瓦覆盖坊顶，顶部五脊六兽，饰以花纹，造型奇特。檐下正中镶匾，匾上刻本地贤良胡缵宗楷书"周旧邦"3 个大字，浑厚苍劲，格外引人注目。清光绪年间知府倭什鉴额、庆霖重修，"中华民国"时期以及一九四九年以后多次对木坊进行了修葺，使这一饱经风霜的文物古迹历时 500 年而雄姿犹存，风骨依然。现为国家级文物保护单位。

当您驻足木坊前时，立即被祖先造型精巧、构思奇特的建筑所倾倒。

"周旧邦"三字,来自《诗·大雅·文王》篇。文曰:"文王在上,于昭于天。周虽旧邦,其命维新。"其意是:文王高高在上,昭示天下。周族本为古旧邦国,因其使命勇于革故创新,又奕世传承,致其代代朝气蓬勃,欣欣向荣,不断壮大。此语道清了社会向前发展的规律与真谛,故流传千载,成为中华文化精句之一。

公元 1954 年(岁次甲午),时任甘肃省政府秘书长、庆城人陆为公先生请省长、天水人邓宝珊将军央恳一代书画大师齐白石老人书写"周旧邦"三字。故人已

逝,字留天水,后人不知为何地而书。邓氏后辈几经探询,始知所书地为古庆州继而交由天水飞天雕漆工艺公司采用传统工艺制成雕漆匾额。公元 2019 年(岁次己亥)5 月 18 日,天水市人大常委会副主任、邓将军之侄邓炎喜偕天水市人大常委会副主任、正宁人杨映芳亲赴庆城,将匾奉赠予周先祖故地。匾高 80厘米,宽 160 厘米,字为篆体。原件收藏于县博物馆。先贤遗德,后昆续缘,名匾重光,佳话再传。

2020 年,县政府对木坊重修彩绘,并在坊前开辟了"周旧邦"

文化休闲广场,用以瞻赏古迹,缅怀周先祖的丰功伟绩。在广场上还耸立了仿制的、由近代艺术大师齐白石先生书写的篆体"周旧邦"三字碑,为广场增色不少。

2020 年 2 月

天子坳

　　庆阳是周先祖生活过的地方，留有许多遗址遗迹。民众冠之以"天子"的地名就有三处，即：天子坳，天子穴，天子掌。天子掌，又名公刘庄，是周祖不窋降服白马和其孙公刘曾居住过的地方，在庆阳城东川的刘八沟内。我在2008年曾连续去过三次，并撰写了《三访公刘庄》文章，登在《凤城杂谈》上。天子穴，在葛嵝岘乡的天子行政村，相传是埋葬周老王鞠陶的地方。我曾多次去过那里，比较熟悉，撰写过《天子穴的传说》。天子坳，是周老王游行处，在刘八沟垴，庆阳、华池、合水三县交界的华池县一侧，可以从华池县城壕川进入。因为路远而难走，未曾去过那里，成为遗憾。

　　庆阳市于2009年第二次举办周祖农耕文化节，其中一个项目就是举办周祖农耕历史文化展览。承办单位是市农牧局，局里聘请我撰写布展大纲并担任指导。我提出到野外拍摄一些周祖遗址照片，其中包括天子坳，他们同意。

　　2009年7月30日，市农牧局来了三位同志邀我去拍天子坳实境。我们先驱车到华池县城壕乡政府，乡政府派天子坳所在的行政村文书带路，领我们去。车出乡政府门，向回走了一二里路后，进入南面一条岔沟内。沟口狭窄,虽然有路但很难行车。进入沟内,沟变得稍宽一点,却没了路。车在小河岸边走,倒好走些。走了大约四五里地,向右拐入一条小支沟后开始上山。山路很窄很陡,刚能行驶一辆越野车。司机姓张,技术好,从容不迫行车,使我们惊慌的心平稳了下来。上到山顶,车沿着我们进入的这条岔沟沟垴向东南方向环绕。山上植被非常好,路的两面长满了灌木。车行驶时,树枝时时擦着车身。又行驶一段路后,到了沟垴,文书指着一个坳垴说,这就是天子坳。

我四面环顾,但见这条山岭由子午岭起头,从东北向西南延伸,一直到庆阳境内的柔远河边。山岭的北面是城壕川,西南面是庆城县玄马镇境内的刘八沟,东南面是合水县杨坪乡境内北川的沟垴。这里是三县交界处。山岭在这里稍许变

宽,形成面积大约有一百多亩的平地。平地东南西三面高起,北面低开,形成一个簸箕掌。雨水从周围汇集后,流向北面,也就是我们来的沟壑内。坳垴里的地划为南北向的长条地块,承包到户。有些是麦地,已伏耕过,有些是秋地,种着玉米等秋庄稼。在东面台地上,有人种了些向日葵,显得生机勃勃。东西两面高地上修了几处窑庄,住着几户人家。据文书讲:这里太偏僻,人们生活很不方便,特别是孩子上学困难重重。而且据说这里家户不存子女。我有一位族爷,在 1960 年生活困难时,因这里人烟稀少,土地宽广,将家搬了来,几年下来,财没发而人口减少了,又搬回原地。因此华池县政府将这里的农民转移到城壕乡政府附近修房安置,仅耕种、收割时返回,平时住在乡镇上。但有人一时不习惯,又将家搬了回去。

《庆阳县志》(1931年)载:"天子坳,在县城东北七十里,过花豹嵝岘即至。北为梨树庄,居近东岭,地雄壮,四周俱沟。树木葱茏,宜畜牧造林。相传周老王游行处。"周老王就是鞠,又称为鞠陶。他随其父不窋来到庆阳后,一直生活到去世。在天子坳西南二十里地的刘八沟中间有天子掌(又名公刘庄),二者连为一线,使周老王鞠来这里游行成为可能。那时,这里"树木葱茏,宜畜牧造林",今亦然。鞠不仅将其祖后稷、其父不窋的农耕事业传承了下去,而且根据庆阳地处戎狄之间的实际,引导周人积极学习游牧民族的射猎、养牧牲畜技能,做到了农牧结合,促使了社会的进步。学习骑马射箭,可以提高本民族的武力,这为周民族逐步强大最后夺取全国政权打下了坚实的基础。从这个意义上看,周老王来这里,仅仅是为了"游行"吗?我认为他有考察、学习畜牧、林业的意图。

我们在这里拍了几张照片,考察即告结束,乘车返回。将文书送回城壕乡,回到庆城,已是下午三点了,才在庆城吃中午饭。虽然有点饿,但心中很高兴,天子坳的神秘面纱被我们揭开了,也实现了我的考察以"天子"为头的三个周祖古迹的夙愿。随后,我们又将其作为一个内容,在周祖农耕历史文化展览上向庆阳人民及外地人士进行了充分展示。

2010 年 11 月 15 日

周老王坐庆阳，龙脉斩断

　　"周老王坐庆阳，龙脉斩断"。这是庆城从古代流传下来的民间传说。所说的斩断龙脉之处，人称崭山湾，在县城南三里处。实际是从庆城东面的迎凤山向西南延伸出一条山梁，将环江与柔远河相汇而成的马莲河拦住，不能直接南流，而要西折流向教子川沟口，再折而向南，环绕一个270度的大转弯，才能向南流去，流水很不畅通。当河水暴涨时，往往威胁庆城的安全。据说，由当时坐镇庆城的周老王组织人力将这条山梁拦腰挖断，使河水直接向南流去，故将此地称为崭山湾。

　　就此地名，生出一个美丽的传说：传说周老王为了保证庆城的安全，决定调集民工将此山梁挖断，使河水直接南流。但当民工开挖这条山梁时，白天人们开挖出一个大豁口，晚上休工，经过一个夜晚，这个豁口却又长起来了，山梁恢复了原样。民众不相信眼前事实，又进行开挖，经过一夜，同样又恢复成原样。如此反复多天，这条山梁就是挖不断。此事报告给周老王，周老王也不相信有此怪事，下令民工常挖不止，看山梁能长到什么时候，而且张贴告示，有偿征召能将此山梁挖断的办法。有一天晚上，一位民工在休工之后，突然想起将一件物品丢失在了工地，独自返身去找。正在工地寻找之机，突然听到有两个人在说话。一个人问："龙兄，每天这么多的人挖你，你能坚持住吗？"被称为龙兄的人回答说："不怕挖，不怕削，只怕文笔峰上马莲叶叶割。"这人闻言大喜，原来这里卧着一条老龙，无怪乎每天挖不断。既然你怕马莲草叶叶割，我就报告给周老王，领取奖赏。周老王在得到这人报告后，在此山北的文笔峰上找见了一大丛马莲草，其中有一叶片长得又长又大，立命人员将此叶采摘下来，放到山梁上一划，听得一声怪叫，山梁上淌出一股鲜血，顷刻间山梁塌陷，从中断开，河水从塌陷处冲了出去，直泄而下，从此河水再也不转弯弯了。血和水流了下去，将山梁南面的河滩石头染红了，以后人们将此处叫染河川，逐渐叫走了音，染河川变成了冉河川，至今这里石头还是红色的。在山梁被斩处，河床中间留有一块巨石，人们说这是龙心。斩断山梁的两边山崖上，各有一个深邃莫测的古洞，人们说，这是老龙藏身的地方。为了纪念马莲叶的功劳，人们将这条河叫"马莲河"；此地，就叫斩山湾，又叫斩断山。老年人说，人们起名字都喜欢吉利的字眼儿，便把"斩"字写成了"崭"字，"斩山湾"成了"崭山湾"。

天子穴——传说中葬埋的是周老王鞠陶

在庆阳县城正西,有个乡名叫葛崾岘。乡境内有处地方比较有名,称为"天子穴"。因为有"天子穴",这个地方的行政村名、自然村名都以"天子"命名。

天子穴在天子行政村中间一个原峁上。原峁面积不大,中间有块仅十多亩大的坳塬,坳塬的坳心面对庆阳县城。据当地人传说:这是块风水宝地。如果将祖坟埋在这里,后代人就能富贵,或登上天子位。在这里,流传着一个美丽的故事。

在周老王鞠陶坐镇不窋城时,周族人围绕不窋城,已将自己居住区域向四周扩展到了几百里。当时,天子穴还不称为天子穴,是一个无名的原峁。因为峁高缺水,原峁上并无人居住,人们都居住在原峁南坡下的刘家坪。在刘家坪,住着一个年轻人,与自己多病的老母相依为命。一天,老母去世了,他含着泪,将老母背上坪北的原峁,埋到了坳塬里。他太累了,便斜靠在母亲坟堆上睡着了。这时,一位白胡子老人飘然而至,对他说:"你很孝顺,将自己母亲埋在了天子穴内,明春坟上要长出三根箭草。不要小看这三根箭草,这是神草,将有大用。在箭草出土的那天起,你要每天拜三次,共拜七七四十九天,一天也不能少,一天也不能多。在最后一天跪拜后,你将箭草连根拔下，端对不窋城，箭草里就有利箭射出，可射杀周王。你不仅能取而代之，而且你的后辈儿孙还会拥有 800 年的江山。"说罢，老人飘然而去。他急忙追去想问得更详细一些，一跤跌倒，将他惊醒。他睁眼一看，太阳已落西山，四周冷风阵阵，草木萧萧，哪有什么老人，原来是南柯一梦。他笑了，心想，这不过是痴人梦想。但又觉得老人的话语说得明明白白，我也听得清清楚楚，何不一试呢？不过，现在时值深秋，试也无益，不如等到来春再说。主意打定，他拍去身上的灰土，转身下山，回到家里。

转眼间到了第二年春天，大地已经解冻，草木开始发芽。他整天向原峁上跑，去看母亲坟头上是否长出了箭草秧。跑了许多天，一天也未间断，只见其他草木蓬蓬勃勃地长起来了，只不见箭草长出来。跑得有点心灰意懒。他心里很矛盾，既怀疑老人的话语是否真实，又有点不死心。这天，他正要上峁头看箭草长出来没有，他的表兄来了，硬拉他去喝酒。他惦记着箭草的事，不愿去，但又不好明说原因，怕引起表兄的嘲笑，只是一味地拒绝。但表兄软缠死磨，硬拉上他走了。这一喝，喝了个天昏地黑，爬在表兄家炕上动弹不得了。等他醒过来，已是第二天下午了。他跌跌撞撞地向他母亲坟上跑去一看，三根箭草已齐刷刷地冒了老高。他来不及点香、烧裱，便爬下叩头。从此以后每天分早、中、晚连拜三次，既上香又烧裱，专拜三根箭草，一直拜了七七四十九天。当他最后一天清晨去拜箭草时，箭草只剩下了空壳，箭不知什么时候已弹射出去了。他掐指一算，知道多拜了一天，箭在昨天晚上就弹射出去了，把事误在了喝酒的那天。他懊悔不已，但又不死心，心存一点希冀，静听不窋城里传来的消息。

就在前一天晚上，周老王鞠陶正在宫殿里与儿子公刘和大臣议事，突然从空中射来三根箭，齐刷刷地钉在了一根柱子上。如果这三根箭稍向左偏一点，便会使周王鞠陶和他的儿子公刘饮箭身亡。周王鞠陶大吃一惊，急忙派人顺箭射来的方向明察暗访。一查便查到了刘家坪，抓住了那个青年人，审出了具体情况，顺手将他杀了。原想派巫师破坏这片风水宝地，但又一想，自己不过是个部落首领，草头王，偏居一隅，何不先派兵看守，不许其他人在这里埋坟，待自己百年之后，埋在这里，岂不会使自己子孙后代得到天下，成为一位名副其实的天子呢？想到这里，便叫来儿子公刘，如此这般地安排了一遍，让儿子公刘按他的吩咐去办。没过几年，周王鞠陶呜呼哀哉了，儿子公刘继了王位，按照其父的叮咛，把那青年人的母亲墓迁往他处,将父亲鞠陶埋葬在了刘家坪北的原顶坳墙里。原来,周王鞠陶的坟墓是有陵冢的,每年周朝派人来祭祀,很是隆重,而且将此地起名天子穴。周王鞠陶埋在了天子穴,便有了周族人的八百年江山。一直到了周赧王时,周家江山才破灭了,后辈子孙也流落到了各地,这里就逐渐被冷落了。鞠陶的陵墓与其父不窋的陵墓相比,差远了。不窋的陵墓在庆城东山,虽然周朝灭亡了,后人念起他传播农耕技术的功德,还盖庙祭祀他,而鞠陶的陵墓地处深山,交通不便,便无人问津。

过了若干年后,人们掌握了打窑技术,有人将住所从刘家坪搬到了原峁上,耕种田地,居住生活。村民贩夫为了耕种方便,私自挖陵墓,日侵月削,加之水土流失,逐渐将陵冢平掉了,恢复了原来土坳墙的模样。刘家坪也因居住人员的更换,换了地名。后人在《庆阳县志》上记载着这么一笔:"周老王陵在县城西六十里刘家坪北,莫考为周之何王,居人号为'天子冢'"。

三访公刘庄（天子掌）

　　据明嘉靖本《庆阳府志·古迹》载："公刘庄，在府城北二十里，其庄无他所验，但有腴田数亩，号天子掌，人莫敢垦。"又据民国二十年成书的《庆阳县志·古迹》载："公刘庄，在县城五十里樊老庄，东有腴田数亩，号天子掌，人莫敢垦，上传为周发祥地。"

　　《庆阳府志》与《庆阳县志》对"公刘庄"的记载，方向同，但里数不同。这是因为公刘庄在县城即府城之北的玄马镇樊老庄行政村之东，是在刘八沟北面的山腰间。如果从樊老庄行政村部所在地的原上走，到庆阳县城有六十多里地；如果从刘八沟内走，到庆阳县城较近些，有五十多里，所以县志里所说的里程要比府志所记载的里程正确些。府志之所以写了二十多里：一是作者可能未去过此地，也不知公刘庄确切的所在地；二是只大约计算了刘八沟口到庆阳县城的里数。

　　作为研究和探讨周祖历史的我，多年来想去公刘庄探访，一直未能成行。2006 年后季，曾陪同表弟唐廷尧去华池县城后返回到玄马湾，驱车过柔远河，在刘八沟沟口的北面上山，沿破碎的原面向东急驶，跨过几个崾岘，才到了樊老庄行政村部。我们遇见村支部书记，打问公刘庄的具体地点，他引我们到樊老庄之东的一个山口,指着南面的山峁说,就在山峁的下面。我望着下山的小路,还得走老远一段山路。这时,时间已很迟了,而且支书说他有事,不能奉陪。我们问,下面有什么?他说有周懒(老)王养马窑,养马窑内喂马的马槽还在,窑洞南有个蹓马圪垯。说得很具体,令人心动,但无人引领,只能作罢,回返庆阳县城。这是一访。

回到庆阳县城后,一直为上次初访未能下山看个究竟而后悔,想再找机会去。2007年4月14日,是个星期六,叫上政协张文舟又去樊老庄东的公刘庄。路过贾桥,到玄马镇政府,恰巧镇长孙文江在,他乘镇上的小车陪我一块去。两辆车一直走到了上次那个山口。我同孙文江、张文舟一块步行下山,镇上的司机留在了原上。我们走到半山,碰见一名姓樊的教师骑摩托车回家。他说周懒(老)王的养马窑、蹓马圪垯就在下面,你们下去看后不必上山了,可以从刘八沟出去,叫小车从原路下山,再从刘八沟开进,可以开到他家的院子里。他说完话,骑着摩托车前面走了。我就叫张文舟返回,按他的话去办。我同孙镇长下山转到了山峁的东面湾里,发现樊老师正在同一位放羊的老年人等我们,他把我们交给这位老人,就回家去了。据这位老人介绍,我们所在地就是周懒(老)王生活过的地方。他指着眼前一个沟垴崖下的一孔窑洞,说那是周懒(老)王养马的窑洞,里面还留有马槽,指着我们所站地方的南面小山峁,说是周懒(老)王蹓马圪垯,又说山湾的对面,也就是东面山梁下面有个洞,洞口已塌了半面,这个洞直通山梁东面沟里,马从洞的这面进入,穿洞到那面沟里饮水、吃草。那面沟里,原来是一个㵕,碧波粼粼,水草丰美。我们看着这些,似乎与那遥远的周先祖时代联系不上,而与清同治年间战乱和民国初年的乱世有些牵连。不过从县志上一段记载看,这些说法又似乎并非空穴来风。民国二十年版《庆阳县志·形胜·水》载:"圣水塘,在刘八沟口,上有天圣庙遗址。相传沟内有洞,洞内有野马,周祖不窋捕而乘之,至此蹄跑泉出。今清水盈塘,涓涓不竭,底有蹄,甚巨。"从这一段记载看,这里的养马窑、过马洞、蹓马圪垯,就与这段记载相联系,似有一定可信度。而且,再从刘八沟向里走入,有地名为白马河;在刘八沟口之北的东川,又有玄马湾、马镫砭等地名,是这段记载的继续延伸。马镫砭,传说是周祖不窋将马镫在这里丢失。同时,向北还有马家河、马镫原、走马梁、走马城、白马泉、白马川、白马村、白马乡等地名,都与这匹在刘八沟被驯服的野马有关,这些事实又证实了对这里遗迹的说法是有其来源的。

在言谈中,我问你们为什么把周祖不窋说成周懒王呢?这位老人说,周懒王是在这里出生的,小时很懒惰,起名懒娃,后来登上王位,就叫周懒王。说得有根有据。当然这些说法是民间之说,并不正确,它与庆城人把东山不窋墓称为懒王坟,把东山称为懒王山如出一辙,现在纠正也一时纠正不过来。他还说周懒王姓李。不过"姬"与"李",在声音上有些相似,可能是他听老年人传说时,误把"姬"字听成了"李"字了。

同老年人说过话后,我们拍了几张照片,就下沟。这里已离沟底不远,三脚两步就下去了。沟前打了个淤地坝,沟底是平的。当地群众种了些小麦,长势不错,不过是闯田。下了坝再向前走,就到了东面山梁的尽头,山梁的东面一条沟,与我们走出的这条沟相汇合。这时,张文舟同镇上司机已将车开了进来,他说,东面那条沟的尽头就是天子掌。因我同孙文江镇长说话,对他说的这句话未在意,就分别乘车,向沟外开出,不长时间就来到刘八沟正沟,然后拐向西行,出刘八沟,上庆华公路,回到了玄马镇。到了家中,我才恍然,天子掌就是公刘庄,我们看的那个山坳,是不是公刘庄?按张文舟的说法,公刘庄是在山坳的东面,二访我们就有可能走错了地方!

回来后,心中很不踏实,寻机三访公刘庄。同年4月30日,我邀县委宣传部副部长葛峰同志,乘他们的车再到樊家老庄行政村。这天上午刮起了沙尘,天空灰蒙蒙的。因樊老庄原上钻探油井,大车多,加之天旱,上山的道路尘土有几寸厚,车过尘土飞扬。逆风时还可以,侧风时,风吹得车身摇摇晃晃。顺风时更糟糕,尘土将车笼罩,道路看不清楚,得停车,等尘土飞扬过后才能开车。这样走走停停,费了好大的劲才到上次下山的地方。既然怀疑公刘庄即天子掌,它在我们上次看到的那个地方的东面,车就继续向东前行。这时道路比原来狭窄,而且弯道多,坡陡,车很难开,好在司机技术高,终于将车开到了沟堖的东面,即樊老庄行政村李家湾自然村。找了几个人打问,询问公刘庄在哪里,群众说不知道;问天子掌在什么地方,都说我们前次所看到的地方就是天子掌,而且都能说上一些关于周懒(老)王的传说。反复询问,几个人的说法一致,我们才相信了他们的话。他们说,我们前次探访的地名就叫天子掌,归樊老庄行政村樊老庄自然村管辖。

经过三访,在我脑海有了以下思考:

一是从地方志的记载和当地群众由来已久的传说,说明我们探访之地即是天子掌,也就是公刘庄。周先祖曾在此生活过一段时间。

二是当地群众传说周懒王曾在此地捕驯过野马,而地方志又称这里为公刘庄,可见在此地生活过的周祖不止一代人,而是两代或三代人,即不窋、公刘或不窋、鞠陶、公刘。只是不窋在这里捕驯过野马,而公刘确实在这里生活过,所以后人把此地称之为公刘庄。群众一般将称王道寡之人以天子呼之,故此地又称为天子掌。掌者,沟头(又称为沟垴)地形如人的手掌是也,是陇东黄土高原上的一种特殊地形。

三是公刘怎么会选此地生活呢?据我推测,有两种情况。第一,公刘来此是因为躲避犬戎的侵扰。当周族在庆阳生活到公刘时代,犬戎开始不断侵扰周族部落,搞得他们不得安宁。可能公刘小时随其祖父不窋来此驯马,见此地僻静,不易寻找,而且沟掌有数亩平坦之地,离水源很近,这里又离设在庆城的京城不远,可以掌控政局,所以在犬戎侵扰时,就率领家人来此生活。以后犬戎侵扰的次数越来越多,情况越来越严重,他也不能置本族大众利益于不顾而在这里悠闲,就从公刘庄走出来,举族逐步南迁,先到宁县,后到彬县。最后公刘去世,埋葬在了彬县的龙高乡土陵村。第二,在公刘庄的东北部(即今华池县城壕川内)还有一个周老王游行处,叫天子坳,是公刘父亲鞠陶喜欢去的地方。从这两处古迹相近而且在一条线上的情况看,在樊老庄山上有一条路,可以说为通衢大道。公刘随父亲前往游行处,见中途有一块风水相当好的地方,也选为他常来常往的地方,这就是公刘庄。原来的公刘庄,有山有水,肯定风水不错,条件很好。后来,几千年的水土流失,通衢大道成了羊肠小道,而且有些地方中断了;湫也干涸了,平坦而丰腴的良田也变成了瘠薄的岲地。公刘庄的迷人风光不再,成了现在偏僻荒凉的模样。以上两种情况都有可能,而以前一种可能性大些。

四是古人选择生活地,多是离水源较近的地方,无水的地方人不能生存,这是起码的常识。说来有趣,周先祖留在庆阳的生活遗迹多在县城周围和东川、南川,形成了一个遗迹链,而在西川很少,可以说几乎没有。这是为什么?是因为西河即环江自古以来水咸,碱性大,不能饮用。因水咸,古人都不在那里居住,何况无水源的地方呢?今天有人研究庆阳历史,往往忽略了这一点。

五是在地方志上说,周族人迁走后,公刘在这里生活之地被尊称为公刘庄、天子掌。公刘耕种的土地,后人不再开垦,这都是崇敬之情所致。但随着时间的推移,公刘的时代距今太久远了,人们早已淡漠,这里的土地又被人们耕种。我们寻访时得知,目前在天子掌内生活的有七户群众,以耕牧为生。不过这里地处深山,交通不便,农户的生活水平很低。不要说与庆阳县城周围的居民比,就是与东川道里的农民比,也差得很远。我同孙文江镇长讨论,要解决这里群众的困难,提高他们的生活水平,靠在这里耕牧不是个办法,得将他们移出山坳,到原面或者到川道里去,而将这里退耕还林还草,才是上策。

公刘庄,也许在久远的以前是个好地方,但太荒僻了,已不适宜人们生产、生活,只能作为古人生活的遗迹供后人瞻仰、研究了。

周祖不窋降服白马的传说

在庆城向北四十里之远的河对岸,有一条东西走向的深沟叫刘八沟。周祖不窋降服白马的故事就发生在这里。

传说,沟里有一匹野白马,经常糟蹋周人种植的庄稼。周人去找自己的最高首领不窋。不窋虽然已是耄耋老人,但经常下地干农活,因此思维清晰,身板硬朗,脚手灵便。他好解决下属的困难,而且他正需要一匹好坐骑,便于出外巡视周人开荒种田之事,所以他要亲自去降服这匹白马。他不但教导当地土人学种庄稼,而且向他们虚心学习驯服野畜的技术,降服野马当然在此之列。他要一展身手,但儿孙们都不同意他去,想方设法劝阻他,他就是不听。老人本来脾气倔强,凡是他定了的事谁也阻拦不住。

第二天他仅带了二人,拿着绳索、马络头、鞍鞯、干粮等上路了。儿子鞠陶、孙子公刘不放心也跟了来。他们在属下引领下,来到刘八沟内向北开的岔沟里。但见群山在这里环绕成一个小盆地,一条小山梁从中间由北向南延伸下来,将盆地分割为二:西面盆地上,绿草茵茵;东面有一小湖泊,当地人称为湫,碧水漾漾;中间山梁下有一山洞,将绿地与湖泊贯通。白马在绿地上吃饱了草,就穿过山洞到湖泊边饮水,过着无拘无束、逍遥自在的生活。现在周人来到此地,将盆地开发,种上了庄稼,惊扰了白马,而白马又不愿离开此地,就以庄稼为食,作践着周人的劳动果实。不窋祖孙三人来这里一看,感觉他们的属下臣民眼光不差,找了这么个好地方,他们也喜欢上了这块风水宝地。但当前的目的是降服白马,无暇顾及其他,他们坐下来商量降服白马的办法。

他们听属下说:野白马在下午黄昏时分从洞中走出,先饮足水,然后才去盆地里作践庄稼。他们就埋伏在洞口两侧,将绳索作为绊绳拦在洞口,耐心地等待着天色暗下来。他们听到了野马出洞的声音,都屏住了气。当野马刚一露头,他们立即拉起了绊绳,野马一失前蹄,扑倒在地。其他人还未反应过来时,不窋一个鹞子翻身,纵身跃上马背,双手抓紧了马鬃,喝令放松绊绳。马也是好马,立即直起身子向前奔跑起来。它从湖边直冲出岔沟,在大沟里向沟口狂奔。不窋紧抓马鬃,伏在马背上,任由野马飞奔。当野马跑到沟口时,已大汗淋漓,气喘吁吁,不得不停下来。本来是去喝水,水未喝上,反出了这么多的汗,就渴得不得了。它用前蹄狠刨地三下,立即出现一眼泉水。泉水清冽四溢,野马痛饮不止。现在这眼泉水仍然在刘八沟口的北岸,人名为"马蹄泉"。泉底有一蹄印,甚巨。在马饮水时,不窋心中清楚:此马野性未驯,他丝毫不敢懈怠,紧紧伏在马背上。当野马喝足了水,又向大川的北部奔去。因天黑,慌不择路,在一个河湾,马蹄陷了进去,不能动弹。不窋这时才从马背上下来,想办法将马蹄拔出来。他正在拔马腿时,儿孙们赶了来,乘机给马套上了络辔,备上鞍鞯,在大家齐心协力下把马腿拔了出来。不窋又骑上马,任由野马向北奔驰。从此人们将泥陷马腿的河湾叫"陷马湾",后人叫走了音成了"玄马湾"。马奔驰到一个石砭,打了个趔趄,不窋为了保持身子平衡,右脚一使劲,将用草木做的马镫蹬掉了。从此以后将丢马镫的石砭叫"马镫砭"。经过一两天的奔跑,马也乏了,情绪和缓了下来,不窋牵着马,给它吃草,给它饮水,甚至自己饿着肚子给马吃干粮。他和马相处几天,建立了良好的依赖关系。白马终于被降伏了,成为不窋的坐骑。不窋骑着它巡视着周人开荒种田、土人学做庄稼的事,直至不窋去世。不窋去世后,白马也不吃不喝,数日后亡。周人为了表彰它的忠义之情,将庆城东川以北许多地方以白马命名,如白马乡、白马村、白马原、白马河。还为马立有庙,叫"白马庙"。

公刘见白马生活的地方风景十分优美,就在这里修建了住宅。空暇之时,来此小住几日,修身养性,很是惬意。后人称这里为"公刘庄",当地人叫"天子掌"。公刘还为逐渐年老的父亲鞠陶在此地东北方向勘察到一个游玩散心的地方,人称"天子坳"。

2009 年 8 月

卷七

其他

和平盛世祭周祖

　　从 2002 年开始,连续三年时间,庆城县都举行了声势浩大的公祭周祖活动。这是一年一度"中国·庆阳香包节"活动中的一项重要内容,与香包节同时举行。2002年和 2004 年,是在端阳节前后举行。只有 2003 年因全国突发"非典"传染病,才改为 9 月 29 日进行。

　　庆阳为周族发祥之地。周先祖不窋、鞠陶、公刘,在这块浑厚而富饶的黄土地上赓续农耕文化,为周族的兴盛打下了坚实基础。为了感恩祖先,周王室在此建庙及行宫,定期祭祀不绝。这不但在史志上有明确的记载,而且从重修周祖陵地出土的文物得到充分证实。从出土的实物看,"庆阳为周祖发祥之地,故周王室立国之后建祠庙及行宫于此,祭祀不绝,嗣后历代亦曾多有建筑,后均毁于地震与兵燹,唯周祖古冢与青山同在"之语,并非虚言妄语。

　　过去古人是如何祭祀周祖不窋的,已不得而知。近年庆城县组织的三次大的祭祀活动,给人们留下了深刻的印象。有人说:"庆阳市举行的公祭活动的磅礴气势、典雅礼仪是少见的,与每年清明节公祭黄帝的声势相比,毫不逊色。"

　　2004 年 6 月 18 日清晨,周祖陵山上,已是彩门高耸,吊幅腾空,四处遍插的龙凤旗、五色旗迎风招展。庆城住户倾家出动,机关单位基本停止办公,外来宾客也蜂拥而至。他们或从山的正面徒步攀缘而登,或乘车从山的侧面沿柏油路急驰而上。一时间,周祖陵山上,锣鼓喧天,细乐声声,车水马龙,人潮如涌。全县三百多名职工承担了接待和准备工作,二百多名干警维持着现场秩序。

周祖大殿檐下,悬挂"甲申年公祭周祖典礼"横幅,横幅下又悬一个偌大的中间写一个"祭"字的祭幢,祭幢两边悬吊公祭的专用楹联,大殿两侧悬挂四幅黄色祭幡。月台上横放长型祭桌,祭桌上红烛高照,桌前的香炉里香火缭绕。从殿前台阶开始,两米多宽的红色地毯顺着谒陵通道,直铺至"肇周圣祖"石牌坊之下,达300多米长。地毯两旁的上方悬挂百余红灯笼,形成一条古朴、典雅的祭祖神道。大殿的右前方是一个圆形高台,上坐身着古装的祭祀乐队,笛箫笙篌、丝竹琴瑟、板钗锣鼓,样样俱全,演奏着祭祖乐曲。乐曲为县剧团的同志创作,悠扬动听,十分优美。

公祭由二人承担:一是司仪,一是主祭人。前两次祭祀的司仪由庆城县的县长担任,主祭人是庆阳市的市长。2004年由庆城县委书记任司仪,庆城县县长主祭。

公祭时间选在9时50分,仅比全国公祭黄帝的9时55分少5分钟,以示对中华始祖黄帝的尊崇。

时分已到,身披公祭红色绶带的司仪高声宣布:公祭周祖仪式正式开始!场地上的音乐声、人群中的喧嚣声戛然而止,一片寂静。"第一项,鸣炮奏乐!"礼炮连续鸣放十三次,祭祀从不窋以下到季历为止的十三代先祖。礼炮鸣放过后,依次开始击鼓、撞钟、敲磬、吹号、奏乐、鸣锣等活动,而且每项都有深刻的寓意:击鼓十三响,寓意全国十三亿人民心声;撞钟八响,寓意周王朝八百年社稷;敲磬六响,寓意六合同庆,天地同春;法号六匝,寓意日、月、星、水、火、风;大乐三次,颂扬周祖重农耕、兴蚕桑、广畜牧三业;细乐三奏,颂扬周祖敬祖、尊贤、爱民三风;鸣锣三发,祈求政通人和、风调雨顺、五谷丰登。这些仪式过后,鼓乐齐鸣,奏《周祖遗韵》曲。人们在悠扬动听的乐曲声中,很快进入到隆重典雅的祭祀氛围之中。司仪又高声宣布:"第二项,献祭开始!"乐队又奏《祭品敬献曲》。在悠扬的乐曲声中,由六名着古装的小伙子,两人一组,分别抬着全猪、全牛、全羊等三牲走在前面，随后又由六十多名身着旗袍的礼仪小姐组成方队，分别用红绸垫铺的盘子端着三供、三饼、三酒、大香、大烛、黄表、金锭、十二生肖面塑、绣龙、绣凤、绣鹤、绣麒麟、绣球，缓步从"肇周圣祖"牌坊下走来，一一登上月台，将祭品摆放在了供桌上。这一段时间虽长，但这是整个礼仪中最宏大的场面，完全是一种美的展现和享受，人们只觉其时短，而不觉其时长。"第三项，上香！"主祭人与司仪点燃民族团结烛、物阜民康烛和中华昌盛香、庆阳繁荣香，敬放在了祭桌上，插在了香炉里。"第四项，敬献花篮！"在悠扬的《敬献花篮曲》中，由礼仪小姐导引，国家、省、市、六县一区领导、著名学者、长庆油田、庆化集团公司、庆城县四大班子等代表依次向周祖敬献花篮。礼毕，进行第五项仪程，主祭人恭读祭文。祭文为楷书或隶书竖直书写，用锦绫装帧成轴卷状。先由主祭人面对大殿行三鞠躬礼，顶礼膜拜，然后展卷宣读。读罢，双手捧奉，献于祭桌上。第六项仪程是绕陵一周。在《周祖遗韵》乐曲中，由仪仗队、唢呐队、礼仪小姐为前导，主祭人、司仪和参祭人员绕周祖大殿右方的陵墓一周，谒陵祭拜，以示崇敬。礼毕，第七项仪式乐舞开始：在大殿的月台下，群众围成一圈，在《周祖功德颂》序曲演奏下，由庆城县水务局、水保局、农牧局、法院、检察院、文工团、卫生局、幼儿园、长庆油田水电厂等单位职工分别表演"拓土开疆"、"德睦四邻"、"牧牛稼穑"、"丰收欢歌"、"社日祀神"、"羽衣霓裳"、"扇鼓动天"、"盛世锣鼓"等舞蹈。这些舞蹈向人们演示了周祖不窋率族来到庆阳的一些活动，也再现了其后代周穆王率领王公贵族在此祭奠先祖的宏大场面，领略了周先祖耕作原野的艰辛和后代对他的崇仰之情，使人深受感动。公祭活动到此结束。

周道之兴，始于旧邦；周礼美德，源远流长。为了深切缅怀周祖功德，老百姓又开始了私祭。他们将自己亲手做的花环，依次插在了陵边；斟上一杯酒，手掰一块馍埋在土中，祭奠先祖的英灵。不忘过去，展望未来，使我们的事业更加光辉，更加灿烂。

对先祖的公祭，一般都是在和平盛世举行，从周陵出土的文物反映出这一点。现在庆城县能连续多次举行公祭，不但说明现时的盛世超过以往，而且经济发展了，已有了举办这样大型活动的力量。

壬午端阳公祭周祖典礼策划

一、时间：

2002 年 6 月 8 日（农历四月二十八日）上午 10 时 56 分（10 时代表天地及八方，五十六代表华夏五十六个民族）

二、公祭地点：

周祖陵山

三、参加人员：

全国民俗专家，省上有关专家和领导；特邀地区四大班子领导（此时地区未改市），地直一级部门主要负责人，七县市县委、县政府主要领导，长庆油田前指及其二级单位代表各一名、庆化集团公司及省地驻庆单位主要负责人；县上四大班子领导，县直部门主要负责人；各乡镇党政主要领导及社会各界人士共一万多人。

四、礼仪：

1、仪仗队：共三十七人（寓意周王朝三十七帝），其中一名仪仗队员持宽 1.4 米，长 1.9 米的仪仗旗一面，黑红平绒底，饰黄边，缀黄穗，上书白色大"祭"字；两名仪仗队员各持一面五色幡紧随其后；两名仪仗队员持 2 号仪仗旗二面，黄底蓝色边长 2 米的三角形，上饰龙凤纹图案；七名仪仗队员持 3 号仪仗旗七面，为宽 0.6 米，长

2 米黄底蓝边的长方形旗,上饰周祖农耕文化图案;二十五名仪仗队员持 4 号仪仗旗二十五面,其中,红、黄、绿、蓝、紫各五面,代表金、木、水、火、土五行。仪仗队员着黑裤子、白衬衣、黄马褂、白手套、黄祭帽。

2、乐队:共三十人(寓意地数)。其中唢呐队十人,乐鼓队二十人;奏《周祖祭曲》。乐队队员着蓝裤子、白衬衣、黄马褂、红祭帽。

3、宫灯队:共二十五人(寓意天数,象征大衍之吉数)。每人持 6 米高杆,上挂五盏红色镶黄边、缀黄穗宫灯,五人一排,共五列;队员着黑裤子、白衬衣、白手套、黄马褂,头系印有"公祭周祖"四字的红色绸带。

4、节目表演队:其中,腰鼓队三十人(头系印有"公祭周祖"的黄绸带),秧歌队三十人,太平鼓队三十人,祭拜舞蹈队二十人;舞龙队两组,舞狮四个。

5、鼓、钟、磬手六人。准备直径 1.2 米以上的大鼓四面;钟、磬仿制。鼓、钟、磬手统一着黄马褂、蓝裤子、红祭帽,戴白手套(不参加游行)。

6、礼炮手:十三人,统一穿黄马褂、蓝裤子,头系印有"公祭周祖"的红绸带(不参加游行)。

7、祭品:

(1)太牢即三牲:牛、羊、豕(猪)头各一个,祭桌三张,每桌由两人抬送,祭品之上均饰红绸花及彩带,祭桌两边罩以金黄绸缎,并饰以吉祥图案,祭桌抬杠饰以红油漆;祭桌上铺黄绸。抬祭品六人着黄马褂、蓝裤子、红祭帽。

(2)蒸制大祭饼三盘,油炸供果三盘,由六名身着米黄色连衣裙的礼仪小姐执木盘敬献。

(3)五谷(麦、糜子、谷子、高粱、五色豆);用五个上饰繁体"丰"字的青色容器装置,分别由五名身着浅蓝色连衣裙的礼仪小姐执木盘敬献。

(4)酒(白、黄、稠酒):分别由三只樽、九只爵装置,由三名身着纯白色连衣裙的礼仪小姐执木盘敬献。

(5)时兴鲜果五种:分别由五名身着桃红色连衣裙的礼仪小姐执木盘敬献。

(6)大花篮六个:由十二名身着红色连衣裙的礼仪小姐抬送,放置在周祖大殿门前(左右各三个)。

(7)代表队牌八面:其中国家一面、省上一面、地区一面、长庆石油管理局一面、庆化集团公司一面、省地驻庆单位一面、县直部门一面、群众代表一面,分别由八名着淡绿色连衣裙的礼仪小姐执掌。

8、祭祀用物：1 号祭旗四面，黄底红字，上书颂扬周祖功德的文字，周祖大殿两旁各悬挂两面；2 号祭旗八十八面（"8"为如意环形状，玄中有玄，象征国富民强，吉祥如意），遍插周祖陵风景区及上山台阶；大红地毯四十米，绶带五十条，红色带五十条，黄头带四十条，红祭帽五十顶，黄祭帽四十顶，典礼会标一条，对联二条，大气球四个，礼炮十三发，红长香二百把，黄香三百把，红烛一百个，供桌三张，代表队牌八面。

9、列队仪式：6 月 5 日（即公祭活动的前三天），组织预演一次。当天上午 9 时，仪仗队、宫灯队、古乐队、祭品队、祭祀舞蹈队、腰鼓队、秧歌队、狮子队、龙灯队、太平鼓队，在县宾馆院内集中后，在乐曲及锣鼓声中列队依次出发至南门，乘车赴周祖陵山彩排。6 月 8 日各队自行乘车于上午 9 时在周祖陵山集中，按时参加祭祀活动。

五、祭典仪程：

由政府县长任司仪长，宣布祭典仪式（仪式文字用黄绫书写，装裱成卷轴）。

（一）全体肃立，主祭者、陪祭者就位。（主祭者为参加公祭的最高行政首长，陪祭者为国家知名人士，省上领导，地区四大班子领导，县上四大班子主要领导，长庆、庆化领导各一人，省、地驻庆单位代表各一人，七县市代表各一人，群众代表一人）。

（二）鸣放礼炮十三响（代表从周祖不窋始至周武王的 13 代先祖）。

（三）击鼓奏乐：

击鼓十二响（寓意全国十二亿人民）。

鸣钟三响（隐喻在天为三光"日、月、星"，在地为三宝"水、火、风"，在人为三明"精、气、神"）。

金号三匝（长号对空三响，颂扬周祖"圣智、仁义、维新"之三美）。

大乐三吹（长唢呐三响，颂扬周祖以"慈、俭、让"三宝为立身之要）。

细乐三号（小唢呐三响，颂扬周祖"立德、立功、立言"之三不朽）。

大锣三发（大铜锣三响，颂扬周祖不迷于"酒、色、财"之三惑）。

鼓乐齐鸣，奏《周祖祭曲》。

（四）贡献祭品：（在《周祖祭曲》的演奏声中向周祖献太牢牛、羊、豕即三牲头,祭饼、供果、五谷、白酒、黄酒、稠酒、时鲜水果)。

(五)上香:(由主祭者、陪祭者向周祖上香)。

(六)敬献花篮:由八个代表队在礼仪小姐的引导下,按事先规定次序向周祖敬献花篮。

(七)恭读祭文:(由主祭者宣读。祭文用黄绫书写,装裱成卷轴)。

(八)行鞠躬礼:(全体祭者向周祖三鞠躬礼)。

(九)静默三分钟:(全体公祭者向周祖静默)。

(十)瞻仰周祖遗陵:(仪仗队、乐队前行,在一名礼仪小姐引导下,主祭者、陪祭者及参加公祭的领导在乐曲声中自右旋转,绕陵一周)。

(十一)乐舞告祭。(1)腰鼓:由庆城小学二十四名男女学生承担;(2)秧歌:由县农牧局二十四名男女职工承担;(3)周祖祭拜舞:由县文工团十六名男士装扮祭祀官,二十四名女士扮演歌女;(5)舞龙、舞狮:由庆城镇选十八名双龙队员,四名双狮队员承担。

六、人员及事项分工:

总策划:刘文戈(县政协主席)

总协调:郭光能(县委副书记)

副总协调:谷含棋(县委常委、宣传部长)　张正民(县政府副县长)
　　　　　关晓萍(县政府副县长)

总执事:关晓萍

副总执事:赵鹏民(县委宣传部副部长)　李永洲(县委组织部副部长)
　　　　　安广君(县政协办公室主任)　赵安荣(县文化局局长)
　　　　　杨建仁(县教育局局长)　胡智有(县政府办公室主任)
　　　　　王　春(县博物馆馆长)

总编导:边　琳(县文化馆馆长)

注:此典礼仪式为初创,以后庆阳各届周祖祭祀活动多在此礼仪基础上稍作增减。此典礼申报后,被列为省"非遗"而传承。

解读明嘉靖年间刻立的周不窋之陵碑

在近年修建周祖陵时，得明嘉靖十九年刻立的"周不窋之陵"碑。该碑碑头、碑座均残缺，余碑身一米见方。正面阴刻"周不窋之陵"五个大字，"周"字上部已残，"不窋"二字字迹清晰；碑右刻"嘉靖十九年孟□吉日□"字样，碑左下方刻双行小字：第一行"陕西等处承□"；第二行"陕西等处□刑□祭司□"字样。碑背阴刻小字九行，大部分字剥落不可识外，尚可辨认八十七字，但不连贯。如"终遂卜葬于庆阳东山之巅"、"瞻兴汉且惧岁"、"都不窋之碑则我周圣祖之"、"或谓于曰追崇上古天子"、"张公此奉"、"今大巡张公"、"所为正我"、"圣天子之所欲为者也独不观"、"大明嘉靖庚子仲冬吉日"等字样。这些字有的内容我们熟知，有的不甚了了，只有第七行有"圣驾南巡过庆都而承修母之□"字样，有点意思，引人注目。有人据此推断：明代嘉靖皇帝或嘉靖年以前某代帝王曾亲临过庆城并祭祀过周祖陵，而且轻率地将这一推断发到网络上广为流传。

2009 年某天，庆城县委书记闫晓峰指示周祖陵山管理委员会，将这通墓碑从原肇周圣祖牌坊之东的钟楼下箍窑中移出，立于不窋陵侧，并搞清情况，加以文字说明。周祖陵管委会负责人王力隆来找我，请我搞清原委，撰写说明文字，我慨然允喏。但阅过碑阴文残字，特别是阅"圣驾南巡过庆都而承修母之□"字样后甚有疑惑。其疑点有三：一、庆都是不是庆阳或庆城？二、圣驾即皇帝南巡怎么经过了位于西北方向的庆阳？这真是南辕北辙。三、有人说碑文中提到的大巡张公即是张帮教，是否正确？不解决这三个疑问，这个说明是写不好的。因此，我查阅《明史》，以探究根本。

从《明史·世宗本纪》上看，嘉靖皇帝在嘉靖十九年前后有无南巡，写得很简略，不甚清楚；又查《庆阳府志》明嘉靖本与清顺治合订本、清乾隆本、《庆阳县志》民国本，均无嘉靖皇帝或其他皇帝来庆阳祭祀周祖陵的记载，特别是嘉靖三十四年撰就的《庆阳府志》，对这样大的事件却无任何记载，令人费解。我打电话请陇东学院历史系教授马啸在《明实录》上查一查，他是专门研究明清历史的。他还未查，我自己却从收藏的《明通鉴》上查出了结果。

《明通鉴》曰："夏，四月，戊申，车驾还都，过尧母墓。监察御史谢少南言：'庆都县城外有尧母墓，当时祀典失于记载，乞修建，与历代帝王陵寝三年一遣祭为定制。'从之。"车驾，当然指的是嘉靖皇帝了；四月，是指嘉靖十八年。嘉靖皇帝不喜欢出门，后来连上朝也懒得去。那么，这年他去了什么地方？有什么大事让他出行？再向前阅看。二月，嘉靖皇帝为了给其母周阅卜兆陵墓地址，去了湖北承天府的显陵，准备将其母灵柩入其父显陵，与其父合葬。起初，他派了一位大臣去察看显陵，这位大臣回朝说，墓址的山向有点不吉利，他决定亲自去察看，表现自己的孝心。许多大臣阻拦他外出，他发了怒，将为首的几位大臣下狱，待他回朝之后处理。二月他动身去湖北，在四月返回，于十一日到达庆都县。查《明史·地理志》，庆都县归河北保定府管辖，在保定府的西南，恰是嘉靖皇帝南巡之后回返途经的地方，这才有了谢少南的上言。由此看出，庆都县不是庆阳府安化县，嘉靖皇帝南巡不可能到庆阳。庆都县现名为望都县。嘉靖皇帝在庆都县了解到尧母的墓单独埋在庆都县的郊外，说了一句话："帝尧父母异陵，可证合葬非古也。"就有心将其母埋葬在北京郊外。但同大臣严嵩察看了坐落在现名为十三陵的大峪山，觉得大峪山还不如显陵所在的松林山，遂将松林山名改为"纯德"，将其母与其父合葬。这就是"圣驾南巡过庆都而承修为母之□"句的实际内容。

那么，为什么这句话会出现在嘉靖年间的周祖不窋的墓碑上呢？这是因为嘉靖皇帝采纳了监察御史谢少南的上言，复修了尧母的墓，并同意三年派员祭祀。这一事例被各地仿效，庆阳府自然不例外，在这件事后第二年就重修了周祖不窋的陵墓，并进行了大规模的祭祀活动，邀请陕西行省的按察使张公来主祭。这通碑文就记载了这次祭祀活动的过程，并写上了这件事，说明举行这次祭祀活动并非地方上的临时决定，而是有其背景，有其依据的。

关于大巡张公是谁？马啸教授查了一下，张帮教已在嘉靖十九年的前三年调河南省任职，不可能来庆阳府。当时陕西行省的按察使即巡按使是张弁、张玺，副使张景，有可能是这三人中的一人。知府何岩，嘉靖十九年任，《庆阳府志》与碑文记载相符。

附：说明

此碑为明朝庆阳府知府于大明嘉靖十九年(公元 1540 年)冬季刻立的。碑阴文虽残损之盃，然仍能辨其大意:记述了大巡张公来庆阳登东山之巅，祭祀周圣祖不窋的过程及其缘由。

二〇一〇年四月九日

观蒋志鑫的《黄土情》，话周先祖的垂世功

　　蒋志鑫，甘肃省近年来涌现出的国画家。他以独特的色调表达对黄土的深情，享誉国内外。我通过一位熟人，搞到了一幅蒋志鑫的《黄土情》，他正是以此画在画坛中崭露头角。所以我把这幅画珍贵地悬之于我的办公室内，时时观赏。

　　画面的近景，是一片刚刚翻耕过的黄土地，向阳处为土红色，背阴处为深褐色；由于用墨用色恰到好处，土壤显得湿漉漉的；黄土地占了画面的近三分之二，更显得这块土地辽阔深沉。在黄土地的靠左上角，有一个古代装束的农夫，赶着一头大犍牛正在全神贯注地犁地。牛头低垂，而嘴向后勾，肉肩高耸而向前倾，前腿弯曲，后蹄蹬直，尾巴后扬而尾尖回卷，形成了一个有力的圆弧，后拉一个仅用三四个粗笔点勾而出的木犁，犁地的人右手轻扶犁把，左手紧压犁弓，左腿前弓，右腿后蹬。身子前倾，凛冽的北风将头上的长发高高飘扬在脑后。这是对力的塑造，也是对力的充分展示。远处，是几笔横抹出的浑圆的山丘。山丘上部色彩为淡土黄色，稍下为淡墨，再下是一片空白，空白处点缀了六只飞鸦。更有意思的是在黄土地的右下角，用焦墨画出了一个满是枯草的坟堆，而且异常引人注目，向人们说明，前一代耕耘者已长眠于这块黄土地中了。

看着这幅画，思绪不由得在时空里翱翔……

我想，这个农夫就是周先祖。

在远古的夏太康时代，作为全国的农官，不窋在其失去了职务之后，带领子孙来到了位于黄土高原上的庆阳。他们依水而居，与当地的戎羌之族和睦相处，忠实地继承其父后稷的遗业，拓土开荒，教民稼穑，辛勤地耕耘着这片黄土地。这幅画正是对他们耕耘这块土地的真实写照。他们开发了这片处女地，这片黄土地又像慈母那样用自己的乳汁养育了他们，使他们繁衍生息，积累财富，创造文明。不同的土地孕育有不同的民族性格。黄土地孕育的周民族的性格是"恪勤"、"敦笃"、"忠信"，特别是他们对先祖所开创的事业的忠诚，对农业文明执着的追求，才使这个地区的经济得到了充分发展。在那个时代，只有以农业文明为主的经济才最具有生命力。因此，周民族在这片土地上逐步强盛起来。当他们勃勃壮大之时，就冲向了中原大地，创立了周王朝。现在，我们思考这一段历史，必然得出这样的结论：没有黄土地的养育，何以有周民族的强大；没有庆阳这一时段的农业文明的发展，何以有周民族西出岐山的壮举？这片黄土地是周民族之根，是他们铸就八百年王业的最坚实的基础。我们现在很难想象，周祖不窋及其子孙们在庆阳生活时的艰辛。这幅画重现他们自强不息、世代相继、辛勤耕耘的动人情景，感人至深！

周民族西出岐山，他们把在庆阳发展起来的农耕文明带到了关中，播撒向全国。中国的文明中心，自西北向东南，划出一个动人的轨迹。翻阅发黄的线装古籍，我们可以肯定：中国北方文明源于黄河中游黄土谷地。周秦汉唐时期，"关中"、"山东"辉煌一时。东晋和南宋时期，文明的中心两度延伸到了长江以南。庆阳是周民族发祥之地，周民族后来远去了，但他们遗留在这片黄土地上的农耕火种，仍然在生根、开花、结果。几千年来，我们的祖先乃至于我们的父亲、兄弟，正像这幅画中描绘的那样，在这片黄土地上，春耕秋收，日复一日，年复一年，重复着这单调而又最基本的生产和生活方式。但就是这最基本的生产和生活方式，却塑造了我中华民族的光辉形象。

眼望琳琅满目的商市、豪华舒适的住宅和美味丰盛的饭菜，我们能不想到那散发着潮湿而略带有清香的黄土地?能想不到在寒风中、烈日下耕作的农夫?我们生活中的这一切,都是在这片黄土地上诞生的。黄土地是伟大的,正如黄河是伟大的一样,它是我中华民族的摇篮。画家把黄土地作为绘画中的重要题材加以讴歌,确实独具慧眼!

作者本身就是黄土地的儿子。他诞生在黄土地上,生活在黄土地上,很自然对黄土地有着深切的理解和执着的眷恋,所以他的画充满了黄土色彩,渗透了对黄土地的深情。他的这幅《黄土情》,就是用黄土色把自己对黄土地的深情作了淋漓尽致的表达。你看那头犍牛犁地多么用力,农夫又是多么坚忍执着!那一堆长满枯草的坟墓里的前辈,已为这块黄土地耗尽了心血,最后把自己的躯体也融入了黄土地,而他的后辈儿孙仍然自强不息,耕作不辍。他们对黄土地如此热爱,使观者深受感染。画面只用了三种颜色,即黄、黑、白,以黄色为最多,可见作者对黄色的偏爱。

作者正是用这些艺术语言形象地表达了自己的真实感情。作者的构图、用笔都非常简练。牛、犁、农夫仅用几笔点勾而成。一个偌大的山丘,只用两笔横抹而成。犁过的土地作者虽用较多的色墨绘画,远处一观,却很有立体感。用笔挥洒自如,构图巧妙妥帖,形成的风格豪放不羁,和整个画面融为一体,充分表现了作者深厚的功底和高超的技巧。